丛书主编　曾天山　陈才明

G20 国家教育研究丛书

法国基础教育

王晓宁　张梦琦　著

同濟大學出版社
TONGJI UNIVERSITY PRESS

图书在版编目(CIP)数据

法国基础教育/王晓宁,张梦琦著. --上海:同济大学出版社,2015.9

(G20国家教育研究丛书/曾天山,陈才明主编.第1卷,基础教育卷)

ISBN 978-7-5608-5931-6

Ⅰ.①法… Ⅱ.①王…②张… Ⅲ.①基础教育—研究—法国 Ⅳ.①G639.565

中国版本图书馆CIP数据核字(2015)第182260号

G20国家教育研究丛书

法国基础教育

王晓宁 张梦琦 著

责任编辑 陈佳蔚 **责任校对** 徐春莲 **封面设计** 王国樑 **出版策划** 曹 建

出版发行 同济大学出版社 www.tongjipress.com.cn
(上海市四平路1239号 邮编200092 电话021-65985622)
经 销 全国各地新华书店
印 刷 上海晨熙印刷有限公司
开 本 710 mm×1 000 mm 1/16
印 张 17.25
字 数 345 000
印 数 1—5 000
版 次 2015年9月第1版 2015年9月第1次印刷
书 号 ISBN 978-7-5608-5931-6
定 价 78.00元

G20 国家教育研究丛书
基础教育编委会

丛书主编

曾天山　　陈才明

执行主编

王　素　　朱维炳

分册主编

（按姓氏笔画为序）

冯俊华　　刘定鸣　　朱俊红　　肖　京
杨　明　　郑武天　　郭晋保　　徐钦福
徐晓蓉　　曹　岩　　喻　进

特约编辑

（按姓氏笔画为序）

计　琳　　宋旭辉　　沈勉荣　　张国强
陆志丰　　顾晓寒

视觉设计

王国樑

统　筹

陈征峰　　顾根荣　　谢　震　　郑　伟

资　助

上海文帆教育科技发展有限公司

序

“G20国家教育研究”丛书已经部分出版了,这套丛书由基础教育、大学教育、职业教育及幼儿教育四卷组成,已经出版的是“基础教育卷”部分,是一套分量不轻的丛书。

这套丛书首先引起我关注的是研究对象。从国内外来看,把G20国家的教育作为研究课题,将世界教育的发展情况进行系统的、全面的、集中的比较研究的丛书,目前尚未发现。G20,即20国集团,由美、俄、英、法、德、日本、意大利、加拿大8个发达国家,加上中国、阿根廷、澳大利亚、巴西、印度、印度尼西亚、墨西哥、沙特阿拉伯、南非、韩国、土耳其11个新兴工业国家以及欧盟组成。G20总人口约40亿,GDP占全球经济的90%,贸易额占全球的80%。G20教育发展的情况,一定程度上代表了世界教育的发展趋势和方向。其发展过程中的得与失,可为中国的教育改革向纵深发展提供可资借鉴的经验。由此可以说,出版发行这样一套书很有必要,也应该关注。

这套丛书的构思,不拘泥于国别的研究,它把国别教育的变革与发展放在全球化、信息化的大背景下展开,并与国际教育潮流有机地结合起来,使本丛书具有21世纪的时代特征。

从国别教育(基础教育部分)所写的内容来看,是比较丰富多彩的。它既有史诗般的展开,又有现实改革中的各种举措;既有各国改革的共同关注方面,又有各国在改革中的重点、特点和亮点。编写的内容比较全面、系统,涵盖了招生考试制度的改革、学校管理、教师队伍的建设、课程设置和教育装备等诸多方面。

其次,编写基础教育部分的作者是中国教育科学研究院和部分高等院校的中青年理论研究者,他们都在所著书的国家生活、学习、工作过,了解、熟悉编写所在国的基础教育的状况及发展趋势。这是一件可喜的事情，我国教育理论队伍亟须不断壮大并注入新鲜血液，需要大量的新生力量参与，才会显得更有朝气、更有活力。我衷心希望这支队伍能真正成为有战斗力的教育理论队伍中的生力军。

第三，引起我关注的是此丛书可资借鉴的积极意义。当前，教育资源在全球进行配置，教育要素在全球加速流动，世界各国教育相互影响、相互依存的程度不断提高，各国教育相互交流、相互竞争、相互包容、相互激荡，共同促进世界的繁荣和发展。各国在人才培训目标的确定、教育内容的选择以及教育手段和方法的采用等方面，不仅要满足来自本国、本土化的要求，而且还要适应国际间产业分工、贸易互补等经济、文化交流与合作的新形势。各国都想充分利用国内和国际两个教育市场，优化配置本国的教育资源和要素，抢占世界教育的制高点，培养出在国际上有竞争力的高素质人才，为本国的最高利益服务。

党的“十八大”以来，习近平总书记对教育工作作出了一系列重要论述，深刻阐明了新时期我国教育改革发展的重大理论和实践问题，丰富发展了中国特色社会主义教育理论，这是推进教育事业改革发展的强大思想武器。这些重要论述揭示了教育的本质属性，阐明了教育在实现中国梦伟大征程中的重要作用和战略地位。

中国自古以来就是一个教育大国，先人为我们留下了极其丰富的办学、治学遗产，我们一定要把扎根于祖国大地的这份遗产中最精华部分传承、发扬、光大。只有坚持从历史走向未来，从延续民族文化血脉中开拓前进，才能做好今天的事业。

然而，要坚守传承民族教育文化精华，还必须要有国际视野。所以，我们必须坚持改革开放。深化教育改革要有全球的视野，海纳百川，兼收并蓄，吸收国际先进经验，为我所用，推动我国教育事业健康发展。当今世界各国无不把教育改革与创新作为应对时代挑战和提高竞争力的重要举措，“提高质量，促进公平，推动发展”已成为许多国家教育改革的共同主题。在各国教育发展过程中，没有哪国的教育发展不需要参考和借鉴其他国家的经验。为此，我们希望有一套丛书来全景式地展示世界各国教育的现状、改革举措和教育成果，为我们揭示世界教育的共同点，比较不同点，寻找各国教育改革得失的原因，提出可资借鉴的可行性建议，为我国教育工作者提供一套不出国门就能知晓全球教育的权威资料性丛书。我希望这套丛书能起到这个作用。

第四，此套丛书也是教师素养培训的好教材。如果说科教兴国是国家的基本国策，那么，教师就是教育事业之本。强国必强教，强教必强师，教育质量本质上是师资质量。一个庞大的教育体系，必须要有一支庞大且道德高尚、业务精良的教师队伍。因此，要加强教师的继续教育。在这里，我特别强调一点，要大力提倡教师多看书，多读书，阅读是教师职业的本能。有了教师大量的阅读，才能对学生进行"传道、授业、解惑"。尤其在今天这个知识不断更新的时代，更要不断吸收新营养，来充实自己。此套丛书可以拓展教师的眼界，为其教育、教学和科研工作提供可资借鉴的经验，吸收营养，加强理论修养，提高业务水平。中国知识分子历来有手不释卷的习惯，而现在很多年轻人却手不释"机"。我希望我们的教师能成为社会阅读的榜样，至少在学校里为学生做一个努力阅读的楷模。当然，我们所有的教育工作者都应该如此。

最后，我要感谢"G20国家教育研究"丛书的策划者、组织者、编写者以及出版者，感谢他们经过数年潜心研究，为我国基础教育推进国际化进程，融入全球化，加强国际教育文化交流，奉献了这样一套有时代意义的丛书。

郝　平

（作者为教育部副部长）

Brief Summary of 'Basic Education in France'

Objectively, France is famous for its outstanding achievements in such fields as ideology, culture, art, and fashion design. Its basic education continues to carry forward the profound historic tradition and cultural heritage in this country, forming its own characteristics. "Liberty, equality, and fraternity" not only represent the national consciousness, but also lay the foundation of the educational idea. However, this credo, giving due respect to diversity and advocating inclusiveness, is realized under a centralized education management system. Especially during the basic education period, under the big framework of unified management and equitable balance, everybody has the opportunity to fully display their talents and human resources are optimized as much as possible. In modern times, basic education in France continues to strongly uphold the human-oriented idea, namely, "for the success of all students".

In the pursuit of liberty and equality, France persistently implemented the centralized education administration system in the past two centuries. As a result, everything moves in a unified manner, including hiring teachers and workers, paying wages, arranging the school year and curricula, compiling textbooks, formulating regulations for examinations and entrance to higher schools, and issuing certificates and graduate diplomas. As the political and educational patterns tended to stabilize gradually after the French Revolution, both political figures and national management hated to directly connect schooling with the market. Centralized education always attaches greater importance to guaranteeing equality and promoting its sound and stable development.

This book presents the general situation of French basic education striving to strike a balance between upholding tradition and keeping pace with the times, and between building consensus and encouraging the development of personality. On the basis of the latest information on French educational reform, Chapters I - VII relate the current situation of basic education from various aspects, including academic structure, curricula and textbooks, teaching and methods, quality monitoring and supervision, teachers' development, and school management. Chapters VIII - X, and the appendix focus on the unique practice in cultivating students' character and morals, and social education resources while summarizing the highlights featuring a distinct French style and once appearing in the past and current educational reforms.

目录

引言

在英、美、德及日本等国人已然比较熟悉的教育体系之外，法国基础教育以其深厚的历史传统和文化积淀为承载，沿袭着独特的发展路径。"自由、平等、博爱"不仅是法兰西的国家意识与民族共识，也为法国的教育理念奠定基础。然而，这种尊重多元和崇尚包容的教育理念，却是在法国中央集权的统一教育管理体制之下来实现的。尤其是法国的基础教育阶段，在统一管理、公平均衡的大框架之下，实现了人尽其才的多样化发掘和人力资源的优化产出，这和有着类似教育管理体制传统的中国，有着相当程度的可比性和参考价值。

进入当代，法国基础教育高扬基于人本基础上的鲜明旗帜，即"为了全体学生的成功"。2014 年 1 月 27 日中法建交 50 周年，两国举行了一系列庆祝活动，加深彼此在经济、政治和科教文化领域的一系列合作，并通过一系列教育和文化领域的新政，使得两国间交流与合作呈现出崭新气象。

一、法国教育发展的社会经济概况

客观来讲，法国以思想文化和艺术设计等领域内的卓越著称于世。同时，法国也是世界第五大经济体，2013 年的国内生产总值(GDP)达到 2.73 万亿美元，占全球国内生产总值的 5 %左右，金融交易量占全球的 6%左右[1]。法国也是仅次于美国的世界第二大农产品出口国，工业实力排名全球第五、欧洲第二。法国是欧洲最大的外商直接投资接受国，也是世界上第二大外商直接投资接受

〔1〕 World BankData of GDP. Institute for Statistics [EB/OL]. [2014-09-09]. http://data.worldbank.org/indicator/NY.GDP.MKTP.CD.

国。法国目前有39家大型企业跻身于世界五百强行列,从优势领域来看,其实体分销行业实力排名欧洲第一、全球第二;核电、航空、电信、汽车及电子产品等行业位居世界前列,奢侈品产业排名全球第一;法国在艺术领域尤其具有竞争力,在平面设计以及3D动画制作等领域的专业教育水平位居世界领先地位,特别是在时尚界以及纺织业(如时装设计、纺织及皮货)等领域享有国际声誉。

雄厚的经济实力成为法国教育投入和教育质量的重要保障。2012年,法国各类教育活动的总投入达到1 394亿欧元,占到当年法国国内生产总值的6.9%。其中基础教育阶段的投入总量达到769亿欧元,占到各类教育活动的总投入近70%。从投入结构上来看,中央政府的投入过半,达到55.9%,其次是地方政府、家庭和企业,占比分别为24.9%、11.4%和7.0%。从OECD的教育统计数据来看,法国目前是世界上第三大留学生接收国,仅次于美国的53.5万人和英国的34万人,全世界有超过6%的高等教育阶段留学生集中在法国。

从政治影响力来讲,法国是传统的西方强国。法国是联合国安理会常任理事国,对安理会议案拥有否决权,亦是欧盟和北约创始会员国之一、八国集团之一和欧洲四大经济体之一,是《申根公约》的成员国。法国面积55万平方千米,是欧盟面积第一大国,与比利时、德国、瑞士及意大利等8个国家接壤,隔英吉利海峡与英国隔海相望。

公元5世纪法兰克人移居到今日的法国国土地域,843年成为独立国家。17—18世纪路易十四统治时期达到封建社会鼎盛时代。1789年7月14日爆发资产阶级大革命,起义者攻占巴士底狱。此后曾先后建立过五次共和国和两次帝国。1871年3月巴黎人民武装起义,成立巴黎公社,当年5月被镇压。1958年戴高乐领导建立第五共和国。戴高乐、蓬皮杜、德斯坦、密特朗、希拉克及萨科齐先后出任总统。2012年5月,社会党候选人弗朗索瓦·奥朗德(François Hollande)当选法国总统,该届政府的国民教育部长为樊尚·佩永(Vincnet Peillon)。

法国教育部2014年9月公布的统计数字显示,目前法国共有人口6 567万左右,其中2012—2013学年度在读的各级各类学生的总人数为1 492万左右,占到全国总人口数的22.7%。法国大概有60万华人,主要以温州人和(中南半岛/印度支那)印支华人为主。华人留学生群体在法国学生群体中也很常见。此外,非洲尤其是北非阿拉伯国家历来是法国传统的势力范围,在殖民帝国时期,法国在非洲有许多殖民地。二战以后,法国历届政府不断调整对非洲的关系,维持法国与前殖民地国家的特殊关系。由此不难理解,为何法国有超过四成的留学生来自非洲国家。

法国的行政区划分为大区、省和市镇,相对应的法国是按"学区"来垂直组织(不隶属地方)从中央到地方的各级教育行政机构的,学区和行政区划上的"大区"基本重合但略有差异。法国本土共划为21个大区和科西嘉地方行政区,其下又分为96省,36 568个市镇。法国海外拥有5个具有与欧洲本土同等地位的大区,同时又是5个海外省(即1个海外大区辖有1个海外省)。

当前,法国政局总体稳定,社会党掌控议会两院和多数地方政权。但在金融和欧债危机背景下,左翼政权施政空间受限,奥朗德政府推出的财税、退休及教育等多项改革措施引发民众争议,特别是税负过重成为批评焦点。2005年,法国正式颁布《学校未来的导向与纲要法》(*Loi d'orientation et de programme pour l'avenir de l'ecole*),奠定了未来20年教育发展的宏观架构,提出了新世纪教育改革的目标——"为了全体学生的成功"(Pour la réussite de tous les élèves)。2013年,奥朗德政府重拳出击推出的"重建学校"(La refondation de l'école)改革,是法国当前教育领域的一大关注点。

2014年1月27日,中法两国隆重庆祝建交50周年。实际上,中法两国之间在教育领域中的交流可谓源远流长。20世纪初,中国积贫积弱,当时的中国为了向西方学习,向美国、英国、法国、德国及日本等国派出了留学生。在众多的海外留学生中,产生了众多优秀的留法学生,包括党和国家领导人周恩来、邓小平、陈毅、聂荣臻、李富春、蔡畅及王若飞等,科学家钱三强、严济慈,作家巴金、艾青,音乐家冼星海、聂耳,画家徐悲鸿、林风眠、刘海粟、赵无极及朱德群等。法国是最早接收新中国留学生的国家之一,也是目前接收中国留学生最多的欧洲国家之一。1964年中法两国建立大使级外交关系时,两国都没有对方的留学生。而到2014年,中国在法国有3.02万名留学生,法国在华的留学生有7 600人左右。2013年法国教育部曾预测,2014年中国将超过摩洛哥成为法国的第一大留学生来源国。中法双方商定,到2015年,中国在法国的留学生将上升至

5万人,法国在中国的留学生将上升至1万人。目前,法国有45 000人在学习中文,中国有10万人在学习法文。[1]

近年来,中法两国的文化与教育交流日益活跃。2007年,中法续签互认学历和文凭协议。2010年11月胡锦涛主席访法期间,宣布今后5年将邀请500名法国青年访华。目前,中国在法国本土和海外省开设17所孔子学院和3所孔子课堂,并在法国9个学区、23所中小学开设中文国际班。汉语已成为法国第五大外语。2011年之后,法国教育服务中心(Campus France)在中国大陆改称“法国高等教育署”,该机构为法国驻华大使馆文化合作处的分支,致力于促进中国学生赴法交流。“法国高等教育署”目前在华共有6个中心,分别位于北京、上海、广州、武汉、成都和沈阳(2014年成立),为各地学生提供有关留学的全方位服务。该机构还设有7个办事处,分别位于重庆、济南、杭州、南京 、昆明 、青岛和西安,负责留学咨询及组织法国教育推广工作。就目前来看,派驻各国的法国教育服务中心(Campus France,或称法国高等教育署)成为法国留学品牌营销的主要体系化平台。

2014年3月27日,中法建交50周年纪念大会在巴黎举行。国家主席习近平和法国总统奥朗德共同出席并发表重要讲话。习近平总结中法关系50年来的成功经验,阐述对两国关系发展的政策主张,希望中法两国人民在实现中国梦和法国梦的过程中相互理解、相互帮助,共同实现“中法梦”。

二、法国教育政策的整体价值观

纵观历史,自法国大革命以来,尤其是共和国制度建立以来,保障每个公民拥有充分权利参与社会生活,并享受后者带来的利益成为国家的使命,这在教育领域得到了充分的彰显。法国集结教育领域各层次法律的《教育法典》(*Code de l'éducation*)第一条明确指出:“教育是国家的第一要务。对教育的公共服务是根据各类学生的需要进行设计和组织的,旨在促进机会平等。”更指出:“除了知识

[1] 生机盎然的中法关系:庆祝中法建交50周年. La Chine au présent(今日中国·法文版),2013-12.

的传输,国家还把培养学生的共和国价值观作为学校的首要任务。"[1]

在现任中央政府的组成中,国民教育事务被一分为二,基础教育由"国民教育部"(Ministère de l'education nationale)来负责,部长是樊尚·佩永(Vincnet Peillon)。高等教育则由"高等教育和科研部"(Ministère de l'enseignement supérieur et de la recherche)负责。在法国历届政府组成中,基础教育、高等教育及科研行政事务有时是合并的,有时则像当前一样是分开的;有时虽然合并为一个部(例如"国民教育部"),但总理会另外委任一名"部长级代表"(Ministre délégué)或"国务秘书"(Secretaire d'etat)协助部长处理高等教育和科研事务,这类职务的级别相当于部长。可见,法国中央教育行政职位的设置比较复杂,很多时候并非实际需要,而是执政党的人事安排考虑。

在追求自由与平等的进程中,法国近200年来矢志不渝地实行中央集权的教育行政体制。在法国高度中央集权的教育体制之下,包括教职工的聘任和薪酬发放,学校的学年安排、课程设置、教科书编写、考试和升学规定、颁发证书和毕业文凭等,都是全国划一的[2]。有学者总结道,法国的教育部长几乎就是全国近百万教职工的统一"雇主",而教育部则几乎成了一个统抓一切教育事务的行政统帅部。担任过法国教育部长的奥利维耶·吉夏尔(Olivier Guichard)曾调侃说,法国教育部所掌管的系统之庞大,其程度仅次于苏联红军。从17世纪起,法国的教育就是被作为国家的政治杠杆来运用的[3]。这一传统沿袭至今,形成了教育问题与意识形态纠缠得过于紧密的局面。之后虽然经过20世纪80年代的分权行动,中央集权化程度有所下降,但法国教育部对全国教育事务的统管职能仍然是明显的[4],法国政界和教育界始终存在着对教育应当加强控制,还是应当给予自由的争论,彼此影响消长与兴衰。

客观来讲,形塑法国整体教育格局的教育政策价值观,涵盖了世俗化与宗

---

[1] 王文新.法国教育研究[M].上海:上海社会科学院出版社.2011:4.

[2] 冯大鸣.西方六国政府学校关系变革[M].上海:上海教育出版社.2011.

[3] Cros, F. And Obin, J. Attracting, developing and retaining effective teachers: Country Background report for France [R]. Paris: Publication Service, OECD, 2003: 10.

[4] Holemes, B. International Handbook of Education System [M]. Chichester: John Wiley & Sons, 1983: 326.

教/种族思想之间的交互博弈、公平公正和效率市场之间的艰难平衡[1]。这也意味着法国和其他国家一样,在教育发展和改革的过程,伴随着不断探索和不断争议。与此同时,这些教育发展思想上的争锋,实际上也在彰显着法国作为一个文化底蕴深厚、善于思考的国度的独到之处。

首先,世俗化的进程并非一帆风顺。伴随着启蒙运动与社会学上的实证主义在法国的发端,世俗化的理念逐步成为法国学校发展的核心思想之一,成为"健康的政治"以及"国民的学校"的重要保障。但从二战以来,可以看到试图削弱这种趋势的力量也在不断发展。诸如把知识和教育视为统治工具的社会学批判,以及科技发展课程中日益暴露出的负面影响,使得人们逐步对所谓的现代化的正向性产生怀疑。这导致相对主义价值观的流行,个人和种族群体等都以自己的特性和独立身分要求平等。这些变化迫使政府借助表达方式和修辞的转换"翻新"了许多政策,但并没有思路上的实质性调整,政府仍然以宣传世俗化和现代化这些价值观的责任者自居。

在经历了20世纪80年代一系列国内种族摩擦之后,政府的态度发生了重要转变,在教育政策上倾向于避免直接地、彻底地推行世俗化,转而间接支持所谓"开放的世俗化",增强了对平等和独立思想的宽容。在涉及移民的社会融入政策上,显示出"中间路线"的态度,一方面试图同融合个体差异的完全世俗化保持距离,另一方面也尽力避免"特殊性"和"多元文化"在教育领域中泛滥。政府推行世俗化的策略,从意识形态层面开始转入教学层面的细致和实质性安排。比如在资助私立学校方面,如果私立学校希望获得来自官方的资助,就必须与政府签订合同,履行合同中对于教学等方面的限制,但可以保留自己的特色。

1981年左派政党执政后,时任教育部长的萨瓦里(Alain Savary)马上提出了"国家教育的公共服务统一和世俗化计划",试图完全取消私立中学的差异。这一动作引发了国内大规模的抗议,并最终导致私立学校和国家层面的双方妥协,也形成目前教育界在世俗化方面的一个基本格局,即私立学校承诺减少宗教行为,并在公民教育上加大力量,但仍维持"价值保卫",而国家方面则以提高教育

[1] Duru-bellat, M. et A. Van Zanten. Sociologie de l'école. Paris: Armand Colin, 2012 (4ème édition): 2.

质量为名要求私立学校增加统一性的教学科目。

其次，平等、公平和效率、市场等理念之间的缠缚，也是法国教育改革与发展一直绕不开的命题。随着社会、政治和学校自身的发展，人们对于“精英”和“平等”的认识也在不断发生转变，并逐步认识到“形式平等”的不足，“权利平等”逐步让位于人们对于“事实平等”的追求，这对教育界产生了很大影响。教育政策的制定者们逐步将视野从学校中释放出来，创新包含家庭和地区在内的更大范围的教育公平政策。实际上对于平等与公平的分歧，主要表现在落实的环节上，尤其是如何对教学知识、教学组织及教师资质等做必要的调整。教师工会一直是法国左右时局的重要力量，这支力量本身对于既得利益的考量及其对于教育公平讨论的参与，在一定程度上增加了达成普遍共识的难度。

与此相应，像其他国家一样，教育领域中的效率问题也在法国赢得越来越多的关注。正如“新公共管理”思潮所显示的那样，部分决策者倾向于借助组织行为学的规律来组织教育，甚至像私人公司那样围绕责任、治理、项目及合同等概念来展开讨论。关于效率的探讨，试图把教育定义为一个纯粹的“知道如何做”的技术问题，考察教育是否低效运用甚至浪费了社会资源。然而法国教育领域终究是一个富有中央集权传统的领域，受大革命以来逐步稳固的政治和教育模式的影响，法国的政治人物和国家管理人员对教学直接与市场联系的行为非常反感。国家统筹调控下的法国教育对于保障教育公平、推动稳健发展有着特别的关注和重视。

本书细致呈现了法国基础教育在坚守传统与追逐时代、凝聚共识与弘扬个性的平衡之间所建构的基础教育大局。第一章到第七章，结合最新的法国教育改革信息，叙述了学制、课程与教材、教学与方法、质量监测与督导、教师发展及学校管理等各个维度的客观现状；第八章到第十章以及附录部分，则展现了法国在品格养成教育、社会教育资源等领域中独具特色的国别风格，总结了法国基础教育在历史与当前改革中亮点频现的“法国特色”。无论客观呈现还是主观评述，都希望能为中国基础教育的当下发展与未来变革，提供有益的参考和启示。

第一章

法国基础教育发展水平

第一节 法国基础教育的历史沿革

一、战后教育现代化:法国现代化工业进程的迫切要求

法国教育源远流长。跨越近现代整个历史来看,法国从拿破仑以来所定调的高度中央集权体制,一直是法国教育行政领域最为鲜明的色彩。在历史上,法国的学校曾长期为天主教会所垄断。1789年著名的法国大革命之后,王朝制度被推翻,开始把教育从封建禁锢中解放出来,逐步建立起现代教育制度的各项基础。在拿破仑·波拿巴(Napoléon Bonaparte, 1769—1821)执政期间,法国国民教育的中央集权体制得到确定,并延续至今长达200年。拿破仑之后,法兰西第三共和国完全实现了国民教育与教会的脱离,在19世纪末确立了教育"世俗化、免费、义务"三大原则,开始对6—13岁的儿童实行7年免费义务教育。曾经在这一时期出任教育部长的儒勒·费里(Rules Ferry, 1832—1893)通过推动两部教育领域重要法律的颁布对上述发展做出了重要贡献。[1]

第二次世界大战之后建立的第四共和国、1958年建立并延续至今的第五共和国,都继续推动国民教育的现代化过程。1947年二战硝烟刚散,法国政府立即组织了"教育改革委员会"拟定教育改革方案,围绕发展民主教育、改革学制、改变陈旧的教育方式等展开探索。

这次探索最为重要的意义,是奠定了法国二战后教育改革的六条原则:一是社会公正原则。人人都有受教育的权利,每个人受教育的机会只能以能力为依据。二是社会上的一切工作价值平等,任何学科的价值平等。三是人人都有接受完备教育的权利。学生先接受学校教育的一般性指导,然后分流接受职业方

〔1〕 王文新.法国教育研究[M].上海:上海社会科学院出版社,2011:3.

向上的指导(也就是法国基础教育中“定向”传统的发端)。四是学校应该成为传播通识和普及性文化的中心。五是各级基础教育争取免费。六是加强师资培训,提高教师地位[1]。

1958年法兰西第五共和国建立,1959年戴高乐就任第五共和国总统。为了应对国际国内严峻的形势,戴高乐相继颁发了一系列法令推动教育改革,推动教育阶段的延长,并通过契约把宗教和其他办学力量收归国用。戴高乐之后,德斯坦(V. d'Estaing)总统领导的政府于1974年颁布《法国学校体制现代化建议》(又称《哈比法案》),倡导教育现代化并进一步主张尊重学生的个性差异,重视职业技术教育等。

二、教育大众化和人本化:法国基础教育的快速普及期

在20世纪的70年代中期和80年代中期,法国进一步的教育改革顺应了教育大众化的潮流,不断增补规范性的政策法案等,以应对基础教育规模的扩大。其中影响较大的有诸如增设了高中毕业文凭类型之一——“职业业士文凭”(baccalauréat professionnel),进一步完善现代教育制度,并划定职业教育在高中教育阶段的地位,使其更加适应国家经济和社会发展的需要。

1989年7月10日,《教育指导法》(*Loi d'orientation sur l'éducation*)正式出台,这是共和国历史上第一部涉及从学前教育到高等教育所有领域的全面指导性法律,成为法国教育领域纲领性的法律,影响广阔而深远。该法由时任国民教育、青年与体育国务部长的里约奈尔·诺斯潘(Lionel Jospin)推动颁布,系统归纳了分布在当时各类法令中的国家教育基本原则,并进行了强调和补充。

这部架构宏大的法律,奠定了后续十几年的法国教育发展与改革基础。其主要内容共分为七个方面。第一,该法第一条即开明宗义地强调“教育是国家的头等大事”,从而突出教育在国家发展战略中的重要地位。第二,明确规定如果家庭提出要求,每个3岁儿童都应该被距离其住所最近的学前教育机构接收。第三,正式公布国家教育的目标,即在10年内使同年龄组的所有人至少获得职

〔1〕 吴遵民,范国睿. 教育政策国际比较[M]. 上海:上海教育出版社,2009:114.

业学习证书或职业能力证书,80%的人达到高中毕业。这是法国第一次以法律形式确立了国民教育的中期具体目标。第四,决定设立全国教学大纲委员会(CNP),负责就大纲的指导思想和具体实施方案等辅佐部长等决策,保障教学内容和合理性和科学性。第五,规划在每个学区设立一所"大学师范学院"(IUFM)负责初等和中等教育各类教师的职前培训、在职进修等,统一协调整个基础教育阶段的师资培训工作。第六,规范教育评估等工作。第七,确立实行国家宏观管理和地方自主相结合政策原则。

该法还为各级各类学校(établissements)规定了四项基本任务,即传输知识和综合素质;发展青少年个性,培养其公民责任;通过学历教育为职业生活做准备;促进机会平等。同时,在中央和地方之间的分权和放权方面,也设置了一系列规定和计划。

《教育指导法》实施的第一个10年里,法国教育事业发展总体较快,教育环境也有了很大改善,该法实施10年之后,法国的教育经费增长近25%,小学教师数量增长2%,中学教师数量增长7.8%。与此同时,由于人口增长率减缓等原因,法国的小学生的数量减少423 000人,中学生减少130 000人,师生比由此得到提升。从1975年到2001年间的数据看,小学生生均经费增长高达94%,中学生生均经费增长74%。

伴随着该法的实施,进入20世纪90年代以后,人本主义的教育思潮在法国进一步扩散,基础教育的课程改革从重视学科训练转向重视个体的自我实现,强调教育是完成学生个体成长和个性舒展的"自由解放"的过程。基础教育课程由此倾向于从学科、教材、书本转向对学生个性化的培养方式。但客观来讲,人本和个性的强调也在一定程度上加剧了学生学业水平之间的分化,对教育质量和教育公平都存在一定程度的挑战。随后,在个性化教育的实践中,人们逐渐突破对个性化教育的狭隘理解,认为个性化教育并不否认学生个体所需掌握的共同的基础知识;相反,个性化教育只有建立在共同基础知识的基础上,才是有效的、高质量的个性化教育。

1994年,成立不久的法国"国家教学大纲委员会"(CNP)在《在初中学习什么》的报告中,首次提出针对初中教育内容而言的"共同基石"概念。1998年,法国教育部在“高中应当教授哪些知识”为主题的全国研讨会上，首次提出针对高中教育内容而言的“共同文化”的概念。上述两个概念，在后来的国家教育政策中都一再被强调和丰富，成为法国在新世纪基础教育改革的重要趋势之一。“共同基石”与“共同文化”概念凸显的，正是对个性化教育的重新理解。

进入21世纪，法国历届政府“希拉克政府(1995—2007)”“萨科齐政府(2007—2012)”“奥朗德政府(2012—)”均在教育领域提出了新的施政纲领。这一方面体现了法国社会非常重视教育与时代发展趋势之间的互动，另一方面也展现了教育和政党政治之间的紧密关联，无论朝野都希望通过在教育领域的建树赢得选民信任，继而赢得在整个国度贯彻自己治国纲领的机会。本书后文将有详尽介绍。

第二节　法国基础教育发展现状

截至2014年，法国的义务教育是从小学第一年持续到高中第一年(6—16岁)，共计10年；奥朗德政府治下的教育部曾于2013年发布《重建共和国的学校》(*La refondation de l'École*)总报告，提出要探索将义务教育年限延长至18周岁。法国的学前教育不属于义务教育范畴，由幼儿学校实施，招收2—5岁的儿童。而高中的后两年，也不再属于义务教育范畴，而实行不同程度的分科教育，为不同出路和兴趣的学生做升学和就业准备。值得注意的是，法国至今还在基础教育学段实行“留级制度”，教育统计中都包含有“留级率”“正常年龄升学率”等数据。

一、基础教育规模

根据法国教育部2013年的统计数据，截至2012年秋季开学，法国本土和海外省[1]在公私立学校的大、中、小学生和学徒共计 15 196 500 人。[2]

1. 小学教育规模和相关数据

法国全国共有小学 37 379 所，其中公立小学 32 237 所，私立小学 5 142 所。[3] 2012 年注册的小学生共有 4 161 900 人，教师 323 449 人，由此大约可推断法国小学的师生比为每 13 名左右学生配一名教师。

据统计，法国小学班级的平均规模是每班 22.9 人，公立小学班容量平均为每班 22.8 人，私立小学为 22.3 人。2012 年法国小学生留级率分别为：预备班 (Cours préparatoire, CP, 即小学第一年)3.4%，基础班 1 (Cours élémentaire premième année, CE1，即小学第二年) 4.1%，基础班 2 (Cours élémentaire deuxième année, CE2，即小学第三年)1.6%，中级班 1(Cours moyen premième année, CM1, 即小学第四年)1.1%，中级班 2(Cours moyen deuxième année, CM2，即小学第五年)1.3%。

2. 初中教育规模和相关数据

全法共有 7 051 所初中，包括 5 274 所公立初中和 1 777 所私立初中。[4] 2012 年初中学生注册人数 3 312 300 人，教师人数 168 035 人。师生比约为 1∶20。班容量平均每班 24.35 人。2012 年六年级至三年级(即中国人习惯称为的初一到初四)学生的留级率分别为 3.0%、1.7%、2.6%、4.1%。从通过率来看，六年级学生升入五年级的通过率为 96.3%，五年级学生升入四年级的通过率为 97.1%，四年级学生升入三年级的通过率为 95.8%。2011 年法国初中生升入普通和技术高中的升学率平均为 57.4%；进入职业高中的升学率为 36.6%，留级学生及其他占 6%。

---

[1] 法国海外省 4 个海外大区(départements d'outre-mer)：瓜德罗普(GUADELOUPE)、马提尼克(MARTINIQUE)、圭亚那(GUYANE)以及留尼汪 (LA REUNION)。

[2] Repères et références statistiques 2013(法国《2013 年教育部数据统计与参考》)：20. http://cache.media.education.gouv.fr/file/2013/49/9/DEPP-RERS-2013_266499.pdf.

[3] Repères et références statistiques 2013(法国《2013 年教育部数据统计与参考》)：39. http://cache.media.education.gouv.fr/file/2013/49/9/DEPP-RERS-2013_266499.pdf.

[4] Repères et références statistiques 2013(法国《2013 年教育部数据统计与参考》)：43. http://cache.media.education.gouv.fr/file/2013/49/9/DEPP-RERS-2013_266499.pdf.

3. 高中教育规模和相关数据

法国全国共有高中 4 313 所，其中公立“普通和技术高中”1 563 所，公立“职业高中”1 027 所，私立“普通和技术高中”1 063 所，私立“职业高中”660 所。2012—2013 年“普通和技术高中”学生注册人数 1 452 200 人，教师人数 131 397 人；“职业高中”学生注册人数 657 500 人，教师人数 42 742 人。[1] 从上述数据来看，法国高中的师生比为每 10 名左右学生配一名教师，但实际上，这些教师并不能每个人都全时全职上班，加之某些选修课人数有限等因素，实际的师生比要高于这一理论比数。据统计，法国中学班级的平均规模是每班 27.8 人，高一年级人数最多，平均每个班有 31 人，而且有近五分之一的班级人数达到 34 人。

经过初三的“定向”后，升入高中接受教育的学生，主要有如图 1-1 所示的几类[2]。

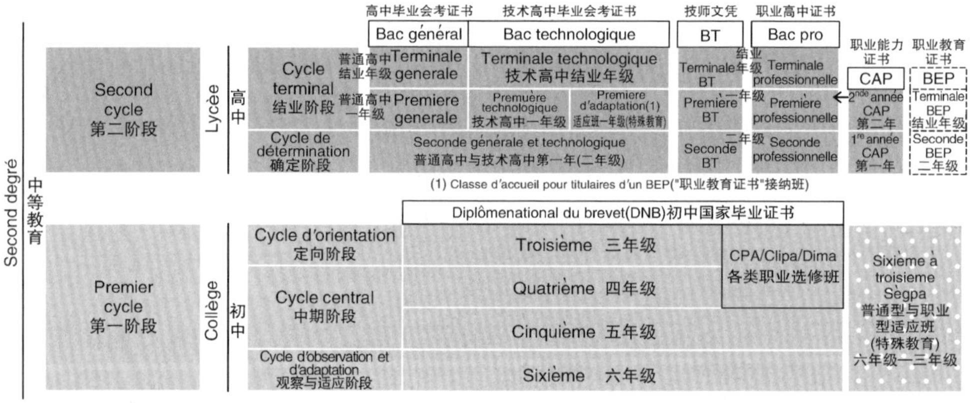

图 1-1 法国初高中培养阶段及类型

在“普通和技术高中”之下，又分为“普通教育”和“技术教育”两个轨道（Les voies d'enseignement）。其中“普通轨”主要应对与普通高等院校（普通公立大学，以及“大学校”的预备班），学生毕业后可预期进入长期的高等教育。“技术教育轨”则面向技术类高等教育，毕业后深造 2 年或者 2 年以上，最终获得高等技工

---

[1] Repères et références statistiques 2013（法国《2013 年教育部数据统计与参考》）：39. http://cache.media.education.gouv.fr/file/2013/49/9/DEPP-RERS-2013_266499.pdf.

[2] Repères et références statistiques 2013（法国《2013 年教育部数据统计与参考》）：21. http://cache.media.education.gouv.fr/file/2013/49/9/DEPP-RERS-2013_266499.pdf.

证书(B. T. S.)或技术大学学历(D. U. T.)等高等教育证书。

“职业高中”通常设两种文凭:职业能力证书(C. A. P.)和职业学习证书(B. E. P.)。1985 年又设立了职业高中会考文凭(BAC professionnel,在法语中经常简写为“BAC pro”),在原职业高中的基础上再增加 2 年学制,进行某一职业的较高级别的职业培训,此文凭的建立提高了毕业生就业的机遇,也使一些学生能够接受高等教育。为“BAC pro”设置的学制为 3 年。但如果要从 C. A. P. 或 B. E. P. 的学习转入攻读职业高中的“BAC pro”,需先获得 C. A. P. 或 B. E. P. 资格,之后进入“BAC pro”的高二进行学习,即需要再准备 2 年才可参加“BAC pro”职业会考,对于这部分学生来讲,总共需要耗时 4 年。

接受不同类型高中教育的学生的留级率和通过率分别如下。2011 年进入职业高中接受“职业能力证书(C. A. P. , 2 年学制)”教育的学生,其第 1、2 年的留级率分别为 4. 1%、5. 1%; C. A. P. 1 学生升入 C. A. P. 2 的通过率为75. 3%, C. A. P. 2学生升入“职业会考文凭(BAC pro)”级别接受教育的通过率为22. 3%。职业高中接受“职业学习证书”(B. E. P. , 2 年学制)教育的学生,其第 1、2 年的留级率均为 0%;高中二年级升入“职业会考(BAC pro)”级别接受教育的学生,其通过率为 30. 8%。在职业高中直接攻读“职业会考(BAC pro,学制 3 年)”的学生,其职业二年级、一年级和职业毕业班的留级率分别为 4. 5%、2. 2%、6. 1%;通过率分别为 81. 7%、85. 7%和 93. 9%。2011 年进入“普通和技术高中”接受教育,并参加高中会考(BAC)的学生,其从二年级(高一年级)升入一年级的普通类和技术类高等院校的学生通过率分别为 61. 5%和 23. 1%,这一阶段的学生留级率为 9. 4%。

法国高中教育虽不属于义务教育,但自 20 世纪后半叶以来,在教育现代化和民主化的驱动下,法国的高中教育已被纳入了国民普及教育的目标。国民教育部长于 1985 年提出“让 80%的同一年龄层的学生在 2000 年达到业士水平”〔1〕。在此后的 10 年里(至 1995 年),法国的高中毕业生从 30%快速增长至 63%。在 2012 年,法国高中会考的一次性通过率为 84. 5%,最终有 77. 5%

〔1〕 Baccalauréat,高中毕业会考证书,又称业士文凭即高中学业结束时的学历认证,由拿破仑于 1808 年创立。业士学位不只是 12 年小学和中学教育之后学生获得的一个证书,它也相当于大学的入学许可。法国人往往用业士学位加就学年数的方法表示大学学历。

的高中生获得毕业证书。[1]

此外,根据欧盟统计局(Eurostat)在2013年发布的调查数据显示,法国2012年18—24岁青年的辍学[2]率为11.6%,而欧盟27国的平均辍学率为12.8%。2009—2011年基础教育阶段获得各等级学历资格证的毕业生所占比例如图1-2所示[3]。法国2000—2010年高等教育成功率见表1-1。本科及以上学历包括大学校的文凭获得者所占比例为27%;高级技师文凭和大学技术学院、医疗辅助和社会类文凭的获得者所占比例为15%;高中毕业会考文凭获得者占28%;专业技能合格证书和职业学习证书获得者占14%;初等中学国家文凭获得者占7%;剩余9%为其他类文凭获得者所占比重。在2009—2010年间有28%的会考文凭获得者毕业后会追求更高一级的学业文凭。

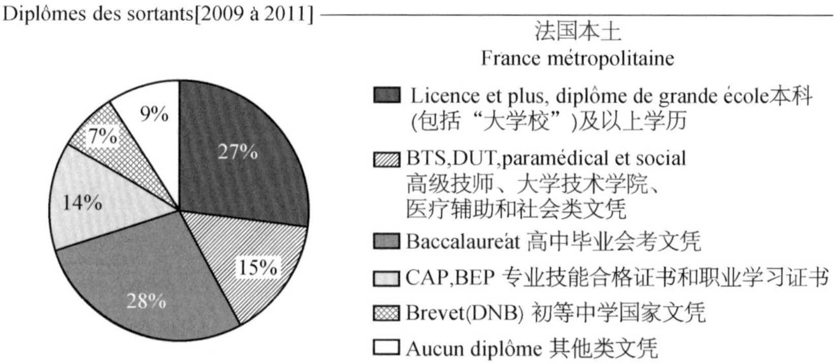

图1-2 2009—2011年基础教育阶段毕业生所获学历分布[4]

表1-1 法国2000—2010年高等教育成功率

年份	2000	2001	2002	2003	2004	2005	2006	2007	2008	2009	2010
成功率	32.39%	34.23%	36.00%	37.00%	38.00%	39.00%	41.00%	41.00%	41.00%	43.00%	43.00%

[1] RESULTATS PROVISOIRES DU BACCALAUREAT ST2S SESSION 2012. http://apsms.fr/files/Espace_public/Actualite/resultats%20provisoires%20bac%202012.pdf.

[2] 这里的辍学是指18—24岁的青年不再读书且未成功结束第二阶段(中等教育)学习,获得五级以上证书(CAP、BEP、BAC等)。

[3] L'éducation nationale en chiffres-2013 http://cache.media.education.gouv.fr/file/2013/19/9/DEPP_grands_chiffres_2013_267199.pdf.

[4] Enquêtes sur l'emploi de 2009 à 2011 (Insee)Calculs MEN-DEPP.

二、基础教育投入

2012 年法国教育总支出 1 394 亿欧元，平均每个公民 2 130 欧元，生均支出 7 700 元欧元，占国内生产总值（法语 PIB，英语 GDP）的 6.9%[1]，高于经合组织（OECD）国家的平均水平 6.3%。2010 年，法国基础教育预算为 616 亿欧元，占当年整个教育预算 1 085 亿欧元的 57%，占国家总预算 2 864 亿欧元的 21.5%。2009 年，法国小学生的生均经费为 5 690 欧元，中学生的生均经费为 9 380 欧元[2]。

法国基础教育经费投入机制分为中央、大区、省和市镇四级，采取以中央投资为主、中央与地方政府共同分担的财政投入模式，不同等级的地方政府负责各级教育，社会企业和家庭经费支持也占据一定的比例（图 1-3）。教育支出包括教育事业费（即各级各类的学校的人员经费和公用经费）和教育基本建设投资（建筑校舍和购置大型教学设备的费用）等（图 1-4）。[3]

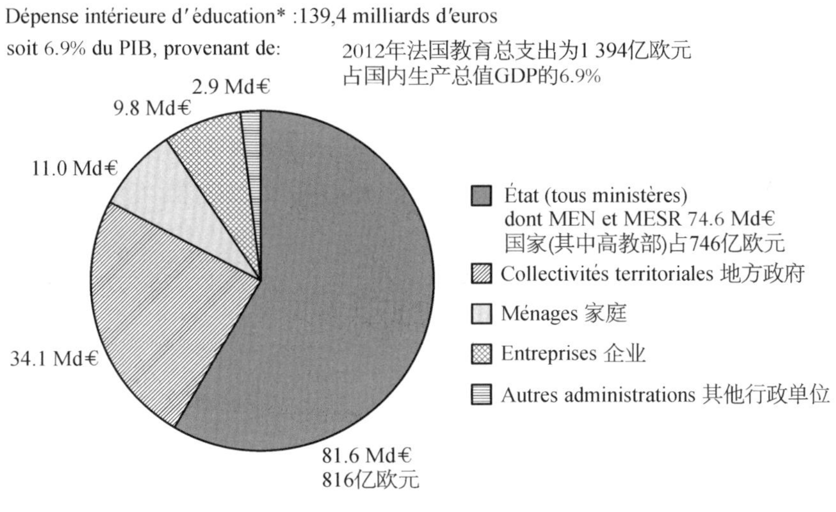

图 1-3　2012 年法国教育经费来源[4]

---

[1][3] L'éducation nationale en chiffres-2013. http://cache. media. education. gouv. fr/file/2013/19/9/DEPP_grands_chiffres_2013_267199. pdf.

[2] Ministère de l'éducation nationale de la recherche et dela technologie. Repères & références statistiques sur les enseignements et la formation[M]. Paris: Documentationfrancaise, 2011: 11.

[4] MEN-DEPP 法国国家教育部预测与评估司。

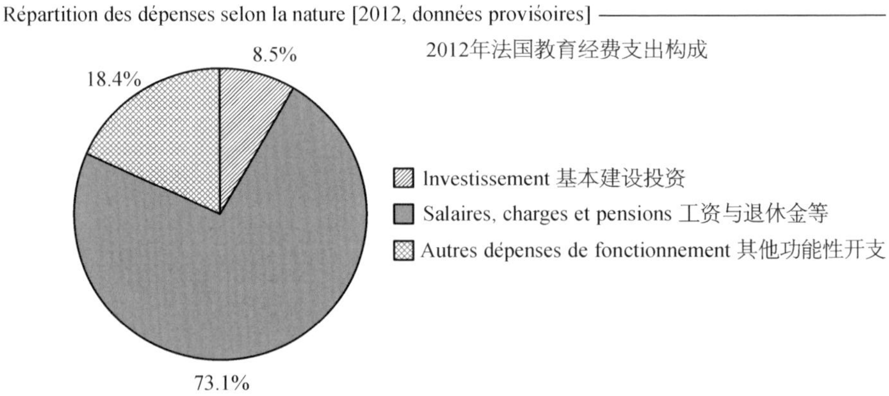

图 1-4 2012 年法国教育经费支出[1]

三、基础教育质量

法国基础教育的质量，一般是放在欧盟成员国和经合组织(OECD)成员国的比较大背景之下来看的。尤其是法国从 2000 年开始参加 PISA 国际学生能力测评项目，之后的历年 PISA 的测试结果成为法国的教育系统明确的标尺之一，并直接影响了法国国内教育测评体系的发展。

据 2013 年 12 月 3 日最新公布的国际学生评估项目(PISA)的评估调查结果显示[2]，在 65 个参与国中法国位列第 25 名，在 35 个经合组织国家中法国排在第 18 位。前教育部长、人民运动联盟的吕克·沙泰勒(Luc Chatel)认为，连续多年的评估调查反映出法国教育对 20%的学生来说是有效的，对 20%的学生来说是糟糕的，对 60%的学生来说处于中间水平(不好也不坏)[3]。

在 2012 年的检测结果中，法国学生数学成绩(此次评估的重点)名列第 25 位，得到了 495 分，与 2003 年相比下降了 16 分。在阅读理解方面，法国成绩为 505 分(平均水平是 496 分)，名列第 21 位，高于平均水平，也恢复到 2000 年的水平。因为法国学生阅读能力在 2003 年和 2006 年两次评估中成绩明显下降，

〔1〕 MEN-DEPP 法国国家教育部预测与评估司。

〔2〕 该国际学生评估项目(PISA)是针对法国 15 岁学生(即基本完成义务教育的学生)进行的，调查主要围绕学生的写作、数学和科学能力展开。

〔3〕 Professeurs: des étudiants “recrutés à 8/20”, accuse Chatel 2013-12-4. http://www.lexpress.fr/actualites/1/politique/professeurs-des-etudiants-recrutes-a-8-20-accuse-chatel_1304779.html.

2009年有所回升。在科学方面,法国自2006年以来保持稳定,排在第26位,属于平均水平。[1]

法国教育部的调查和信息汇总显示,法国小学生在阅读、书写和计算方面的能力在连续几年里的下滑趋势明显[2]。2007年,法国初一年级中面临学业困难的学生占15%,25%的学生知识掌握不牢固。在"教育优先区"(ZEP和REP),这一数据为30%～35%。1987年至2007年间,小学五年级毕业班(CM2)学生的成绩有明显下滑。面对一份同样内容的听写材料,学生的拼写错误从平均的10.7个增长至14.7个。拼写错误超过15个的学生比例1987年为26%,而20年后这一比例高达46%。其中语法错误由7个上升为10个;同一个单词1987年的拼写正确率为87%,而2007年只为63%。在初中学段,1997年至2007年间,初一年级在阅读方面有困难的学生比例分别由14.9%增长到19%,教育优先区的比例增长尤为显著。

2000年至2009年间经合组织(OCDE)的教育数据显示,虽然法国在各成员国中处于平均水平,但不可否认学生的各项能力均随着时间的递进而有所降低。虽然法国学生的写作能力测验排名从2000年26个成员国中位列第13,变化为2009年34个成员国中位列第18,但学生成绩的两极分化现象加剧。具体表现为,阅读测试成绩较差的学生比例由15%上升到20%;数学测试成绩较差的学生比例由16.6%上升到22.5%。另一方面,阅读测试成绩优秀的学生比例从8.5%增加到9.6%,数学成绩优秀的学生比例变化不大。在2011年国际阅读素养研究调查中,法国仅排在45个国家中的第29位,且未完成试卷的人数在所有测试国家中最高。[3]

针对法国教育差距不断扩大的问题,经合组织教育专家艾里克·夏波尼埃

〔1〕法国国民教育部网站PISA信息资源链接. http://www.education.gouv.fr/pisa2012/feuilleCSS=chrome#le-classement-pisa-2012.

〔2〕Ministère de l'éducation nationale, Lire, écrire, compter: les performances des élèves de CM2 à vingt ans d'intervalle 1987—2007 [EB/OL]. [2014-6-11]. http://media.education.gouv.fr/file/2008/23/9/NI0838_41239.pdf.

〔3〕Bruno Trosseille. Student's assessments in France: Diagnostic and Monitoring Assessment. [2011-11-01]. http://educ-eval.education.fr.

(Eric Charbonnier)在2013年12月指出[1],法国的问题不在于其成绩处于中等国家水平,而在于学生教育不平等严重。对照德国等国家对学生差距不断减小的成就来看,法国基础教育在这方面的努力似乎收效有限。调查报告强调,法国社会经济阶层与学业成绩间的相关性比经合组织大部分成员国都明显得多。2013年贫困家庭学生学业成功的机率明显低于2003年。而移民子女成为困难学生的可能性起码比其他学生高两倍。

夏波尼埃认为,法国当前的目标应是对抗学业失败和缩小教育差距,法国也确实正采取一系列措施奋起直追,如2013年《重建共和国基础教育规划法》中拟定的小学新课时制度改革,用一周5个工作日上午均上课代替原先只有4天上午上课。在培训教师方面,政府开始鼓励有经验的教师到困难学校工作等,但同时也有必要推动继续培训,思索如何辅助年轻教师。此外,法国目前15岁学生的留级比例高达28%,而其他国家的平均水平仅12%,在外界看来法国在一定程度上需要寻找替代留级制度的体系。

四、基础教育公平

从保障基础教育公平的角度来讲,法国最为宏观和重要的政策,是称为“教育优先区”(zones d'éducation prioritaires, ZEP)或者说“教育优先网络(REP)”的教育资源调控政策。该政策发端于20世纪80年代初,并历经调整。除此以外,法国对于男女平等的关注,以及出身于不同社会阶层的学生之间平等的关注,都是教育公平主题域中的重要内涵。

1. 法国教育优先区政策及其发展过程

在经历过20世纪70年代的经济危机后,法国社会矛盾日益突出。由于社会文化不平等而导致学业表现不平等问题也十分明显,为缩小学生间的差距,实现“给医者更多,特别是最好”的教育理念,法国于1981年建立了教育优先区。这是法国政府在寻求实现教育公平长征中的一项重要实践。教育优先区是由政府划定在教育方面给予特殊支持的区域。一般根据学校地理位置、社会环境、家

[1] 张梦琦.国际学生评估:法国名次下降,教育不平等加剧[J].比较教育研究,2014(02):108-109.

长社会职业与就业状况等学校外部条件，特别是学前教育入学率、小学留级率、失学率、外籍学生比例、学校网的密度等条件而确定。对被确定者，国家执行特殊政策并给予特别拨款。经过努力，其教育达到正常水平，即被取消优先资格[1]。“优先教育政策”则是在社会问题最显著地区的学校和教育机构中，以通过加强教学和教育行动，来改善由社会经济条件所造成的教育不平等现象的一系列政策。[2]

1981 年，时任国民教育部长的 A. SAVARY 在教育部的第 81-238 号通函(Circulaire n° 81-238 du 1er juillet 1981)中，第一次明确指出“优先教育政策”是旨在学校的失败率最高的地区和社会环境中，纠正因教育行动选择性的加强而出现不平等现象的一项政策。[3] 该政策作为一项同学业失败作斗争的战略，也把“积极分化”(discrimination positive)原则引入了法国。

1990 年，时任国民教育部长的 L. JOSPIN 在教育部的第 90-028 号通函(Circulaire n° 90-028 du 1er février 1990)中对 1990—1993 年实施优先教育政策做出规划，其中对这一政策赋予新的内涵，即“优先教育政策”是以显著提高学生，特别是困难地区学生的学业成功为首要目标的政策。[4]

1997 年，时任负责学校教育的部长级代表 Ségolène ROYAL 在教育部的第 97-233 号通函(Circulaire n° 97-233 du 31 octobre 1997)中这样阐释“优先教育政策”：这是一项首先致力于使困难地区学生取得成功，并要在 1998 年新学期深入到各教育体系职能中的政策。[5]

2006 年，萨科齐政府在教育部的第 2006-058 号通函(Circulaire n° 2006-058 du 30 mars 2006)中再次明确并丰富了“优先教育政策”的原则和行动方式，[6] 同时推出一系列优先教育的“必胜”(ambition réussite)措施作为补充，从而形成了优先教育网络(Réseau d'enseignement prioritaire, REP)。政府把这一

〔1〕 顾明远. 教育大词典(第一卷)[M]. 上海：上海教育出版社，1990.
〔2〕 http://www.education.gouv.fr/cid187/l-education-prioritaire.html.
〔3〕 http://dcalin.fr/textoff/zep_1981.html.
〔4〕 http://dcalin.fr/textoff/zep_1990.html.
〔5〕 http://dcalin.fr/textoff/zep_1997.html.
〔6〕 http://dcalin.fr/textoff/education_prioritaire_2006.html.

网络称作“必胜网络”(Réseau Ambition Réussite, RAR)[1]。但优先教育网与必胜网并不完全重合,优先教育网中的非必胜网络(les REP non-RAR)又被称为“学业成功网络”(Réseaux de Réussite Scolaire, RRS)[2]。同时,之前一些签订“优先教育区合约”(contrats de ZEP)的地区,属于必胜网络范围内的,所签合约称为“必胜合约”(Contrat Ambition Réussite),而属于学业成功网络的,所签合约称作“学业目标合约”(Contrat d'Objectifs Scolaires)。由此,目前法国所说的“优先教育政策”是指必胜网络和学业成功网络教育政策的综合。

2010 年,萨科齐政府又颁布了第 2010-096 号通函(Circulaire n° 2010-096 du 7 juillet 2010),其中提出“为了雄心、创新与成功的初中和高中教育计划”(Collèges et Lycées pour l'Ambition, l'Innovation et la Réussite, CLAIR)。与之前的通函逻辑内涵一致,这项“优先教育政策”旨在加强对薄弱学校的财政资助。但这一政策侧重于帮助学业环境和暴力问题严重的学校。[3] 2011 年,在此基础上又出现“为了雄心、创新与成功的小学、初中和高中教育计划”(Le programme Écoles, collèges et lycées pour l'ambition, l'innovation et la réussite, ECLAIR)[4],这 计划主要涵盖了必胜网络的大部分学校。

2. 法国教育优先区政策的重要影响和相关评价

1997 年由穆瓦桑·卡特琳娜(Moisan Catherine)、西蒙(Simon)和杰克(Jacky)共同撰写的《教育优先区——学业成功的决定因素》[5]的研究报告实地调查了法国 410 个教育优先区,并以质性研究评估 36 个教育优先区的组成、特色及学生学习成效,以期找出大学区及地方层级影响优先区学校促进学生成功学习的决定因素。他们发现,优先区的大小和初中一年级学生全国基本学测结果呈现负相关——划分范围大的优先区学生学测成绩较低,此外优先区各层

---

[1] 台湾地区在其相关报告中译作“必胜专案”。

[2] http://dcalin.fr/zep.html.

[3] http://dcalin.fr/textoff/clair_2010.html.

[4] http://www.education.gouv.fr/cid52765/le-programme-clair-pour-les-colleges-et-lycees.html.

[5] Moisan, Catherine, Simon, Jacky. Les déterminants de la réussite scolaire en zone d'éducation prioritaire. Inspection générale de l'administration de l'Education nationale. Ministère de l'Education nationale, de l'Enseignement supérieur et de la Recherche, 1997: 69-73.

级的行政领导质量也会影响其成效。

因此,报告中对复兴教育优先区政策提出了方向性建议,并分别细化了教育部、学区督学和地方层面下一步的行动重点。首先是要明确教育优先政策所反映的政治信息,即包括"优先、陪同、雄心、学业成功"四个核心概念。具体做法包括:通过沟通和交流让教育优先区走出隔离和摆脱负面形象;运用灵活、透明的方法来推动教育优先区域的调整;对抗优先区所谓的"贫民窟效应";加强评价以促进政策的实施成效并在各层级建立有效的监督机制。

在学生层面,在优先区推行 2 岁入学(幼儿园)的计划;减轻干扰,加强教育的连续性,即加强优先区小学和初中的教学关联和稳定优先区学校的人数。

在教师层面,他们也建议学校应将教育目标集中在学生学习上,教师必须要对学生的学习表现有所要求;其次,学校的文化对于学生的学习习惯的养成有潜移默化的效果,学校应致力于建立宁静与庄重的校园生活,以协助学生培养生活纪律。

进一步,2006 年由欧洲委员会、国家教育研究院(INRP)阿兰萨瓦里中心、比利时蒙斯-埃诺大学社会行政研究院(INAS)、捷克共和国布拉格查尔斯大学、英国曼彻斯特大学以及巴黎八大等 8 国研究学者共同撰写了《欧洲优先教育政策比较报告》[1]。这一研究团队从各自角度分享了有关"教育优先政策"的关键问题,其中包括对所有学生获取知识的民主化研究,各国对抗教育不平等现象和放弃学业或被开除等现象的研究。

报告中可以看出,学者对法国的教育优先政策的实施效果并不乐观。研究主要从政策目标、行政管理、财政资助和相关的措施和行动实施效果角度出发,指出法国教育优先政策存在的问题。

首先,研究者认为教育优先政策缺乏监督和明确的目标。因为它只关注根据社会经济、教育标准设定的地区及其学校,但并未精确到学生的年龄和受教育

〔1〕 Daniel FRANDJI, Jean-Marie PINCEMIN, Marc DEMEUSE, Jean-Yves ROCHEX, David GREGER-Comparaison des politiquesd'Éducation prioritaire enEurope. Rapport scientifique, Vol. 1: Conceptions, mises en oeuvre, débats.

的年级。这与在其他国家强调对儿童和学前的关注不同。

其次,教育优先政策并没有形成关于行动方式和体制安排、课程和教学法的具体指令,因此不能保证学校对弱势学生给以最大资助,也不能保证在教学层面更注重预防而非补偿。

再次,教育实践者和教师团队认为教育优先政策阻碍了他们自行制定与实践相应、有效和民主的教学计划,在政策实施过程中他们也不受关注,但与此同时政策更倾向于关注解决最显着和最具政治敏感度的问题,因此导致政策更关注初中而非小学,注重结果而非产生问题的社会和教学原因。

更重要的是,这一政策的关注点往往使学生把困难、问题的产生归结于自身的不足,也过于强调学生的少数民族和文化出身。一些参与者把其称为社会和学业问题“族群化”的过程。这一过程甚至把原来并非如此的议题、问题、判断和科学研究变得合理合法了。因此,法国如今似乎又出现了20世纪末把种族问题遮掩在教育问题背后的情况。这使得研究者不仅要重新思考社会问题,还提醒他们应当去更好地教育优先政策和“族群化”之间的关系。

2011年,上述报告的重要撰写人之一同时也是法国当代著名的教育学者Jean-Yves Rochex[1]把法国1980—2010年30年间教育优先政策的发展,分为三个阶段或三种模式,每个阶段或模式中政策的安排、连续性和反复重叠各不相同。

第一时期的政策基础是从补偿的研究角度出发,包括财政补偿、教育制度的社会关联性、劣势,甚至与学业失败、教育公平有关的文化、语言和智力赤字等方面。

第二时期的政策,则注重保障全体学生在学业上的进步,要让学生获得最基本的知识和能力,从而避免被社会所排斥[2]。

第三时期的政策,是随着对以困难地区和困难学生,或问题学生为重心的“对抗排斥”这一主题关注度的下降,而开始注重政策的多样性。这是因为公众

[1] Jean-Yves Rochex, la politique ZEP en france, laboratoire des politiques d'education? (2011) Revue française de pédagogie, n°177, octobre-décembre, pp. 5-10.

[2] François Dubet(2004)L'école des chances. Qu'est-ce qu'une école juste ? Paris: Ed. du seuil.

的分类越来越多，也越来越异质化。因此，更多考虑每个学生的特殊需求，承认并促进学生的才能和潜力。对个体的关注把强调教育公平放在次要位置，而更强调提升每个人的能力，通过允许学生发现自己的才能而使成功的机会最大化。同时充分借助教育、学习环境，以最佳方式促进学生的“卓越”发展，也不让每个人因缺乏基本知识和能力而被排除在后，脱离了教育体统。

在法国，这两种主题兼具，一方面，在政策文本中关注对精英分子的社会开放，实行“优秀寄宿学校”(internats d'excellence)政策(学校吸纳出身贫寒，但成绩优秀的学生[1])；另一方面，围绕“核心课程、共同基础”知识和能力重新界定那些“最差初中”的教育目标。

法国教育学者 Philippe Bongrand[2] 简析了教育优先政策中的有关“卓越”的争论。通过回顾中央政府部门对与“卓越”相关的教育优先区政策的实施态度，探寻“对精英群体的社会开放”和“对弱势群体的优先补偿”之间的差异。他认为，从“卓越”政策的着陆过程反映出统一理论和实践的难处，即在同一教育体系中，既要追求教育公平又要追求精英生产。

一项政策工具会受到政府的影响，同时在政策发展中，也反映公共行动方法的利益取向。Bongrand 指出，从 1999—2005 年历时 5 年的社会开放政策，可以被当作教育优先区政策合法性的工具。从最初的无所谓到政策的再调整，在“融合政策”的影响下，行政管理开始转变，大量政策及其意识形态也发生了变化。因此，在左右两派不同程度的支持下，教育优先政策要从提高学业成功，即“尽最大可能让每个人都成功”，过渡到对“卓越”政策的关注上。随着优先政策新时代的到来，一系列受新自由主义影响的政策措施也将接踵而来。不过从政府层面看，其政策的首创性目前还不明确。

3. 法国基础教育中社会阶层之间的不平等

2012 年中等教育阶段学生社会出身比例如下[3]。

---

[1] http://www.oushinet.com/172-965-223836.aspx.

[2] Philippe Bongrand, L'introduction controversée de l'<excellence> dans la politique française d'éducation prioritaire. (2011) Revue française de pédagogie, n°177, octobre-décembre, pp. 5-10.

[3] 《2013 年教育部数据统计与参考》(*Repères et références statistiques* 2013): 101.

（1）初中阶段学生

农业从业人员出身占 2.0%，手工业、商人出身占 10.9%，自由职业者和公务员出身占 18.1%，中间职业者(Professions intermédiaires)出身占 12.9%，教师出身(教授、中小学教员)占 3.2%，雇员出身占 17.1%，工人出身占 26.6%，退休、无业人员出身占 9.1%。

（2）普通和技术高中阶段学生

农业从业人员出身占 1.0%，手工业、商人出身占 11.1%，自由职业者和公务员出身占 25.6%，中间职业者出身占 14.8%，教师出身占 4.7%，雇员出身占 16.1%，工人出身占出身 18.7%，退休、无业人员出身占 7.0%。

（3）职业高中阶段学生

农业从业人员出身占 1.3%，手工业、商人出身占 9.2%，自由职业者和公务员出身占 6.6%，中间职业者出身占 10.8%，教师出身占 0.9%，雇员出身占 18.8%，工人出身占出身 35.8%，退休、无业人员出身占 16.4%。

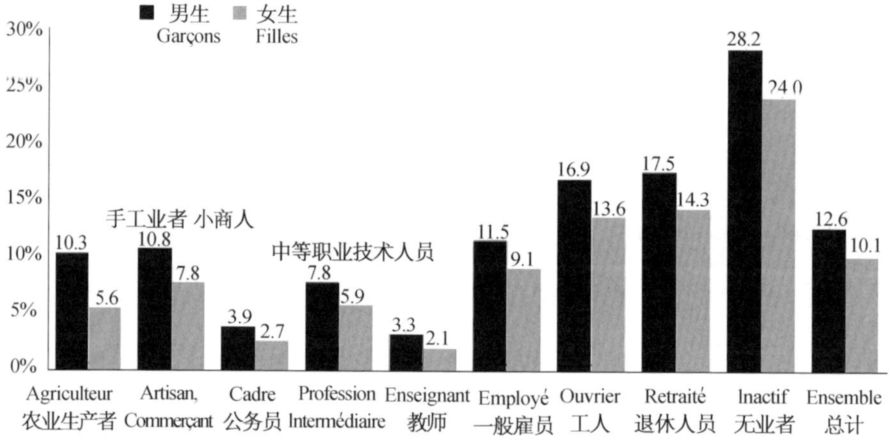

图 1-5 2013 年秋季入学时法国初一学生中超龄入学的比例(按社会阶层划分)

由于基础教育阶段设有留级制度，因此“超龄入学(En retard à l'entrée)”的比例成为法国教育统计领域中一个非常重要的统计量。图 1-5 显示 2013 年秋季新学期入学时，超龄入学的初一学生分别在男女生和社会阶层之间的分布。从图中可以看出，“超龄入学”的学生在“无业人员”这个阶层中是最多的，男生的比例高达 28.2%，女生为 24.0%；与此相对应，在公务员、教师等中上阶层中，超龄入学率非常低，只有2%～3%左右，差距非常明显。此外，仍可以较为明显地看出，至少在初等中学这个教育阶段，男生比女生的超龄入学率普遍要高。

第三节　法国基础教育发展方向

一、统筹法兰西2010—2030年教育发展的新框架

2005年前后，法国教育界在希拉克政府（1995—2007）的领导下进行了一系列教育改革上的大动作，公布了《为了全体学生的成功》（*Pour la réussitede tous les élèves*）报告，正式颁布了代替原1989年版《教育指导法》的《学校未来的导向与纲要法》。该法以附加报告的形式，全面阐述了这部规划法兰西共和国未来20年（2010—2030）教育蓝图的重要教育法。

这部“未来法”或者说新教育法构建的背景，源于法国教育界以及社会各界对于教育领域内诸多问题的忧虑。1989年版《教育指导法》实施十几年后，没有完全实现既定目标。就当时来看，法国基础教育阶段的学业失败和文盲的比例仍然居高不下，没有获得任何教育证书和文凭的青年人数甚至有所增长，与此同时校园暴力也未能得到有效遏制。伴随新教育法的颁布，法国政府在学校管理、课程与教学、教师培训、教育评价等领域配套出台了一系列新的措施，来廓清教育时弊，引导教育走向更为良性健康的发展阶段。

整套改革动作所提出的一个核心理念，即“必不可少的共同基础”。其具体含义是：“义务教育至少应当保证每个学生获得共同基础的必要途径，共同基础是由知识和能力构成的，掌握共同基础对于学校成功、后续培训、构建个人和职业未来，以及社会生活的成功，都是必不可少的。这一基础包括掌握法语、掌握数学基本知识、具备自由行使公民责任的人文与科学文化、至少会运用一门外

语、掌握信息与通讯的常规技术。”[1]

从该法对基础教育阶段的各级学校的指导来看，有着下列三个方向。首先，为了一个更公正的学校——可信任的学校，即强调机会平等不能流于抽象和形式，而是要在竭力平衡中，为全体学生提供个人成功和职业成功所需要的信心。学校既要帮助最弱势的学生，又要鼓励最优秀的学生努力争先；既要贡献于全民教育水平的提高，又要扩大精英人才的选拔。其次，为了一个更有效率的学校——高质量的学校，即强调以提高师资质量、保障校园安全、改善学校和班级管理为着力点来推动国家教育公共质量的提升。再次，为了一个更开放的学校——倾听全国的学校，即强调教育教学要与家长和经济界均建立密切联系，并通过外语和计算机互联网技术保持与社会环境和外部世界的沟通。

此外，新教育法还集中体现了共和国对于教育平等的密切关注。该法的附加报告确定通过设立教育成功个人项目、增加中等教育奖学金学生数量、促进男女平等，以及改善残疾学生教育，来达到新时期的教育平等目标。该法在 2011 年直接推动了进一步升级“教育优先区”的新政策“中小学生创新与成功计划”(le programme desécoles, collèges et lycées pour l'ambition, l'innovation et la réussite，简称 Eclair)的落地。

二、2007—2012 年萨科齐政府的教育改革

2007 年上台的尼古拉·萨科齐总统(Nicolas Sarkozy, 2007—2012 年在任)以积极的教育改革家的姿态出现，他也是法国共和国历史上第一位给所有教师写信的国家元首。他自称在落笔时是“怀着信念和激情”。他号召教师：“重建学校的时刻已到，我邀请你们一起领导这场建设，法国已经落后了。”萨科齐在任期间，在初等教育(Premier degré)改革与创新、“面向 21 世纪的新高中”改革，以及加强外语教学方面，进行了实质性的尝试。

1. 小学教育阶段的改革

2008 年 9 月，法国小学教育落实了多项改革措施，概括来看包括以下六个

[1] 王晓辉. 法国新世纪教育改革目标：为了全体学生的成功[J]. 比较教育研究，2006(5).

方面：调整课时结构，重点是取消传统的周六上午上课时间，给学生和家长以完整的周末；设置辅导课，并对学习困难的学生予以更多关照；以“知识的共同基础”为原则制定新课程；用“公民与道德教育”代替以前的公民教育；为关照平民子女家庭而设置假期补习班，促进不同社会阶层出身的学生的共同进步；调整国家对小学学业评估的年级，从原来的小学一年级和初中一年级转变为小学一年级和小学五年级，不再涉及初中。

与此同时，法国国民教育部于 2011 年初开始实施由上届希拉克政府最先提出的“中小学创新与成功计划”。该计划是法国传统的“教育优先区”政策的一个配套和升级的实施方案，旨在促进教育公平。该计划重点在于改善学校环境、帮助每个学生学业成功、加强教师队伍的稳定、促进教育机会平等。

其具体内容包括以下几方面[1]：其一，在人力资源方面，学区总长可以根据中小学校长的建议录用教师和学校管理人员；其二，在初中和高中一年级设置学监，以加强对学生的管理；其三，在教学方面，教育督导人员与教学人员要共同组织学校课程，确定学生的学业定向计划，强调跨学科学习，注重学生学习成绩的评估；其四，设置学校生活委员会，对违背学校规则的学生行为予以惩罚，并要求家长予以配合；其五，加强个别辅导，特别是在小学毕业年级开设补习课。

面对知识竞争更为严峻的 21 世纪，法国知道能否保持世界强国的地位，取决于整个国民文化素质的水平和民族凝聚力。因此法国积极酝酿一系列的教育改革，而高中课程改革正是这一整体改革的前奏。

2. “面向 2010 年的新高中”

2009 年年底，法国国民教育部正式公布高中教育改革方案。这份名为“面向 2010 年的新高中”的方案提出，要使每个学生都能获得成功的高中教育[2]。法国总统萨科奇为此发表专门讲话，表示对改革的支持。根据改革导向，法国的“新高中”教育呈现出几大新特点。

---

〔1〕 王晓辉. 新世纪法国基础教育改革举措[J]. 中国教育学刊，2012(8).

〔2〕 ministère de l'éducation nationale, conférence de presse, vers un nouveau lycée en 2010[EB/OL]. http://media.education.gouv.fr/file/11_novembre/06/8/Conference_de_presse_lycee_127068.pdf.

(1) 更好定向

传统上,高中一年级为定向阶段,学校只开设共同科目,没有专业科目。学生要在当年的学习过程中确定自己的专业方向,最迟要在学年结束时做出决定。然而,刚刚入学的高中生对未来职业知之甚少,在短短一年时间里确定专业方向显得紧迫,特别是学习方向一旦确定就很难再更改。法国社会上还流行一种"过滤理论",认为学校的功能不是培养职业能力,而是根据能力表现和道德行为标准,对每个人进行"过滤"和排序。劳动力市场则根据学校的排序接纳求职者,排在后面的即文凭较低者,便被排斥。

高中阶段的"定向"不折不扣地履行这一功能:把优秀学生挑选出来送入名牌普通高中,把差生淘汰到职业高中。在法国,理科一向被视为优势学科,选择理科的学生很容易进入大学校预备班和就业出路好的精英大学,而理科专业的高中生以出身社会中上层居多。相反,在职业高中学习的学生实际上无任何机会进入名牌大学,也就没有可能进入国家的统治精英行列。

为改变上述教育制度的弊端,本次改革强调赋予学生一种"错选权",允许高中二年级学生重新选择学习方向,使一锤定音的"定向"变为渐进的、可更改的。为了方便学生在升入高中二年级后重新选择,新高中课程将加大共同科目的比重。同时,学校要为有重新"定向"打算的高中生开设补习培训和过渡培训,避免让学生为了适应不同方向的学习要求付出留级重修的代价。

(2) 更好辅导

法国高中改革的目标是使每个学生都成功,这主要是针对当前法国高中严重的学业失败问题提出的。20 世纪 70 年代,法国开始普及高中教育,此前的 100 多年时间里,高中教育一直属于"精英教育"序列。然而,高中教育普及化过程中付出的代价令法国社会"不能容忍"。2008 年前后,法国每年有 3.5 万名年轻人离开高中时没有高中毕业会考文凭,8 万名大学生离开大学时无任何高等教育文凭。28%的高中生至少在高中阶段留级一次。而留级生和无文凭的年轻人多数出身于中低阶层。法国校园暴力事件每年发生超过 8 万起,或多或少与中学学业失败有关。许多政治家和社会学家不断抨击这一社会不平等现象。

为了解决高中的学业失败问题,改革方案要求学校对每个高中生实施"个别辅导”,以保证他们学业成功。具体而言,从高中一年级至三年级,学校要对学生实施每周 2 小时的个别辅导,为在各学科及学习方法上遇到困难的学生提供帮助,为学生提供向高等教育过渡的方法,帮助学生深入学习知识,制订学业和生涯规划。

法国“个别辅导”的教育形式与中国国内的情形差距非常大。一般情况下,法国的“个别辅导”由学校组织,针对的是学习困难的学生。法国教育专家认为,学生在获取知识方面的平等,依赖于每个学生在学校占有一定的时间、空间和资料等良好条件。在一定程度上,班级中的个人学习和练习是社会公正、教育公平的保证。家庭提供的私人补习(个别辅导),固然可以在一定程度上弥补学校教育的不足,但在法国学习辅导的私人市场并不大。法国政府坚持认为,对于社会存在的不平等,学校应当予以校正,学校应当免费、公正地组织这种辅导,使每个有特殊困难的学生都能获得教师的帮助。而此前的个别辅导效果并不理想,一些学校的个别辅导时间不是给学习困难的学生提供帮助,而是用于帮助一些学习不错的学生拔高成绩,向最有前途的理科专业过渡,甚至一些学校不把个别辅导视作帮助学生,而是惩罚他们。因此,此次改革要修正以前的偏差,并加大个别辅导的范围,从一年级推广至二、三年级。

(3) 学好外语

萨科齐政府高中教育改革的另一亮点是,强调要建立有利于外语学习的高中。改革方案称,这是改革最具雄心的方面之一,“在学业上,每个学生都应当掌握至少两门外语”,文科应当成为培养国际化人才的重要领域,并引起人们的重视。

众所周知,外语学习尤其是英语学习是法国高中教育的一个软肋。直至今天,许多法国人可能还沉浸在法语曾经的辉煌之中,他们不屑于学习和使用法语以外的其他语言,甚至不愿承认法语的日渐衰落。在前几年的一次基础教育改革中,法国首次在政策文本中倡导学习英语,但并不是简单地称之为“英语”,而是在措辞修饰上定义为“国际交流的英语”。对于法国高中生来说,学会两门外语也许并不难,难的是改变心态。无论是英语还是其他语言都乐于接受,这才是法国学生真正走向国际的第一步。[1]

---

〔1〕 王晓辉. 法国“面向 2010 年的新高中”的解析与思考[J]. 比较教育研究,2010(6).

3. 2012年"学好语言、学习世界"报告

承接前文中所提及的对于高中教育阶段外语学习的强调，2012年1月法国教育部推出的《学好语言、学习世界》(*Apprendre les langues, Apprendre le monde*)报告，则向整个法国教育界重申了加强外语教学尤其是英语教学的重要性。

为落实报告中的愿景，法国从2012年开始调整初中课时，以便加强初中4个年级的外语教学。加强学生与教师的国际流动，使每个学生都有去外国"个人语言居留"的机会，使每个外语专业的师范生有到国外实习一个学期的机会。开设免费的英语学习网，方便儿童和成人自己学习英语。

由于法语曾经在世界中的优势地位，法国人已不大习惯学习外语。但时过境迁，随着英语在国际上的广泛应用，法语的地位江河日下。该报告指出，"每一种语言都是向世界开放的窗口"，必须破除陈旧观念，应以新的姿态对待外语。报告认为，面对强势的英语，世界交流的语言不能只限于英语。未来世界是一个多元文化的世界，应当学习汉语、德语、俄语、阿拉伯语等诸多语言。

对于未来外语学习，报告提出17条建议，主要内容如下[1]：提高全社会对学习外语重要性的认识，法国人应当相信有说几种外语的能力；号召所有公民通过各种方式学习外语；提倡从幼儿起学习外语；做好小学和初中外语学习的衔接；初中一年级起开设两门外语，其中英语为必修课；突出高中的外语实践，在非外语学科中开展外语教学；强化高中与大学的衔接，开设专业与外语双文凭；以学校为中心，构建外语学习环境，要发挥外籍专家的作用；充分利用多媒体、网络等现代化技术开展外语教学；鼓励学生去外国留学。

总的来看，法国的基础教育发展水平对比欧盟成员国和经合组织(OECD)成员国来看，基本处在中游水平。在1989年规划法国教育全局的《教育指导法》出台后，法国的基础教育在质量和公平领域都有了长足的进展，但在进入21世纪后，则渐渐呈现出后劲乏力的趋势。

---

〔1〕 王晓辉. 法国基础教育改革"勇往直前"[N]. 中国教育报，2013-01-18(3).

法国的每一届新政府都将教育作为当仁不让的国家头等大事来抓，甚至成为各大政党竞选承诺和竞争优势的核心内容。法国的教育发展和教育改革在这般重视之下，也总处于不断的探索和革新状态之中。从大的教育理念上来讲，所谓"为了全体学生的成功"，已经从教育均等化、大众化的认识阶段，过渡到发掘每一个学生的独特禀赋来促进多样化成功的认识阶段。然而从另一个角度来看〔1〕，法国总统任期为5年，左派右派轮流执政，改革缺乏连续性，历史上"改弦易辙"的事情也时有发生。法国国民教育部的许多官员对此感到非常无奈。因为一项改革需要至少一年以上的酝酿和辩论，然后逐步推进、调整、落实。但是，往往改革还未产生效果时，另一届新政府就上台了，并按其执政理念推出新的改革方案。这种恶性循环使法国基础教育在改革中不断涌现新的问题。

2013年6月25日，法国参议院通过《重建共和国基础教育规划法》(*La loi d'Orientation et de Programmation Pour la Refondation de l'Ecole de la République*)，其相关举措旨在兑现新上台的奥朗德(François Hollande)政府在2012年5月竞选总统时对教改的承诺。2013年9月，法国新一轮教改正式启动，其口号为"重建共和国的学校"(la refondation de l'École)。此次改革的详情和未来法国教育的走势将在本书第十章中展开。

〔1〕 刘京玉.重建教育公平:法国"重建共和国基础教育规划法"解读[J].世界教育信息,2013(20).

第二章

法国基础教育制度及结构

第一节 法国学区和学制的划分

一、学区的划分与确立

学区制在法国已经有两百多年的历史,最早可追溯到拿破仑法兰西第一帝国时代。当时,拿破仑一世颁布《有关帝国大学的运作》政令,将整个教育体系划分为学院、高中、初中、小学等阶段,并以全国各地上诉法院(Cour d'appel)辖区为单位,划分出29个学区,由学区长(Recteur)领导学区委员会进行管理。此后,尽管经受诸多动荡,学区制仍旧成为法国教育系统的基石,直至今日[1]。截至2014年9月,法国共有26个行政大区(图2-1)以及31个学区,其中26个学区在法国本土,5个学区在海外省及海外领地(图2-2)。几乎所有的学区都对应着一个大区,但也有一些例外情况:一是巴黎大区包括三个学区,分别是巴黎学区、克雷泰伊学区和凡尔赛学区;二是罗纳-阿尔卑斯大区包括两个学区,分别是里昂学区和格勒诺布尔学区;三是普罗旺斯-阿尔卑斯-蓝岸大区包括两个学区,分别是埃克斯-马赛学区和尼斯学区。法国教育系统行政组织见表2-1。

由于学区的管理范围和跨省的数目不等,并受学区的自然特点、历史、发展、中等教育入学率等因素的影响,学区之间存在着很大区别。比如,凡尔赛学区学生数量是里摩日学区的8倍,这种实际情况不仅是规模的问题,而且也改变了行政部门承担任务的性质、组织方式和功能,尤其是学区的督导工作。

---

〔1〕 中华人民共和国驻法兰西共和国大使馆教育处. 法国学区制概述. [2015-01-09]. http://www.education-ambchine.org/publish/portal116/tab5722/info113432.html.

图 2-1 法国 26 个行政大区（Régions administrative，本土 22 个，海外 4 个）分布地图

图 2-2 法国 31 个学区（31Académies，本土 26 个，海外 5 个）划分简图

表 2-1 法国教育系统行政组织〔1〕

学区	省	大区
埃克斯-马赛	上普罗旺斯阿尔卑斯省 上阿尔卑斯省 罗纳河口省 沃克吕兹省	普罗旺斯-阿尔卑斯-蓝岸
亚眠	埃纳省 瓦兹省 索姆省	皮卡第
贝藏松	杜省 汝拉省 上索恩省 贝尔福省	弗朗什孔泰
波尔多	多尔多涅省 吉伦特省 朗德省 洛特-加龙省 大西洋岸比利牛斯省	阿基坦
卡昂	卡尔瓦多斯省 芒什省 奥恩省	下诺曼底
克莱蒙—费朗	阿列省 康塔尔省 上卢瓦尔省 多姆山省	奥弗涅
科西嘉	南科西嘉省 上科西嘉省	科西嘉
克雷泰	塞纳-马恩省 塞纳-圣但尼省 瓦勒德马恩省	法兰西岛

〔1〕[法]雅基·西蒙,热拉尔·勒萨热.法国国民教育的组织与管理[M].安延,译.北京:教育科学出版社,2007:87-92.

续表

第戎	科尔多省 涅夫勒省 索恩-卢瓦尔省,约纳省	勃艮第
格勒诺布尔	阿尔代什省 德龙省 伊泽尔省 萨瓦省 上萨瓦省	罗纳-阿尔卑斯
瓜特罗普	瓜特罗普	瓜特罗普
圭亚那	圭亚那	圭亚那
里尔	北部-加来海峡	北部-加来海峡
利摩日	科雷兹省 科勒兹省 上维埃纳省	利穆赞
里昂	安省 卢瓦尔省 罗纳省	罗纳-阿尔卑斯
马提尼克	马提尼克	马提尼克
蒙彼利埃	奥德省 加尔省 埃罗省 洛泽尔省 东比利牛斯省	朗格多克-鲁西永
南锡-梅斯	墨尔特-摩泽尔省 默兹省 摩泽尔省 孚日省	洛林
南特	大西洋岸卢瓦尔省 曼恩-卢瓦尔省 马耶纳省 萨尔特省 维埃纳省	卢瓦尔河地区
尼斯	滨海阿尔卑斯省 瓦尔省	普罗旺斯-阿尔卑斯-蓝岸

续表

奥尔良-图尔	谢尔省 尼尔-卢瓦尔省 安德尔省 安德尔-卢瓦尔省 卢瓦尔-谢尔省 卢瓦雷省	中央
巴黎	巴黎	法兰西岛
普瓦捷	夏朗德省 滨海夏朗德省 德塞夫勒省 维埃纳省	普瓦图-夏朗德
兰斯	阿登省 奥布省 马恩省 上马恩省	香槟-阿登
留尼汪	留尼汪	留尼汪
鲁昂	厄尔省 滨海塞纳省	上诺曼底
斯特拉斯堡	下莱茵省 上莱茵省	阿尔萨斯
图卢兹	阿列日省 阿韦龙省 上加龙省 热尔省 洛特省 上比利牛斯省 塔恩省 塔恩-加龙省	南部-比利牛斯
凡尔赛	埃松省 上塞纳省 瓦勒德瓦兹省 伊夫林省	法兰西岛

“学区”是法国和美国教育行政体制的一个基本单元，两国基于不同管理体制所建立的学区教育行政，既存在着一些差异，也表现出一些共同特征。如，学区独立于一般公共行政；财政单列；学区内部决策与执行相对分离；学区管理人

员的专业化程度较高;学区教育行政组织灵活多样等(表 2-2)。

表 2-2 法国与美国学区教育行政比较〔1〕

	法国	美国
国家行政体制	中央集权制	地方分权
教育行政层级	中央—学区—地方	联邦—州—学区
学区与一般公共行政的关系	相对独立,且财政独立	相对独立,且财政独立
学区功能	中央与地方之间的教育管理机构	地方教育行政单位,上学区域单位
学区行政的法律依据	国家宪法	州宪法
学区教育管理机构	学区长指挥部 地区督导部门	学区教育委员会 学区教育局
教育行政官员的任用	任命为主	选举为主
权力分配	人事、经费、教学方法、督导等	人事、课程、财务、预算、教学计划、公共关系等
决策与执行	学区长决策,工作人员执行,所有决策经审议会审议	学校教育委员会决策,教育局负责执行
专业化	学区长与教育督学均为教育领域的专业人员	教育行政首长为教育专家
参与性	学区设立各种咨询机构	外行内行结合,学区教育委员会会议公开
学区范围	跨省,因自然特点等而不同	因州而异,州以下可以跨区域设置
学区类型	组织多样,规模各异	组织灵活多样

二、学制结构

法国的学制结构有一个鲜明地特色——划分“阶段”(Cycle)。从总体上看,幼儿教育和小学划为一个大的周期,初中和高中划为一个大的周期(图 2-3)。进一步来看,幼儿园的最后一年和小学的第一年设置为一个整体阶段(Cycle),保障幼小教育的有效衔接。初高中之间则统一起来划分年级,配合循序渐进的

〔1〕 鲍传友,何岩.美法教育行政体制中的学区:比较与启示[J].国家教育行政学院学报,2011(6).

"定向"(Orientation)制度,引导学生进入不同的升学渠道。

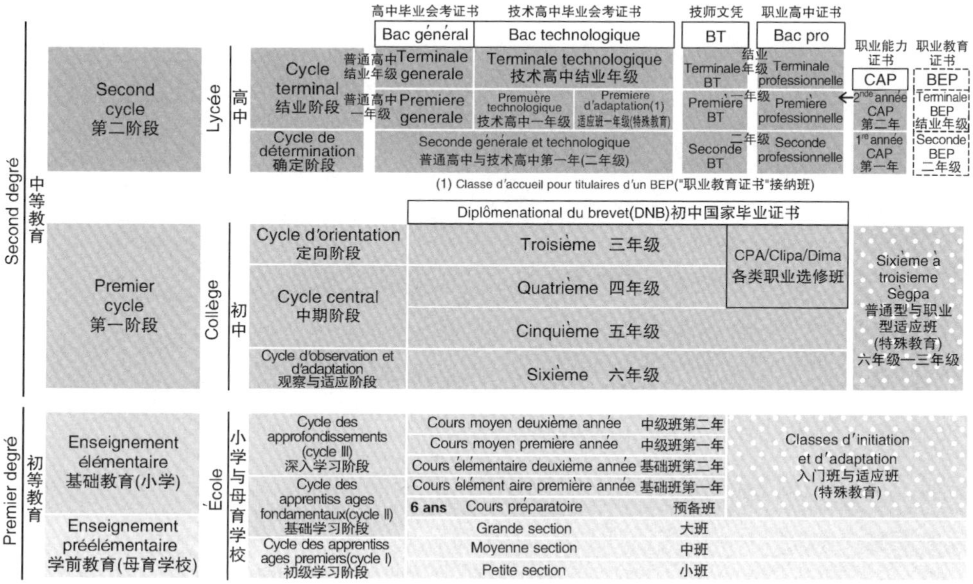

图 2-3 法国基础教育阶段整体学制图(2014 年 9 月)[1]

1. 初等教育(Premier degré)

初等阶段包括幼儿教育和"基础"教育(Enseignements préélémentaire et élémentaire),分别在幼儿园和小学展开教学,并且在两者之间有密切的衔接性。该阶段教学连贯性地设置为初级学习、基础学习和深入学习(Apprentissagespremiers, apprentissages fondamentaux, approfondissements)三个周期展开。

幼儿园在学年龄为 2—6 岁。2—4 岁为小班,4—5 岁为中班,5—6 岁为大班。小学分为五年级。一年级称 CP(预备班),二年级称 CE1(基础班第一年),三年级称 CE2(基础班第二年),四年级称 CM1(中级班第一年),五年级称 CM2(中级班第二年)。其中,幼儿园的大班和小学一年级合并起来设置为"基础学习环阶段"(Cycle des apprentissages fondamentaux),非常鲜明地体现了法国基础教育中"学习阶段"整合的特色,同时也是法国幼小教育衔接上的一个成熟实践。

[1] DEPP(Direction de l'évaluation, de la prospective et de la performance, MENESR), Repères et références statistiques 2014:17(法国国民教育部评估与预测司《2014 年教育部数据统计与参考》)。

2. 中等教育(Second degré)

中等教育包括初中(Collège)和高中(Lycée),初中学制4年、高中学制3年。和法国的幼儿园与小学之间的连贯性类似,法国的初中和高中之间也统一设置"阶段称谓"——从初中入学后的第一年,到高中最后一年毕业,分别按降序被称为六年级、五年级、四年级、三年级、二年级、一年级和毕业班。法国的初中为中等教育第一环节,从六年级(Sixième)到三年级(Troisième),即中国人所习惯称为的初一到初四。自1995年起,法国初中的六年级被设为"观察和适应阶段",三年级被设为"定向阶段"。

法国高中为中等教育第二环节,也就是承上所述的二年级(Seconde)、一年级(Première)和结业班(Terminale),即中国人所习惯称为的高一、高二和高三。法国的高中包括"普通和技术学习",以及"职业学习"两种类型。前一种类型的高中名称一致,统称为"普通和技术高中"(Lycées d'enseignement général et technologique,简称LEGT),后一种类型称为"职业高中"(Lycées professionnels,简称LP)。[1] 高中毕业设会考,其文凭既是毕业证书,也是进入不同种类高等教育(尤其是普通公立综合性大学,Université)的许可证。

从升学的角度看,法国基础教育阶段之后的高等教育阶段,有着世界上独一无二的"双轨制"高等教育体系。在普通公立综合性大学(Université)之外,设有"大学校"(Grand école)。

从入学方式看,高中毕业通过会考者,可以不经过审查或考试,就进入大学学习,而欲进入"大学校"学习,则需要通过严格的考试和筛选。因此,法国的大学是开放型的高等教育机构,是法国高等教育民主化、平等化的象征。相比之下,"大学校"则相对封闭,是专门培养精英的学校,法国企业和科学界的领袖大多出自此类学府,其中较为出众的有诸如巴黎高等师范学校、综合理工大学、巴黎矿业大学、巴黎中央大学等。两类高等教育机构在投资经费、学习条件、教育和管理模式、修业年限、学位文凭和就业前景等方面都大不相同。

[1] Repères et références statistiques 2013(法国《2013年教育部数据统计与参考》):18. http://cache.media.education.gouv.fr/file/2013/49/9/DEPP-RERS-2013_266499.pdf.

与独特的高等教育体系相对应，在高中阶段之后，法国还存在一个“后中等教育阶段”，学制一般为 2 年，是专门为进入精英大学而非普通的公立大学而设立的预科班性质的学校。普通高中毕业生经过高中会考后，还需在预科班就读两年以上，并参加淘汰率极高的考试，才能有希望进入这类精英大学。实际上，法国也常常习惯于把这类预科班划归为高等教育阶段。“大学校”实行 3 年学习制度，毕业文凭等同于硕士。

第二节　法国基础教育行政管理机构与职能

法国 1958 年 10 月 4 日颁布宪法规定，政府负责教育政策的制定和实施。由于历史传统的原因，法国对教育的管理一直实行中央集权制。1982 年以后，国家决定将部分教育权力下放给地方，并采取一系列非集中化措施。国家与地方的权限划分有了很大变化。但国家仍保留一些重要的权力，如制定教育方针和教学大纲；负责教育系统人员的招聘、培训和管理；确定各级教育机构的法律地位和规章；决定教育系统各单位教学和行政人员的编制。

地方行政分为大区、省和市镇三级。地方在教育方面的职责，主要负责中小学的教育：市镇负责小学教育；省负责初中教育；大区负责高中和一些专科学校的教育。市镇有权决定增设初等学校和班级数量，但涉及教师编制问题，需与国民教育部协商解决。

一、中央政府管理机构和职责

在法国历届政府组成中，基础教育、高等教育及科研行政事务有时是合并的，有时则像当前一样是分开的。有时虽然合并为一个部（例如“国民教育部”），但总理会另外委任一名“部长级代表”（ministre délégué）或“国务秘书”（secretaire d'Etat）协助部长处理高等教育和科研事务,这类职务的级别相当于部长。可见,法国中央教育行政职位的设置比较复杂,很多时候并非实际需要,而是执政党的人事安排考虑。

2012年奥朗德政府上台以来,在中央政府的组成中,国民教育事务被一分为二,基础教育由"国民教育部"(Ministère de l'Education nationale)来负责,部长是樊尚·佩永(Vincnet Peillon)。高等教育则由"高等教育和科研部"(Ministère de l'Enseignement supérieur et de la Recherche)负责。目前,法国掌管全法国由幼儿园到高中(包括职业及其他专业高中),以及青少年的体育、艺术及文化开展事务,其运行占了法国政府财政开支的最大预算比例。该部在中央层面主要负责制定国家在教育领域里大的方针、政策,执行议会通过的有关教育的各项法律,审核并拨放教育经费等。此外,还设有咨询机构和督学机构。咨询机构的职责是向部长通报情况并提出建议;督导机构的职责是在有关行政部门的配合下,对省、学区和大区及全国的教育进行评估。[1] 图2-4是法国国民教育部中央行政管理结构图。

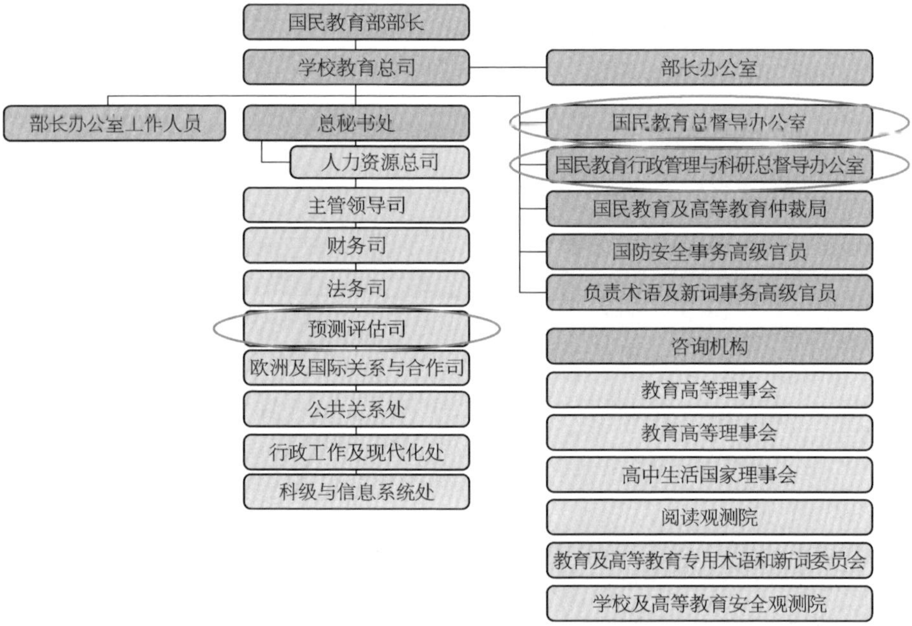

图2-4 国民教育部中央行政管理结构

〔1〕朱小玉.法国现行教育管理体制之一[J].法国研究,1995(2).

1. 部长

法国国民教育部长和高教与科研部长均根据总理的提名,由共和国总统政令任命。部长周围的合作者,由部长根据能力及信任程度而决定。国民教育部长和高教与科研部长作为政府成员,参加制定国家的总方针政策。作为其主管部门的负责人,部长有以下主要职责:实施政府所制定的政策,执行议会通过的有关教育法规,必要时根据共和国总统或总理签署的政令,负责协调与其他部长的有关事宜。

国民教育部长负责领导所有教育部门,并有如下权力:

(1) 制定规章制度权

通过下达政令、通知和命令的方式,实行这一权力。

(2) 任命权

通过总理授权,决定教育部门的绝大部分任免,部长可将部分级别工作人员的任免权下放给学区长。

(3) 隶属权

部长的下属必须执行其命令。

(4) 处分权

有处分其部门内部的公职人员和工作人员的权力。

(5) 拨款审核权

在其主管部门经费预算范围内的核审权。

如实施以上权限,部长的负担过重,其本人可将部分权限下放给其主要合作者,以及一些高级官员,并请他们代为签字。需要指出的是,这种委托并不授予当事人任何决定权限。为了协助部长制定和实施有关教育的方针、政策,部长下设有咨询机构(最高教育委员会、全国大纲委员会)、部机关(本部门的各行政管理司、处、室)和督导机构。

2. 总督导

国民教育部总督导和行政监察部门在有关行政部门的配合下,在省、学区和大区及全国范围进行评估,并将评估结果转呈议会文化事务委员会的主席和报告人。在教学方面取得的经验,也是评估的一个重要方面,以便于推广好的经验。两个部门的年度评估报告均公开发表。

国民教育部总督导的主要任务：一是参与对督导人员、领导干部、教学人员、工作人员及咨询人员的检察、培训和招聘工作以及指导这些人员的业务活动。二是根据1989年7月10日的教育指导法，参加对整个教育体制的评估。评估的内容包括不同类别学校的教学内容、教学大纲、教学方法、手段及效果等。此外，部长每年还确定一些侧重点。由于国民教育部总督导工作主要是评估，推广教学改革中取得的经验也在其职责范围内。三是在其职权范围内，向主管部长提出意见和建议。

国民教育部行政监察部门的主要职责，是审议和评估教学系统的结构是否适应教学的需要和装备计划；人员使用情况；学校组织和实际运转情况；国民教育部下拨经费的管理情况。

图书馆总监察部门的职责是对大学图书馆以及隶属于文化部的公立图书馆、省市级图书馆等机构的监察工作，检查图书馆的运转和设备情况，国家拨款的使用情况；监督在该领域工作的公职人员并提出意见；除了上述行政职责外，还负责一些带有科学性的任务，如主持各种选拔和考试，举办讲座，参加各种理事会议等。

3. 行政机构

国民教育部设有以下司局：小学司、中学司、中学师资司、国际与合作事务司、行政人员与工勤人事司、财务管理总司、评估与预测司、督导与领导干部人事司、情报与新技术司。

此外，由部长办公室直接负责的机构还有办公厅、督导司和财务审计等部门。办公厅主要负责处理部长来往信函、当选代表（议员或非议员）的提案，在政府公报和国民教育部公报中发表的文件。财务审计负责检查预算的执行情况和全部的经费支出情况，审计工作在两名预算部高级官员的领导下进行。

4. 咨询机构

其职责是在教育、教学和人事管理方面需要作出重大决定时，向部长及其职能部门通报情况并提出意见。主要咨询机构有：最高教育理事会、全国教学大纲委员会、混合代表委员会、专业咨询委员会。

(1) 最高教育理事会

根据1989年7月10日颁布的《教育指导法》，最高教育理事会是教育政策的主要协调机构，由国民教育部长或其代表任主席，有95名成员，其中48人为公立教育机构的教师、研究人员和私立教育机构的代表；19人为受教育代表，主要是学生家长、大学生、家庭协会、中学生和地区特殊教育机构的代表；28人是由地方、校外教育协会以及文化、教育、社会和经济界选派的代表。

最高教育理事会的职责是对如下问题提出意见：教育系统公立机构的宗旨和运作；关于教学大纲、考试、文凭授予以及学籍方面的规定；涉及私立初中和技术教育机构的问题；涉及私立合同学校人员的法律身份问题；关于所有全国性的教育或教学问题；其他由国民教育部长负责处理的问题。

(2) 全国教学大纲委员会

全国教学大纲委员会于1990年2月23日正式成立，共有22名委员，均由主管部长提出人选。其主要职责是负责中小学和大学教学内容的衔接问题，使各级教学更加有机地衔接。全国教学大纲委员会还可以受理其他与其职责相关的问题和国民教育部长或高教与科研部长交办的任务。

根据全国教学大纲委员会的提名，由各类教育代表组成的学科小组、跨学科小组或按教学等级划分的小组，按照主管部长确定的总方针，并在主管部有关司局的直接领导下工作，制订有关教育内容和方法的教学大纲草案。还有一些专门咨询委员会在国民教育部中学司的指导下履行与教学大纲委员会同等的职责，负责制订职业、技术教育的教学大纲草案。全国教学大纲委员会要对上述小组的工作成果发表意见。委员会的所有意见和建议均公开发表。

(3) 混合代表委员会

混合代表委员会由人数对等的管理人员代表和职工代表组成。前者由部长下达政令任命；后者则是由最有代表性的工会组织或其他同类机构指定的。

技术代表委员会，主要针对部机关及其直属单位的组织形式、运作、以及有关职工的培训和修改人事条例方面的问题提出意见。

全国管理委员会，教育界各团体都设有一个全国管理委员会。凡涉及人员提升、调动等，必须征求相关委员会的意见。

(4) 行业咨询委员会

行业咨询委员会是职业教育问题的咨询机构,由行政管理部门的代表、雇主代表、雇员代表和一些特别人士代表组成。目前,全法国共有20个行业咨询委员会,各自代表一个大的行业。委员会可就下述问题提出意见和建议:职业教育如何适应行业就业的需要及行业发展前景问题;职业教育的教学大纲及有关考核规定。

各行业咨询委员会之间的协调工作由行业间咨询委员会负责。该委员会由国民教育部长主持,其成员主要是20个行业委员会的主席和副主席。

5. 直属机构

国民教育部下设8个直属单位,分别为:全国教育资料中心、全国教育科学研究院、国际教学研究中心、全国大学与学校事务中心、集团购买联合会、全国远距离教育中心、全国教育与职业情报署、职业资格研究中心。

现将上述机构的职责分述如下。

(1) 全国教育资料中心

全国教育资料中心(CNDP)成立于1954年,其目的是为高等院校和中小学校教师以及教育界提供资料查阅、出版和培训的场所。全国教自资料中心还负责协调28个地区中心的工作。

根据1992年1月17日第92-96号法令规定,全国教育资料中心由行政理事会负责其重大事务,理事会由17人组成,其中4人代表教育界,如国民教育部总督导或其代表。理事长则由国民教育部长任命的一名高级官员担任。

全国教育资料中心的主要职责有:调查了解对教育资料的需要;通过中心特有的渠道,负责组织有关教育信息和资料的收集、处理以及传播工作;按照国民教育部长确定的优先领域,并参考全国出版委员会的意见,指导各地区教育资料中心的出版工作;与他人合作或单独制作、印刷一切与教育有关的文字、视听或信息材料,包括幻灯片、唱片、电影片、广播和电视节目;负责教学资料的鉴定工作,并有责任向教育界通报鉴定结果;调节各个地区中心制作的全国性教育材料的传播和销售。与全国教育资料中心建立协作关系的还有教育与教学方法中心(CLEMl)。该中心的作用主要是通过培训,推广多媒信息手段在教学中的应用,以使学生更好地了解现今的世界，增长知识。此外，该中心还经常组织教师讲习班，帮助教师在教学中更好地运用新闻和视听媒介。

(2) 全国教育科学研究院

全国教育科学研究院(INRP)隶属高教与科研部，主要任务是对各级教育，包括高等教育与成人教育进行研究。研究工作一般由研究院研究员与教学人员合作完成，也可以与其他教育研究机构协作进行。

研究院的研究员还承担一定的教学任务，主要是与大学或大学教师培训学院联合培养青年教师和博士研究生。除了科研和教学任务外，研究院还负有以下职责：根据对形式和前景的分析，参与对全国的教育科学研究的协调工作；负责收集、管理和借阅有关教育科学方面的研究成果，并协助全国教育资料中心向教育界推广这些成果；负责有关教育科学研究方面的博物收藏品和图书资料的保存、发行和向公众开放。为此，研究院设有一个教育博物馆和图书馆。研究院还负责协调教育系统其他单位有关这方面的要求，并提供有关鉴定服务。

根据 1993 年 3 月 5 日第 93-288 号法令的规定，全国教育科学研究院的院长须经高教与科研部长提名，下达法令任命。研究院的重大问题由行政理事会决定。理事会有 30 名成员，其中 8 人为政府机关代表，6 人为知名人士代表，15 人为研究院各级负责人选举产生的代表；国家科研中心主任或其代表为理事会法定成员。

研究院理事会在其科学委员会的协助下工作，科学委员会由 21 名委员组成，其中 12 人为高教部长任命的外界人士，他们之中至少有 4 人必须在国外机构任职。

(3) 国际教育研究中心

国际教育研究中心(CIEP)的任务：一是促进双边或多边教育合作计划的实施，主要是参与准备有关合作计划的报告、研究和总结材料，对有关各国教育制度和组织形式的文献资料进行研究和比较分析。二是负责对专门从事对外法语教学人员的培养和进修，与国内外的专门机构配合进行教学，提供有关的语言考试。三是促进国际教学法交流，主要通过教师和学生的交流，组织语言文化实习、研讨会和讲习班。四是为外国学者和进修人员提供技术帮助，协助他们完成研究和进修计划。

为了发展法国的国际化教育，国际教育研究中心还有以下任务：为在海外的学校和国内设有国际班的学校提供技术和教学帮助，为他们培训技术和教学顾问，提供信息和资料，以利于其教学计划的实施；支持社会团体开展国际教育合作活动；组织国内外教育系统负责人培训班，教学人员和大学生讲习班。

依照有关法令规定，国际教育研究中心设管理委员会，委员会有16名成员，其中8人为国家机关代表，4人为国民教育部长提名的知名人士，4人为本中心选举的代表。

(4) 全国大学与学校事务中心

全国大学与学校事务中心(CNOUS)是根据1955年的法律成立的，其宗旨是改善法国和外国高等院校学生在法学习和生活的条件。全国大学与学校事务中心除负有指导、协调和监督27个地区中心工作的职责外，其日常工作主要涉及：咨询；住房(管理大学生宿舍)；餐厅(管理大学生食堂)；社会服务(为困难学生提供贷款)；为学生与企业见面牵线搭桥；接待外国奖学金生。

1987年3月5日第87-155号法令对全国大学与学校事务中心(CNOUS)及其地区中心(CROUS)的任务、组织形式和财务体制等，作了明确规定。全国大学与学校事务中心设理事委，主席由高教与科研部长任命。在26名委员中，有8名国家机关代表，7名由高教与科研部长指定的人士，8名学生代表和3名中心工作人员代表。

(5) 集团购买联合会

集团购买联合会(UGAP)是国家各部之间的联合机构，其职责是承办国家和地方行政事业单位、学校、体育运动机构购买设备器材事宜，同时也可以向有关的教育、体育组织机构转让联合会购买的设备器材，提供技术帮助。

(6) 全国远距离教育中心

全国远距离教育中心(CNED)的主要职能是，通过现代通讯技术，开展初、中等教育和属于国民教育部或高教与科研部管辖范围内的高中后教育。施教范围包括：一是举办大学文凭补习班，如普通大学学习文凭(DEUG)、高级会计师证书、东方语言文化学院文凭等；二是为国民教育部各级各类教学人员和管理人员的招聘考试开办补习班，为其他部门委托中心进行的各种人员招聘考试开办补习班;三是开办业余函授教育,每年有几万人注册。

(7) 全国教育与职业情报署

全国教育与职业情报署(UNISEP)在有关大学、行政机关和各行业组织的协助下,履行以下职责:其一,编写有关教育方式、手段和各行业活动的介绍材料,并负责向读者发行;其二,鼓励开展有助于发展该类情报资料工作的研究;其三,开展对行业活动现状及其发展前景的研究;其四,参与制定对从事教育与职业情报工作人员的培训政策及方向。全国情报署下设27个地区代表处,由各学区学区长负责。

(8) 职业资料研究中心

职业资料研究中心(CEREQ)设在全国教育与职业情报署内,其主要任务是开展有关各行各业情报及发展前景的研究,以便于指导职业培训更符合实际需要。

二、大区管理机构和职责

根据1982年3月2日非集中化的大法,大区具有地区法人资格,由全民选举产生大区议会,由议会选举出议长,大区的权限从而得到加强。法国本土划分为22个大区,每个大区有2～8个省。但在教育行政管理方面,整个法国又划分为31个学区。[1]

1. 学区长

大区的教育行政机构由学区长、学区行政机关和咨询机构组成(图2-5)。学区长是教育部长和高教与科研部长在本学区的代表,一般具有博士学位,由部长任命。

学区长全面负责其主管学区从大学到小学的全面工作。作为部长的代表,学区长必须负责部长的决定和有关教育立法及规章的实施,并有义务向部长汇报主管学区的情况以及对部长采取的各种措施的反映。

学区长在行政管理、教学组织和教学的引导方面负有以下职责:

---

〔1〕 朱小玉.法国现行教育管理体制之二[J].法国研究,1996.1.

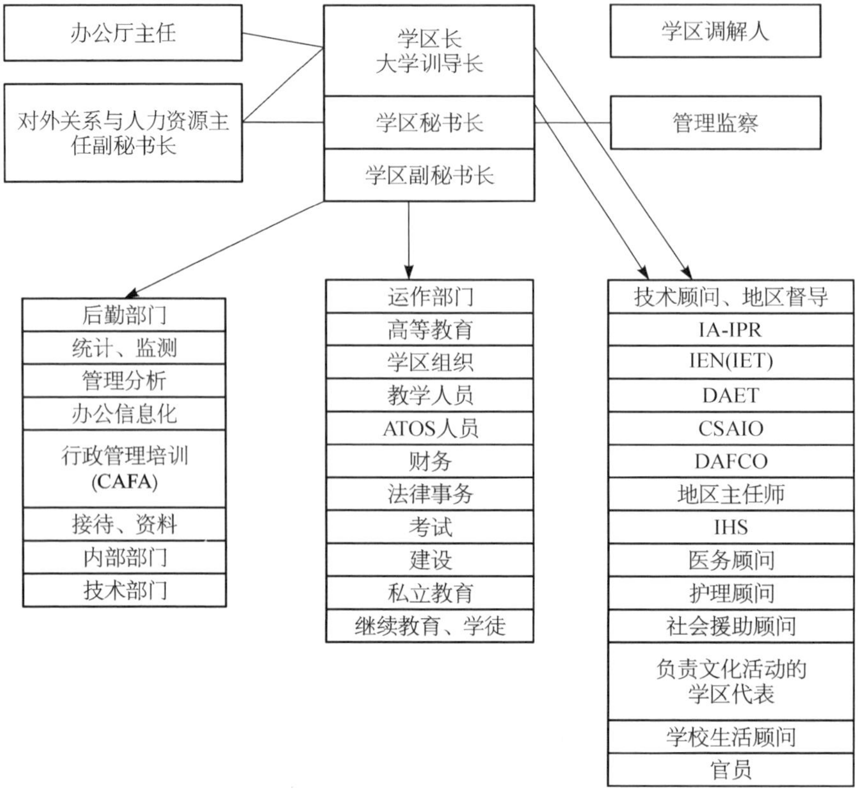

图 2-5　学区教育行政机构组织图

注:IA-IPR　学区督学—大区教学督学
DAET　技术教育学区代表
DAFCO　继续培训学区代表
ATOSS　行政与工勤人员
IEN(IET)　国民教育督学(技术教育)
CSAIO　学区信息与指导部主任
HIS　法国标准学会

(1) 根据所在大区高等和初中教育的预测规划,确定每学年中级教育机构的总体教育结构。

(2) 为地方部门提供咨询,参与大区和省级部门有关学校分布、招生规模和学生住宿问题投资规模的制定,省级负责初中的规划,大区负责高中的规划。

(3) 负责分配高中和初中的教学经费以及教改和教学试验所需要的设备费用,检查拨发给学校经费的使用情况。

(4) 负责所在学区部分教学人员和行政人员以及工勤的人事工作,负责全学区公职人员的考核。

(5) 经省长授权,可以对国民教育部下拨的全部经费支出进行审核,如工资、助学金和各项补贴等。

(6) 负责组织各类考试,确定试卷,任命评委会并签署各种国家级文凭。

(7) 在学区继续教育代表的协助下,负责组织各种继续教育活动,并负责与其正规教育之间的协调。

(8) 主持本学区各类代表会议和委员会,其中包括学区委员会。此外,学区长还兼任本学区大学主管负责人。根据1968年颁布的法律,主管负责人区别于大学校长之处,是前者代表高教部长负责本学区各大学之间、高等教育与中小学教育之间、高等教育与师范教育和继续教育之间的协调工作。

学区长还是本学区大学与学校事务中心(CROUS)行政管理委员会的主席。

巴黎地区被划分为三个学区:巴黎学区、凡尔赛学区和克雷德依学区,并建立了学区长联席会议机制。学区长会议由巴黎学区长主持,其主要任务是协调整个大巴黎区学校教育投人的规划。巴黎学区长有2名主要助手:一人为主管高等教育的巴黎学区副学区长,另一人为国民教育部学区教务部主任,一般由教育部总督导担任,负责领导本学区中小学教育各行政管理部门,并有4名学区督学协助其工作。

为了便于学区长履行其职责,每个学区设有技术顾问、行政管理部门和咨询机构。

2. 技术顾问

一般由督学、行政管理或教务部门负责人担任。大区教育督学(IPR)、学区督学,其职责是根据学区长或总督学团成员的要求,对其专业学科的教师进行检查、帮助和评估,并为学区长就其专业学科所有问题提供咨询。职权范围一般仅限于所在学区;学区继续教育代表(DAFCO),负责本学区各级各类成人教育及其发展。继续教育代表与学区督学的级别相同;还有负责学区国民教育部系统人员培训、学区情报与指导、学区艺徒培训。此外,每个学区还有医务顾问、保健顾问、社会福利顾问、教学设施工程师、地区教育资料中心主任、学校生活科科长、文化活动专员等。

3. 行政机构

学区行政机构在秘书长的领导下,履行学区行政管理职能。其组织形式因学区而异。一般情况下,除了学区长秘书处、办公室、新闻处和大学处等单位和技术顾问由学区长直接领导以外，秘书长负责整个学区的行政事务，主管学区信息、统计、资料、教学组织及学校生活、人事、基建和设备规划、考试和财务等部门的工作。

4. 咨询机构

学区一级的咨询机构组成主要任务如下。

(1) 学区国民教育委员会

学区国民教育委员会根据议题性质的不同，由大区区长或大区议长主持。委员会成员由大区议员代表、教学人员代表和受教育者代表组成委员会就本学区的公立教学机构的组织形式和运转情况提出意见，如教学计划，高中和特殊教育机构的投入规划，高、初中用房建设和扩大项目，高中基础教学结构，成人教育规划，对高中和特殊教育机构经费拨款办法等问题。目前，该委员会的职责已扩大到高等教育。

(2) 大区中等教育助学金委员会

大区中等教育助学金委员会由教学人员代表、学生家长代表和地方代表组成，并由学区长主持。其职责是核定省级助学金委员会提交的申请，审查投诉申请案例。

(3) 学区中学生事务委员会

学区中学生事务委员会是依照1991年9月16日第91-916号法令而成立的，由学区长兼任主任。该委员会可就高初中学生在校生活和学习提出意见。委员会由40名委员组成，其中至少有半数为高初中学生代表；其他委员为学区长指定的国民教育代表、大区议员代表、地方人士、学生家长和社团、文化、经济代表。

(4) 学区社会事务委员会。

成立于1963年，其职责是让行政机关了解教育系统人员在社会福利方面的需要，研究便于教育系统人员了解已有社会福利设施的具体措施，并就本学区社会福利事业的发展和协调提出建议。

(5) 学区行政代表会议

学区内设有若干行政代表会议，负责隶属于国民教育部的各类公职人员的问题。主要就这些人员调动、晋升、职称、鉴定和纪律处分等方面的问题提出意见。

(6) 学区技术代表会议

1983 年以前,技术代表会议只负责涉及行政、技术、社会医疗、工人和服务人员方面的问题。根据 1983 年 6 月 13 日国民教育部长下达的政令,学区技术代表会议的职权范围扩大到行政机关和中、初等教育机构的组织问题。各学区技术代表会议分别由人数对等的行政机关职工代表组成。职工代表一般根据相应的工会组织提名任命。

(7) 卫生与安全委员会

卫生与安全委员会是技术代表会议的派生机构,其职责是协助技术代表会议就公职人员的卫生和安全问题以及保健措施提出意见。

(8) 指导与职业鉴定技术委员会

指导与职业鉴定技术委员会的主要职责是对有缺陷的人申请国民教育部系统学校或单位的领导职位、督导、教学、鉴定和指导等职位时,进行鉴定。对该委员会作出的决定有不同意见,可以向学区所在省级残疾人委员会提出申诉。

(9) 学区继续教育咨询委员会

由学区长兼任主席。委员会分别由教育部代表和教育系统工作人员工会组织代表组成。其宗旨是鼓励国民教育部全体公职人员参与对成人的继续教育。

三、省级管理机构和职能

全法国共划分为 96 个本土省和 4 个海外省。法国的省是区域性地方机构,由本地区居民选举产生省议会,再由省议会议员选出议长;同时也是国家的行政单位,由政府任命的官员担任省长。省一级主要负责学校交通和初等中学的维修和建设。

1. 学区督学

省级的教育行政部门主要由学区督学、督导人员和咨询机构组成。学区督学是国民教育省级、行政机构负责人,代表学区长,但不负责有关高校的事务。法国 25 个大省的学区,除学区督学外,还设一名或几名学区副督学。学区督学一般有较高学位,由共和国总统根据国民教育部长的提名任命。学区督学虽然是省教育工作主要负责人,负责协调全省的教育活动,但其职权范围主要是中小学。学区督学的责任还包括技术教育、学校体育、成人教育、学生健康以及学校交通和基建等方面。

为了协助学区督学履行其职责,设省级教育行政机关,督导人员和咨询机构。

2. 国民教育督学

国民教育督学主要是对相关学科的小学教师、初中教师进行监督。如果国民教育督学无法就某一学科进行检查,可由地区教育督学来完成。国民教育督学负责组织本省的教师在职培训和教学日、情报日等活动;还根据学区督学的授权负责执行关于中小学教师任职决定;对他们的任用、晋升提出意见;负责公立学校的设立和学校交通的组织工作。

3. 行政机构

(1) 学区督导部

学区督导部由学区督学及其技术顾问、一般行政人员组成。其组织形式因所在省的学校、学生和工作人员多少而异。

(2) 后勤部门

后勤部门包括接待咨询处、资料处、财务处、技术统计和预测处、信息处理处、社会事务处。

(3) 业务部门

教务处负责教学和投资计划的预测,开学准备工作、岗位管理、作息时间检查和继续教育;人事处负责对初等教育和中等教育的教学人员、督导人员、学校领导人员、学业指导人员、行政人员、工人和服务人员的管理工作;学籍与学校生活处负责提供咨询、学业指导、学生分配、考勤、学校交通等项工作;考试处负责考试的组织和费用管理问题;私立教育处负责对私立学校的检查和人员管理;经费管理处负责对全学区的经费管理。

(4) 省教育资料中心

省教育资料中心是全国教育资料中心的下属单位,同时也是地区教育资料中心的分支,由地区教育资料中心主任和学区督学共同领导。中心为全省教师提供资料和信息服务,同时还为学生家长和本地议员服务。中心负责各种教学手段(文字、视听材料)的收集、制作和推广,并为教育系统人员在职培训提供帮助。

4. 咨询机构

咨询机构是省议会制机构,目的是协助学区督学。这些机构中,一部分是由省长主持,另一部分由学区督学主持。

(1) 省国民教育委员会

省国民教育委员会代表来自三个方面:10 名地方行政单位代表,10 名教育、培训机构代表,10 名受教育者代表。委员会根据讨论问题的不同,分别由省长和委员会主席主持。

委员会就有关本省公共教学机构的组织和运转方面的问题提出意见,尤其是对以下问题:有关市镇小学、幼儿园费用的分配,教师职位的分配,初中教学的结构,有关经费、教师住房补助等问题;学校交通的组织和运行;初中专项补助的发放办法以及初中投资的规划。

(2) 省职业教育与社会发展委员会

省职业教育与社会发展委员会有 52 个成员,包括省行政机构代表、教学人员、教育培训机构负责人代表、工业、商业、艺术和农业等行业代表以及参与就业和职业培训的组织和机构代表。委员会由省长主持。该委员会负责职业培训的资金分配;就职业教育机构和专业的设立或取消提出意见;同时对是否承认私立职业培训机构的教育提出建议。

(3) 省行政代表委员会

省行政代表委员会由学区督学主持,由职工代表组成。负责中、小学教师管理方面的所有问题,如晋级、调动和处分等。

(4) 省技术代表委员会

省技术代表委员会与学区技术代表委员会相同,包括 20 名正式成员和 20 名代理。该委员会主要负责学校开学的组织工作和职位分配。

(5) 省奖学金委员会

省奖学金委员会由学区督学主持,其成员均由学区区长任命,一般包括公立教学机构人员代表、学生家长代表、中学校长、省督学、省议员和市镇长各一人以及省级老战士办事处主任。另还有两名顾问列席委员会会议,省税务局长和农业局长。该委员会对中学生奖学金的发放提出建议,如是否接受学生的申请,奖学金发放的数额和期限等。但最后决定则由学区区长做出。如学生申请未被接受,可以向所在学区的地区奖学金委员会投诉。

(6) 省学业指导委员会

由各级教育机构代表、学生家长代表、学校医生、信息和学业指导督学、学业指导顾问和省督学各一人以及部分学校校长组成,委员会由学区督学主持。

(7) 省特殊教育委员会

根据1975年6月30日颁布的《残疾人法》的规定,各省均成立了特殊教育委员会(CDES)。该委员会有12名成员,分别由学区督学、省教育委员会主任和省社会、卫生部主任主持。其职责是制定残疾儿童与青少年学业指导和给予家长或监护人特殊教育补贴的有关规定。该委员会可委托学区的学前和初级教育委员会,指导学前和小学残疾学生的学业。每个学区都有一名国民教育督学负责该项工作。对中学残疾学生的学业指导则委托学区中等教育委员会负责,该委员会主席由学区督学担任。

(8) 省社会事务委员会

省社会事务委员会由学区督学主持,其成员包括一名国民教育督学和教育系统公务员联合互助代表。委员会的宗旨是就教育系统工作人员社会福利事业的发展提出建议,并为他们提供有关社会福利方面的情报。

(9) 其他省级机构

在省一级还设有机构负责接待有关对留级或学业指导不满的投诉,审议有关移民子女教育问题等。

四、市镇管理机构

法国市镇一级行政管理机构对小学及学前教育负有特殊的责任。市镇府是小学校房产主人,负责学校校舍建设、修缮、扩建,负责教学设备和公用设施的购置及日常运转费用。国家只负担小学教学人员的工资。

同一市镇的幼儿园、幼儿班或公立小学接收居住在另一市镇的学生时,学校运转费用的分配将通过相关市镇共同协商解决。如相关市镇之间对费用分摊办法有争议,则根据国民教育委员会的建议,由国家代表确定每个市镇的分担数额。

市镇府必须分担在本市镇居住，而在其他市镇小学和幼儿园注册的学生就读学校的运转费用。

如果学生所居住市镇没有学校或接收能力有限，其他市镇不能拒绝这些学生的入学申请。市镇府有责任为在本市镇居住的儿童因父母工作问题和兄弟姊妹已在另一市镇学校注册或医疗方面的原因而在另一市镇就读负担部分费用。

有足够的学校接受所有儿童入学的市镇，可以不分担另一市镇学校提出的儿童就学费用，除非镇长已同意本市镇儿童在另一市镇就学。

有关教育机构（中小学学校）的管理与运行细节，将在第七章“学校管理”中具体展开。

第三节　法国高度中央集权的教育管理体制

一、法国教育管理集权程度的历史对比

与经合组织（OECD）其他国家相比，法国的教育管理体制以其高度的中央集权传统而著称于世，其基础教育的学校管理体制无疑也沿袭了这一传统。自拿破仑建立帝国大学[1]和大学区制（Académie）以来，迄今两百年间，法国中央教育行政机关独揽全国教育事务权力的这种格局，一直没有基础性的变动。法国教育部几乎是一个统抓统管一切教育事务的行政统帅部，甚至曾有该国学者自行调侃道，法国教育部所掌管的系统之庞大，“其程度仅次于苏联红军”[2]。在基础教育的学校管理方面，仅就教职人员的全国统一性聘任上，其中央集权的传统即可略见一斑，该国的教育部长可谓全国近百万教职员工的统一“雇主”。

〔1〕帝国大学实际上是当时法国掌握全国教育行政最高权力的领导部门，帝国大学的首脑为总监。其构造完整、组织严密、具有高度的服从精神和严格的纪律，按照帝国的统一模式培养为帝国服务的各种专门人才，进而统一国民思想。它奠定了法国教育中央集权领导体制的基础。

〔2〕O'Brien, P. Enhancing Incentive to Improve Performance in the Education System in France: Economics Development Working Papers, No. 570[R]. Paris: OECD Publications, 2007:31.

从经合组织(OECD)诸多国家的教育政策来看,中央、地方政府、学校之间的决策权与职责划分,一直是一个备受争议的话题。2012年《教育概览——OECD指标》中的“教育系统关键决策指标”显示,赋予教育系统中低层级的教育主体更多的决策权,已经成为众多发达国家教育改革的一个重要目标。然而,尽管分权措施在各国教育政策改革的论辩中吸引了大量关注,但相关统计显示,学校层面的决策比重在过去10年间甚至处于下滑趋势[1]。法国在基础教育学校管理放权取向上的波动与反复,是这种下滑趋势的一个代表。

经合组织(OECD)在2004年、2008年和2012年分别发布了“教育系统关键决策指标”统计数字,以描述各国从中央向地方乃至于学校自身下放管理决策权的改革趋势。该指标的背景分析解释道,作为一个正向发展趋势,“下放决策权最常见的原因是:提高效率和改善经费控制能力;减少官僚主义;增加地方社区的职责;增进人力资源管理创新;发掘创新潜力;创造条件为改善学校教学质量提供更好的激励措施”。[2] 法国无疑也认可学校管理体制分权趋势的潜在好处,并设计了诸如“分权行动”(Action de la décentralisation)(2007)等改革方案,以期逐步淡化教育系统的集权色彩。然而从2012年发布的统计数据看,法国在经合组织(OECD)各国的学校管理分权程度排序中,学校层级(Établissement/School)所拥有的决策比重仅为32%,低于经合组织(OECD)的平均水平41%,亦低于欧盟21国的平均水平46%(图2-6)。

上述统计结果显示的法国其他层级决策比重分别是中央占32%,大学区占36%,而一般情况下与市级行政区域重合的地区一级,在法国基础教育决策系统中起到的作用微乎其微。这在一定程度上凸显了法国大学区制这一独特管理体制的重要影响。大学区是法国介于中央和省之间的一级教育行政区划(后文将展开论述),该层级集中的教育决策比重非常可观,也是法国教育系统实现集权化的重要制度基础,考察法国教育系统的集权程度,实际上应当将中央和大学区的决策比重累加来看。

[1] OECD. Education at a Glance: OECD Indicators 2012[R]. Paris: OECD Publications, 2012: 500.
[2] OECD. Education at a Glance: OECD Indicators 2012[R]. Paris: OECD Publications, 2012: 521.

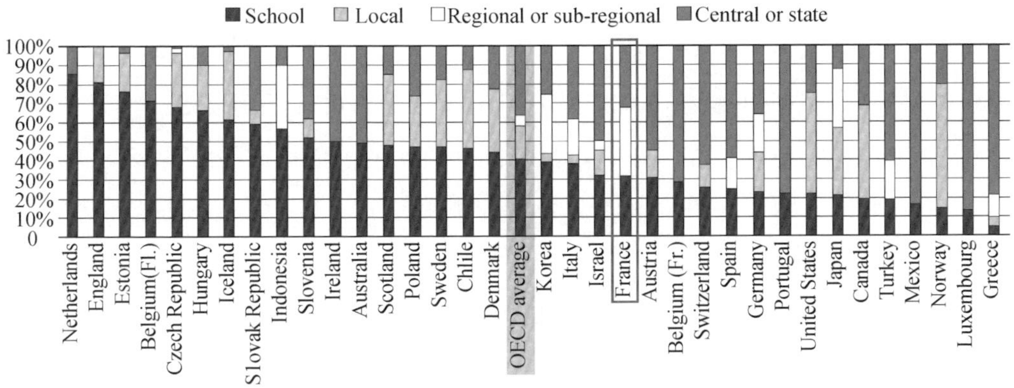

图 2-6 OECD 国家各级政府教育决策比例——以公立初中为例(2011)〔1〕

注:各国按学校层级所拥有的决策比重降序排列。

进一步,从 2003 年、2007 年和 2011 年的历史汇总数据看,法国学校一级的决策比重持续低于 OECD 的平均水平,徘徊在 30%～40%之间,在分权改革的趋势和效果上不甚明晰(图 2-7)。

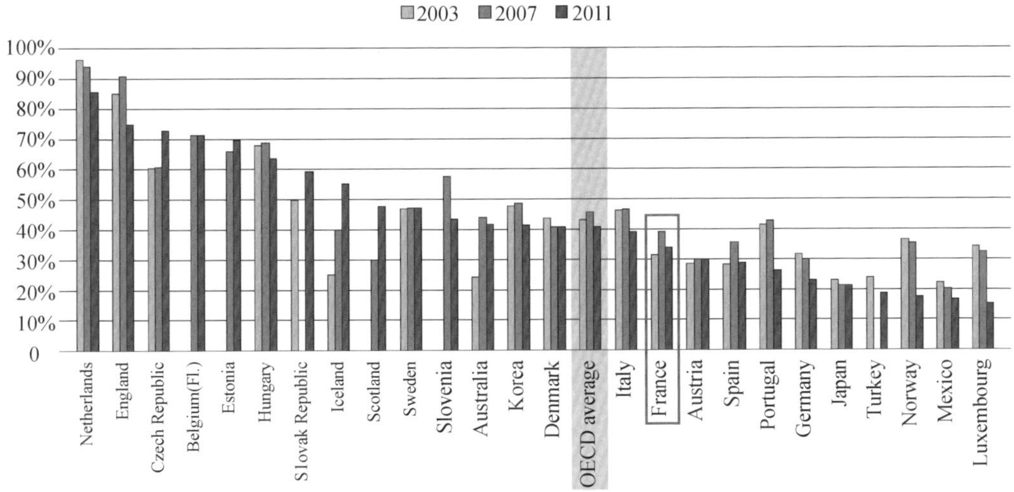

图 2-7 2003 年、2007 年、2011 年 OECD 国家学校一级的决策权比例变化〔2〕

注:各国按 2011 年学校层级所拥有的决策比重降序排列。

〔1〕 http://www.oecd.org/edu/eag 2012.

〔2〕 OECD. http://www.oecd.org/edu/eag2012.

二、教育系统关键决策指标细分

客观来看,上述“教育系统关键决策指标”仅是一个汇总性数据,是教学组织、人事管理、制度规划、资源管理这四个决策维度的综合呈现。这个汇总性数据在一定程度上掩盖了法国基础教育学校管理的集权色彩在不同决策维度间的差异性。而以下四个决策维度的分类统计结果(图 2-8),将对此差异性有着颇具启发意义的呈现。

图 2-8 中的第一个决策维度为“教学组织”。涉及学生入学、学生择业、教学时间、教科书选择、教学方法、日程学生评估等考察领域。相对于其他维度,有关教学组织的决策大多由学校层面做出,这在各个国家的调查结果中都较为一致。法国学校一级在教学组织中的比重为 78%,介于经合组织(OECD)平均水平 75%和欧盟 21 国平均水平 80%之间。

第二个决策维度为“人事管理”。涉及校长和教职人员的聘任和解雇、人员工作职责和薪酬、职业生涯影响等考察领域。应该说这是法国学校管理系统中体现中央集权传统的最为明显的维度之一。数据显示,法国中央和大学区两级的累加决策比重高达 88%,留给教育系统底层(学校和地方教育行政部门)的决策比重仅有 12%左右,明显低于经合组织(OECD)的平均水平 53%和欧盟 21 国的平均水平 54%,与德国系统底层 33%的决策比重也有明显距离。

第三个决策维度为“制度规划”。涉及增开和取消学校与年级、学科设计、课程内容审定、统一选拔及资格考试管理等领域。这些领域中学校一般较少参与决策,并且在大多数国家中相关的决策模式都比较复杂。法国在这个维度留给教育系统底层的决策比重为 29%,与经合组织(OECD)的平均水平 24%和欧盟 21 国的平均水平 25%较为一致。

第四个维度为“资源管理”。涉及资产性项目支出和经常性项目支出资源的分配和使用、校长和教师专业发展上资源配备等领域。这同样是法国教育系统高度中央集权的一个重要制度支持。数据显示,法国中央和大学区两级在资源管理维度的累加决策比重超过 90%,远远超过经合组织(OECD)的平均水平 41%和欧盟 21 国的平均水平 37%,以及德国的中上级决策比重 65%。

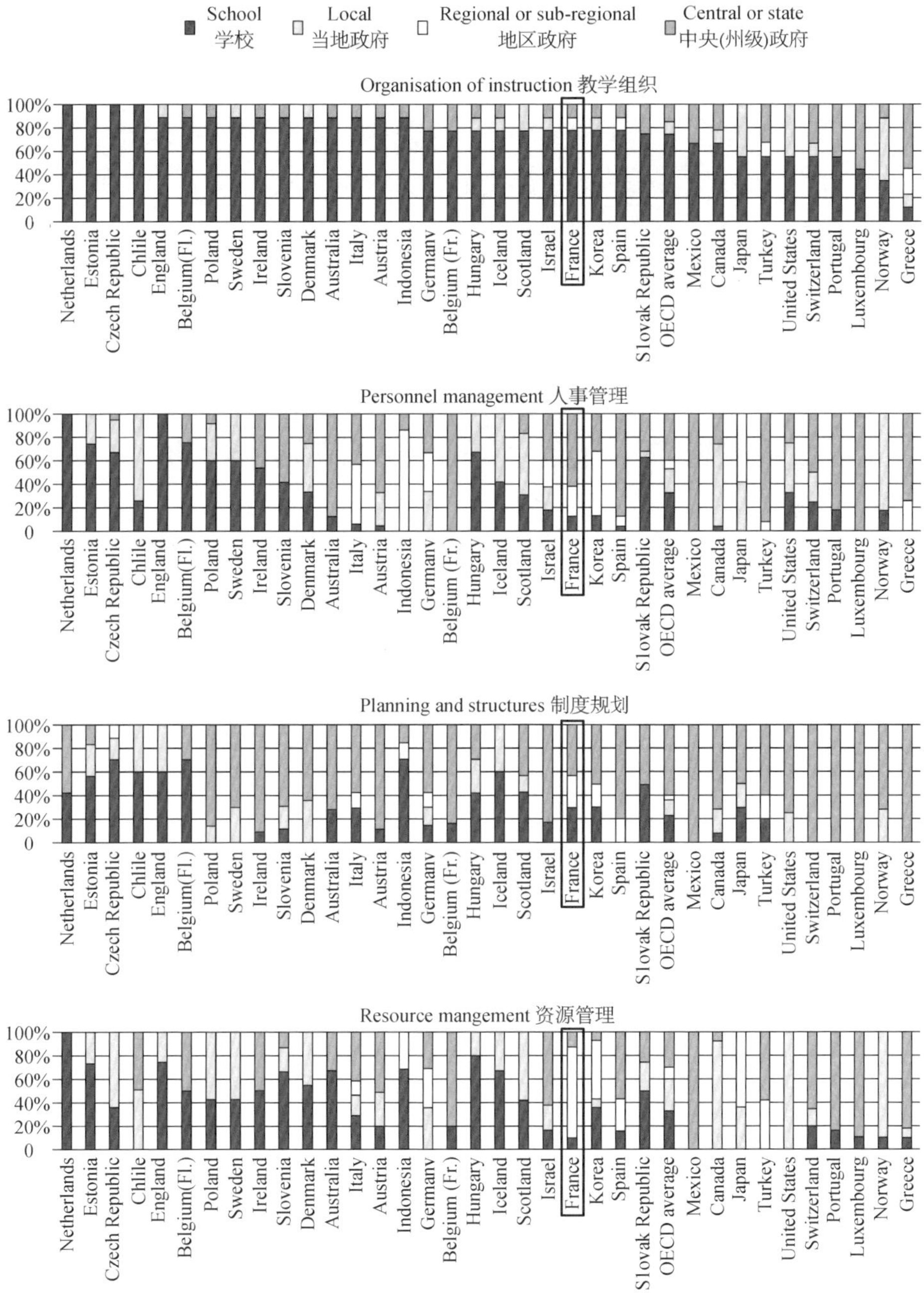

图 2-8 按决策维度划分的中央地方决策百分比——以公立初中为例(2011)〔1〕

注:四个图表均按各国学校层级在"教学组织"维度所拥有的决策比重降序排列。

〔1〕 OECD. http://www.oecd.org/edu/eag2012.

总体来看，法国中央和大学区两个高层级决策层次，几乎集中了学校管理体制中人事管理和资源管理维度上的所有决策权力。高度中央集权的传统，在一定程度上也成为法国教育质量改进的一大阻碍因素。然而放权改革的前景，与法国教育中“不甚清晰的任务、暗含悖论的追求以及充满政治敏感性的牵制因素”[1]密切相关，何去何从仍待相关力量与利益的博弈和演变。

第四节 法国基础教育财政管理

在法国，学校教育是国家的最优先领域，基础教育阶段每年预算接近600亿欧元，是中央政府最大的财政支出。2012年法国教育总支出为1 394亿欧元，平均每个公民为2 130欧元，生均支出7 700欧元，占国内生产总值的6.9%[2]，高于经合组织(OECD)国家的平均水平6.3%。2010年，法国基础教育预算为616亿欧元，占当年整个教育预算1 085亿欧元的57%，占国家总预算2 864亿欧元的21.5%。2009年，法国小学生的生均经费为5 690欧元，中学生的生均经费为9 380欧元[3]。

在教育管理方面，国家政府负责高中教育大纲的制定，高中文凭的认可与颁发，高中的教学方式(负责收集教学资料)，高中的教师招聘、培训和工资的发放，行政、技术和安保等人员的管理。而有关高中的建立与改建、设备物资的运转均

[1] O'Brien, P. Enhancing Incentive to Improve Performance in the Education System in France: Economics Development Working Papers, No. 570[R]. Paris: OECD Publications, 2007:22-23.

[2] L'éducation nationale en chiffres-2013. http://cache.media.education.gouv.fr/file/2013/19/9/DEPP_grands_chiffres_2013_267199.pdf.

[3] Ministère de l'éducation nationale de la recherche et dela technologie. Repères & références statistiques sur les enseignements et la formation[M]. Paris: Documentationfrancaise, 2011: 11.

由地区政府负责。[1] 目前,法国基础教育投入机制分为中央、大区、省和市镇四级,以中央投资为主,中央与地方政府共同分担的财政投入模式。随着中央权利下方到地方,1983 年《教育法典》第 83-663 号法令经修订后指出由大区负担高中和特殊教育院校。由此,巴黎市高中的物质运转费用均由地方行政单位,即巴黎省承担,政令规定清单上的教学开支除外。[2] 巴黎市高中的具体财务管理,如表 2-3 所示。

表 2-3 法国高中财务管理结构和职能分工

财务负责者	具体职能	拨款资助内容或项目
国家或国民教育部	• 与地方行政单位合作,向教育执行单位提供所有信息和评价要素,使其根据高中的需要和各自情况决定应给与的经费额度。 • 负责学校的人员开支并承担一定的教学开支,即在国家计划框架下,负责引入新技术和为教学改革提供专门设备,以及对新成立的高中进行首次物质装备所需的开支	• 国家负责购置以下材料:信息化材料,配套软件,开发系统,辅助材料,特别是声像材料;办公和生产材料;电子技术、高精尖技术应用装备等。还包括教学活动项目开支,教学研究和实验开支,相关设施维修的开支等
地方行政单位(巴黎大区、巴黎省)	• 每年 11 月,由大区确定每所高中运转、装备和经费自主的数目;大区评议会决定有关学校装备和物资运转的方针,之后通报高中校长。 • 征求有关分配补助总体方式的意见,大区议会、省议会主席可就其负责的高中的投资和运营问题直接找学校校长。 • 巴黎大区负责高中的建设、重建、扩建、大规模修缮、装备等事宜,并承担相应的法律责任;负责地方分权基金(DGD)[3] 的拨款	• 大区学校装备拨款(DRES):对大区向高中的投资进行补偿。(在大区间的分配按照物理标准进行,包括学校接待学生的能力、入学人口变化等) • 获得大区学校装备拨款的条件:原则上,学校工程应出现在由大区制订的预测性培养方案中;工程应包括大区(高中)在征得工程所在市镇同意后制订的预测性投资计划中;工程应该列入国家代表,即大区区长或省长每年决定的清单之中

[1] http://www.education.gouv.fr/cid199/les-collectivites-territoriales.html.

[2] [法]雅基·西蒙,热拉尔·勒萨热. 法国国民教育的组织与管理[M]. 安延,译. 北京:教育科学出版社,2007:212.

[3] Dotation Générale de Décentralisation,20 世纪 80 年代法国为补偿中央权力下放后造成的地方负担加重,通过让出部分税收由地方政府征收等方式,向地方提供的资金援助。

续表

巴黎学区	• 学区长与学区督学合作，对学校进行信息调查、为学校给予整体性拨款。 • 向大区议会或省议会主席提供展示学区过去高中进行拨款的分配方式和标准的清单；负责高中的学区长在其制订和修改高中学校分布图时了解短期和中期的入学需求。 • 每学年开学后，对不同种类高中接待学生的人数做出统计；可以分区和分地带对整体人口和教育人口的变化趋势进行分析，并能收集有关学生走向以及教育系统中不同层次入学、毕业走向的数据。负责确定学校交通服务覆盖的地区和学生分配的条件。对高中的所有投资方案提供详细的意见	
巴黎高中 （高中校长）	• 向学区提供学校完成其活动和计划所掌握经费情况的信息。准备本校的预算并提交到行政委员会。 • 高中校长为本校开支和收入的拨款审核人。负责准备预备方案，交予行政委员会投票，通过后负责预算的执行和分配给学校经费的使用。 • 负责验查和结清有关税费，接收相应的进账，对开支进行确认、清算和付款。校长可将契约签字权委托给他的助手、主管或工程负责人。 • 当会计中断对某项符合财政法规的支出进行拨款时，校长可命令其进行付款。但要将此类命令通告他所属的地方政府、学区当局以及学校的行政委员会。在此情况下，校长行使其专有的拨款人责任	

从表2-3可以看出，国家或教育部主要向大区等执行单位提供相关信息和评估要素，并负责高中财政的整体规划和向新成立高中提供物质装备所需开支；而主要负责巴黎高中教育的巴黎大区直接主导高中的投资建设和运营问题，承

担高中一切的工程事宜，并须根据高中发展的需要从本级财政预算中划出一定比例用于教育[1]；巴黎学区则负责高中的财政预算、规划和分配，对高中的所有投资方案提供详细的意见；巴黎市的高中校长主要做好学校与学区和大区的协调工作，保证学校各项财务支出有序到位，并向上反映学校的财务管理情况，同时根据大区学校装备拨款和地方分权基金所拨款项进行具体工程的财务分配。

法国的政治体制是民主共和制，而法国基础教育管理则是高度中央集权的体制。法国的教育事务并非像中国一样从上至下隶属于"块"上的各级地方政府，而是采取学区制。虽然学区和行政性的"大区"在地理上基本是重叠的，但在性质上却类似于中国及其他许多国家所实行的"军区制"，即在普通行政规划之外另行划区，直接隶属于中央政府而进行"垂直管理"，这是法国教育领域中央集权的重要表现，也是法国教育管理制度中的一个核心特色。法国的学区制度，能够使教育摆脱地方行政势力的不当干预，在中央的直接管理下产生更大的社会效应，如果教育行政与地方政府套叠，从上到下分层隶属于省、市和乡镇政府，很容易出现僵化并滋生腐败。应该说法国的基础教育制度和结构对于我国找到一条符合国情、行之有效的教育管理之路，有着极具价值的借鉴意义。

---

〔1〕 潘璐. 发达国家义务教育投资对我们的启示[D]. 石家庄：河北大学，2005.

第三章

法国基础教育课程与教材

第一节　法国基础教育课程演变过程

法国基础教育课程的发展是从近代才开始的，在原始社会以及中世纪时，法国基础教育课程基本上是延续着神学内容的。

一、战后法国的现代课程变革

二战后，法国经济社会的恢复和现代工业的迅速发展，都对学校教育提出了现代化的要求。实际上，从1881年《费里法》奠定了法国基础教育的基本框架之后，一直到二战期间基本上没有变化。战后，法国学校教育的课程改革则开始进入密集期。

课程改革是跟随法国基础教育阶段学制的密集调整而同步发生的。20世纪50年代，法国就取消了初中入学考试，并将义务教育延长到16岁，即总共10年。进入20世纪70年代，“统一初中”的改革，不再将这个阶段的教育划分为普通教育和职业教育两部分，而是统一为普通的国民教育，只是在最后一年为学生进行“定向”指导教育，确立未来的发展方向。相应的，高中也开始简化，只设立普通高中、技术高中和职业高中。

战后的稳定发展时期里，儿童自由身心发展的空间，开始受到学界尤其是医学界和心理学界的重视，在专家的呼吁下，1956年法国政府发布官方文件，取消小学的家庭作业。但由于当时整个课程大纲并没有随之调整，加上来自教师和家长不愿改革的压力，取消家庭作业的官方文件并没有实施。此次尝试仍然有效触及了传统的课程体系，并为今天法国小学没有家庭作业的惯例埋下了伏笔。

进入20世纪60年代，法国开始真正着手进行基础教育阶段的课程改革，并先后设立“法语教学改革委员会”和“数学教学改革委员会”。随后，小学教学阶段的课程基本被划分为时间相等的三个部分:第一部分为基础课,包括法语和算数;第二部分称为"启蒙学科",即历史、地理、科学等学科;第三部分是体育。这个阶段的改革在相当程度上减轻了学生的学业负担,并通过学科的多样化设置,释放学生部分身心自由发展的空间。

20 世纪 70 年代末,法国进一步缩短了小学阶段的课程,取消每周六下午的课程,将全周课时控制在 27 小时左右,出现逐步构建宽松多样化课程体系的趋势。但受制于师资水平等原因,部分改革尝试并没有真正落地。

二、20 世纪末法国基础教育的历次重要课程改革

二战后,法国现代史上最重要的课程改革里程碑,即为《课程宪章》的颁布。1989 年,《教育指导法》作为法国教育领域的统领性文件正式生效,随后 1990 年建立了"国家课程委员会"为全国课程大纲的编写机构。该委员会于 1992 年公布了《课程宪章》,将其作为指导全国课程大纲制定的纲领性文件。这是首次法国就全部教育体系的课程编排所建立的规范性文件。这一宪章确立了三大重要规则:学科大纲编写所依据的原则、课程大纲颁发的方式、调整修订的协商方式。

该宪章所具备的一个"开创性"意义在于,它提出将人类的知识融会贯通地传授给学生的理念,而不是分割成各个知识体系,机械生硬地灌输给学生。虽然在实践上,这个理念至今还未实现,但其确实代表了现代教育,乃至于后现代教育的一个良性发展趋势。华勒斯坦的《开放社会学》就已经对机械分割学科、设置知识相互间的壁垒,而造成的各种负面影响,做了深刻的反思。法国是将类似反思的方法反馈教育界的较早国家之一。与此同时,《课程宪章》也明确提出"使教学工作以学生为中心",强调学生的地位,要求教师要适应学生的特点,但同时也要求学生自我负责。

1995 年,在当时法国总理和教育部长的支持下组建了"学校思考委员会",由当时在企业界和教育界均有丰富经验的福洛(Roger Fauroux)牵头,对法国当时的教育领域现状进行全面摸底,并提出教育改革的建议。"福洛改革"就新课时制度、简化大纲、加强企业联系、加强学业指导等一系列命题,都提出较为前瞻性的改革思路,并得到部分施行,而改革内容中类似"教师任命权"下放这类触及

教育中央集权的提议则遭到搁置。

1998年,时任教育部长的雅克·朗就初中课程改革进行了重点探索。这次改革不单单局限于教育内容本身,而是着力回答:“在初中毕业时,学生要掌握哪些知识和能力?”配合这次改革,法国国家课程委员会编写了一部类似“初中宪章”的《需求手册》,明确初中生的教育理念并向家长广为宣传。《需求手册》重新确定初中课程方向,并服务于各方面的协调,诸如学科之间的协调、知识积累和能力结构之间的协调等。此次改革的另一个特点,是建立了激励机制来平衡先前对于学生个性和自由空间的过度强调。此次改革的另一个平衡努力,是对初中生职业定向的回归性强调。为此,在四年初中的中间阶段,即二年级和三年级开设“发现之路”选修课,通过每周两小时的跨学科学习,摸索兴趣所在和未来的成长方向。这一时期初中课程与课时设置如表3-1所示。

表3-1 21世纪初法国初中课程与课时设置

适应阶段		中间阶段		导向阶段普通班		导向阶段技术班	
学科	课时	学科	课时	学科	课时	学科	课时
法语	6	法语	4～5.5	法语	4.5	法语	4.5
数学	4	数学	3.5～4.5	数学	4	数学	4
外语	4	第一外语	3～4	第一外语	3	第一外语	3
历史、地理	3	历史、地理、公民教育	3～4	历史、地理、经济	2.5	历史、地理、公民教育	3
地球与生命科学	1.5	地球与生命科学	1.5～2	公民教育	1	技术	7
技术	1.5	物理、化学	1.5～2	生物与地质	1.5	物理	1
艺术教育	2	技术	1.5～2	物理	2	生物	1
体育	4	艺术教育	2～3	艺术教育	2	艺术教育	2
		体育	3	技术	2	技术	2
周课时	26	周课时	25.5	体育	3	体育	3
				周课时	25.5	周课时	28.5

法国在20世纪末进行的比较重要的高中改革,是1997年发起的“高中应当教授哪些知识”的高中课程改革。自20世纪70年代法国实行统一高中以来,高中便成为学科与专业分流的基本阶段。高中划分为普通高中、技术高中和职业

高中。普通高中和技术高中为学制3年的长期教育，通过高中毕业会考并获得会考文凭，便可进入高等教育阶段。而职业高中属于短期教育，学制为2年，通常的出路就只有就业，做普通技术工人。1985年设立了职业高中会考文凭，在原职业高中的基础上再增加2年学制，进行某一职业的较高级别的职业培训，此文凭的建立提高了毕业生就业的机会，也使一些学生能够进入高等教育。

和大多数国家的情形类似，法国社会在传统上也存在着对职业技术教育的轻视，使职业教育的发展举步维艰。职业高中的学生往往是因学习不佳而被迫做出的选择。法国历年的教育统计数据经常显示出，职业高中学生中普通工人、农民的子女占较大比重。一些学业失败的学生因此自暴自弃，频频在校内引发暴力事件。许多政治家和社会学家也在不断抨击这一社会不平等现象[1]。

为了缓和教育界乃至社会范围的矛盾，1997年开始的高中改革，将重点放在教育公平上。具体到课程改革上，此次改革提出一个新概念“共同文化”，其内涵由国家课程委员会根据高中毕业目标，为全国各类高中学生拟定。共同文化包括认识世界与履行公民义务的基础知识，以及参与社会生活所必需的技能，文学、人文科学、艺术、科技、外语、体育等。这个概念意味着把学生未来学习和职业生活所必需的技能与相应的文化知识联系起来。“共同文化”构成一个统一的参照系，有利于增强社会凝聚力和制止社会排斥。

三、21世纪法国基础教育课程改革的核心内容

进入21世纪以后，法国的历届政府几乎都把教育作为社会改革，甚至体现政绩的突破口，各种教育改革可谓层出不穷。随着国际国内环境的深刻变化，法国教育不平等、学生成绩大幅下滑等许多问题，仍然留存并有愈演愈烈之势。又由于受国际金融危机影响，法国在教育投入上的增长出现减缓趋势，现实也要求必须通过改革来改变现状。因此，法国政府采取了一系列措施，希望通过课程改革，培养现代高素质公民，并通过教育的渠道来加快融入欧洲一体化。

希拉克连任法国总统期间(2002—2007)，法国政府通过了《学校未来的导向

---

〔1〕 王晓辉.法国基础教育[M].呼和浩特:内蒙古教育出版社,2002:81.

与纲要法》,这是继 1989 年《教育指导法》之后的革新版法国教育总体纲领。紧随其后的萨科齐政府(2007—2012),也发起了一揽子教育改革行动,包括小学教育多项调整、“新高中改革”“学习语言、学习世界”语言教学改革等。萨科齐竞选连任失败后,部分改革动议在一定程度上遭到搁置,取而代之的奥朗德政府(任期 2012—2017 年)出台了《重建共和国基础教育规划法》。法国于新世纪以来有关课程方面的改革可以大致归纳为以下几个方面。

1. 课程理念:必不可少的“共同基础”

2005 年的《学校未来的导向与纲要法》(*Loi d'orientation et de programme pour l'avenir de l'école*),正式确立“必不可少的共同基础”(Scole Commun de Connaissances et de Compétences)这一概念,并对起内涵进行了界定:“义务教育至少应当保证每个学生获得共同基础的必要途径,共同基础是由知识和能力构成的,掌握共同基础对于学校成功、后续培训、构建个人和职业未来,以及社会生活的成功都是必不可少的。这一基础包括掌握法语、掌握数学基本知识、具备自由行使公民责任的人文与科学文化,至少会运用一门 外语、掌握信息与通讯的常规技术。”[1]

该法规还指出,义务教育不能归结为共同基础,共同基础也不能替代课程大纲。但共同基础却是义务教育的基础,其特别意义是构建一种各学科和课程融会贯通的学校教育基础文化。它使学生在学校及以后的生活中,得以面对复杂的实际情况,能够获得终身学习的能力,适应未来社会的变化。共同基础包含七种能力,前五种分别与当前学科相关,包括掌握法语、实践一门外语、数学基础能力、科学与技术文化、掌握信息与通讯的常规技术,后两种能力是社会与公民能力、自主与创新能力[2]。

2013 年《重建共和国基础教育规划法》沿袭上届政府再次重申“共同基础”概念,提出让所有学生的知识、能力和文化水平得到提高,确保所有小学二年级学生能掌握所学的法语和数学知识,确保所有学生小学毕业时能掌握所学的基

---

〔1〕 Loi n° 2005-380 du 23 avril 2005 d'orientation et de programme pour l'avenir de l'école, J. O n° 96 du 24 avril 2005.

〔2〕 王晓辉. 新世纪法国基础教育改革举措[J]. 中国教育学刊,2012(8).

本知识，确保义务教育阶段后所有学生能达到“共同基础”要求的能力标准，高中会考通过率达到 80%以上。

2. 学习节奏：小学课时结构的不断调整

2008 年 9 月，萨科齐政府将小学的课时结构调整为每周一、二、四、五上课，每天 6 小时，取消以前周六上午上课的传统，以便给孩子和家长完整的周末。但周三仍然休课，以保证学生精力充沛。

2013 年 9 月开学之际，小学的课时结构再次进行了改革，变为周一、二、四无全天上课(每天课时不超过 5.5 小时)，再加上周三上午的半天时间(时长不超过 3.5 小时)。全周的课时总量为 24 小时，与 2008 年的课时改革相比，本次改革只是把原来全天上课的 4 天，每天缩短 45 分钟并补到了周三上午，整个全周的课时总量并没有变化。伴随课时调整，此次改革还要求每天有 45 分钟“高质量的、精彩”的课外活动时间。法国小学上午到校时间为八点半(图 3-1)。

图 3-1 法国小学上午到校时间为 8:30[1]

3. 定向教育：更科学合理地为学生谋划未来

在法国的中学阶段，学业与职业的指导被称之为“定向”。初中毕业之后，学生必须在普通教育、技术教育或职业教育之间进行选择。进入普通高中的学生

[1] http://a-l-ecole-du-petit-vivier.education.gouv.fr.

在第一年不分专业，只设共同课。从高中第二年开始，学生就必须在文科、经济与社会、理科三个系列中进行定向分流，每一分科均对应同一系列的高中会考。原则上，高中第一年时学生就要在当年的学习过程中确定自己的专业方向，最迟要在第一年结束时作出决定。

萨科齐政府“面向 2010 年的新高中”改革则赋予学生一种“错选权”，即允许高中第二年的学生进行重新定向，使得整个高中教育阶段淡化了一次定终身的武断色彩。为此，高中的新课表加大了共同课的比例，以方便高中第二年的学生在学年中间甚至学年末进行不同专业中间的切换。

4. 教育公平：持续升级的“教育优先区”

法国国民于 2011 年开始在原有“教育优先区”的基础上，实施升级版的“中小学生创新与成功计划（ECLAIR）”。该计划在课程与教学方面，要求在初中和高中一年级设置“学监”以加强对学生的管理，要求教育督导人员与教学人员共同组织学校课程，确定学生的学业定向计划，强调跨学科学习，注重学生学习成绩的评估，同时要求加强个别辅导，特别是在小学毕业年级开设补习课。

5. 外语教学：以新姿态对待英语

外语学习尤其是英语学习可能是法国教育界的一个软肋。传统上，法国人对法语充分自信、情有独钟，往往不愿学习其他语种，心态上的障碍成为法国人真正借助语言进一步深入国际事务的一大阻力。

萨科齐政府“面向 2010 年的新高中”改革中强调建立有利于外语学习的高中，在学业上每个高中生都应当掌握至少两门外语，文科系列应当成为面向国际的优秀学习系列。

2011 年 4 月，法国国民教育部组建了“语言策略委员会”，该委员会提交题为《学习语言、学习世界》的报告。该报告思考了“强势英语”的现状和应对措施，也强调了多元语种学习的重要性。基于此，法国教育部采取了三项措施：从 2012 年开始调整初中课时，以便加强初中 4 个年级的外语教学；加强学生与教师的国际流动，使每个学生都有去外国体验“个人语言居留”的机会，使每个外语专业的师范生都有到国外实习一个学期的机会；开设免费的英语学习网站，方便儿童和成人自己学习英语[1]。

6. 个别辅导:为学习困难学生增加课时与师资投入

个别辅导针对的是学习困难学生。在法国个别辅导被认为有利于学生获得学业成功和独立自主。在法国,学习辅导的私人市场并不大,部分原因在于法国政府坚持认为,对于社会存在的不平等,学校负有进行校正的责任。学校应当免费组织个别辅导,使每个有特殊困难的学生都能够获得教师的帮助。

2005年的《学校未来的导向与纲要法》要求在小学设置辅导课。即在所有学生的每周24小时课时的基础上,另外为学习困难的学生开设2小时辅导课,辅导课的时间可以在中午,也可以在放学之后。教师的年工作量中包含60小时的辅导课,用来对学生进行个别或小组辅导。随着改革的推进,小学开始和困难学生签订《教育成功个人契约》,尤其是在小学结业年级开设补习课帮助学生答疑解惑。

在高中阶段,20世纪末进行的高中课程改革就已经提出个别辅导的措施,但效果并不理想,一些个别辅导课不是为了辅导学习困难的学生,而是帮助一些学习不错的学生向理科系列过渡(法国高中在定向阶段分为理科、社会科学、文科三个系列,其中理科系列被认为是最优秀学生的选择),另一个极端是演变为惩罚学生的一个方式。萨科齐政府"面向2010年的新高中"改革要求修正以前的偏差,加大个别辅导课程的范围,即推广到整个高中的三个年级,各个年级每周安排2小时的个别辅导。

7. 课程评价——稳步转化、灵活多样[2]

(1) 调整评估年级

教育部于2011年初开始实施"中小学创新与成功计划"。学生成绩评估由原来的小学一年级和初中一年级,变为现在的小学一年级和五年级全体学生。此外,调整后的评估不但要及时掌握学生学习新课程的现实情况,还要对学生每年的学习成绩进行分析。

---

[1] 王晓辉.新世纪法国基础教育改革举措[J].中国教育学刊,2012(8).
[2] 光霞.21世纪法国基础教育课程改革探析[J].课程与教学改革,2014(6).

(2) 转化评估职能

共同基础的理念要求课程评估承担两种职能。一是如何评估共同基石,即如何架构评估指标体系;二是评估学生掌握共同基石的现状,采用一些新形式,如按口头和书面成绩对学生在校期间表现、学业成绩等方面进行考评,并提出相应建议。在这里,评估不是制裁性的,而是形成性的,旨在促进学生提升自我。

(3) 完善评估内容和方法

法国人认为,在考试中应该考虑到学生的知识和能力体系,如时间管理、细致力、参与度、创造探索精神等。有学校还制定分等级的课程评估工具样板,内容包括意义组织、研究、书面成品、口头辩论等。方法上应该同时关注理科的实验法和学生在各个学科中的言语表达,创建一种涵盖多学科的个人档案考试。

第二节 基础教育课程设置

一、小学课程设置

2013 年 6 月由法国参议院通过的《重建共和国基础教育规划法》指出,基础知识和语言能力的获得是小学教育的主要目标,课程设置和教学方法共同影响着学生能力的培养和学习态度的形成,小学教育是影响学生学业成功的第一步。基于此,该规划法确定要优先发展小学教育,并向困难地区倾斜以缩小不平等。

法国小学学制五年,儿童在 6 岁时入学,开始总共 11 年义务教育。从图3-2可以看出,法国非常注重幼儿园和小学教育的衔接,这是法国基础教育阶段的一个显著的国别特色。幼儿园大班(Grande section, 5 岁)是和小学“基础学习阶段”整合在一起的,课程设置明确幼儿园的教育目的是为学生今后学习阅读、写作、算术做准备。从幼儿园最后一年到整个小学的五年,有一个清晰的课程梯度配合儿童的成长和认知规律。从 2013 年 9 月开始,法国小学陆续开始将每天的上课时间由先前的每天6小时减为每天5小时15分钟，每节课45分钟，午休时间1.5小时；周三则由全天休息改为上午上课；另外还增加了学校必须在课后组织的文体课外活动。在严格规定的课时内，法国小学生的学习内容有表3-2所示的几个方面。

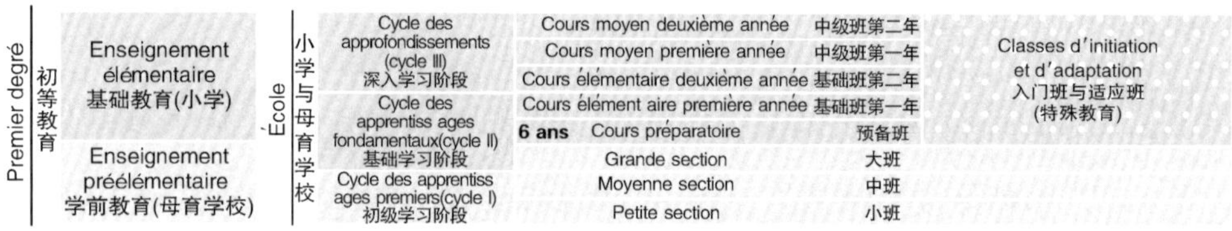

图3-2 法国初等教育(幼儿园+小学)学制图(2014年9月)

表3-2 法国小学基本课程内容

课程	内　　容
法语学习	包括口头表达、阅读、写作、文学以及语法、拼写、词汇和动词变位
人文教育	包括集体生活、历史、地理、一门外语或方言的启蒙教育
科学教育	包括数学、实验科学、科技
艺术教育	包括音乐教育与造型艺术
体育和运动	每周5课时
公民与道德教育	使每个学生学会处理个性与共性，个体与集体的关系，让他们在个性和独立性逐渐形成过程中更好地融入班级与学校生活，还要培养他们国际性理 解的能力，用开放和包容的视角来看待世界

从重点课程的角度来看，法语和数学课一直是传统课程的重中之重。2005年《学校未来的导向与纲要法》重申法语和数学是法国教育“必不可少的共同基础”的两大支柱。2011年的课程表中增加了法语和数学的课时。法语调整到每周基础学习阶段(CE)10课时、深入学习阶段(CP)8课时。继法语和数学之后课时分配最多的，则当属体育课和运动课了，每周5课时，是西欧各国中课时最多的。该课程的教学内容丰富，任课的教师通常是拥有专业证书的专业人员。法国小学阶段各年级具体学科的课时分配如下。

1. 基础学习阶段(CP和CE1)

基础学习阶段主要是小学一年级和二年级的学习阶段，小学生每周学习10

小时法语、5 小时数学，以及共 9 小时的体育、外语、艺术史及世界知识等课程，如表 3-3 所示。

表 3-3 基础学习阶段课程设置

<table>
<tr><th>课程名称</th><th>学年总学时 /小时</th><th>周学时 /小时</th></tr>
<tr><td>法语</td><td>360</td><td>10</td></tr>
<tr><td>数学</td><td>180</td><td>5</td></tr>
<tr><td>体育</td><td>108</td><td rowspan="4">9</td></tr>
<tr><td>外语</td><td>54</td></tr>
<tr><td>艺术实践与艺术史</td><td>81</td></tr>
<tr><td>发现世界</td><td>81</td></tr>
<tr><td>总计</td><td>864</td><td>24</td></tr>
</table>

注：法国小学每学年教学周数为 36 周；体育、外语、艺术实践与艺术史以及发现世界四门课程每周具体开设学时数根据实际情况和教师的课程进度而定，但总学时不超过规定时数。

2．深入学习阶段（CE2，CM1 和 CM2）

深入学习阶段是指小学 3—5 年级，小学生每周用 8 小时学习法语、5 小时学习数学，其余 11 小时学习体育、外语、实验科学与科技、人类文化（艺术、历史、地理、公民与道德教育）等课程，如表 3-4 所示。

表 3-4 深入学习阶段课程设置

<table>
<tr><th>课程名称</th><th>学年总学时 /小时</th><th>周学时 /小时</th></tr>
<tr><td>法语</td><td>360</td><td>10</td></tr>
<tr><td>数学</td><td>180</td><td>5</td></tr>
<tr><td>体育</td><td>108</td><td>9</td></tr>
<tr><td>外语</td><td>54</td><td rowspan="3">11</td></tr>
<tr><td>实验科学与科技</td><td>84</td></tr>
<tr><td>人文教育-艺术实践与艺术史-历史、地理、公民与道德教育</td><td>78</td></tr>
<tr><td>总计</td><td>864</td><td>24</td></tr>
</table>

注：人文教育课程包括艺术实践与艺术史和历史、地理、公民与道德教育两门课程。体育、外语、实验科学与科技以及人文教育四门课程，每周开设学时数根据实际情况和教师的课程进度而定，但总学时不超过规定时数。

二、初中课程设置

法国初级中学将教育分为三个阶段(图 3-3)。第一个阶段是"观察与适应阶段",即入学后第一年;第二个阶段是"中期阶段",即入学后第二年和第三年;第三个阶段是"定向阶段",即入学后的第四年。

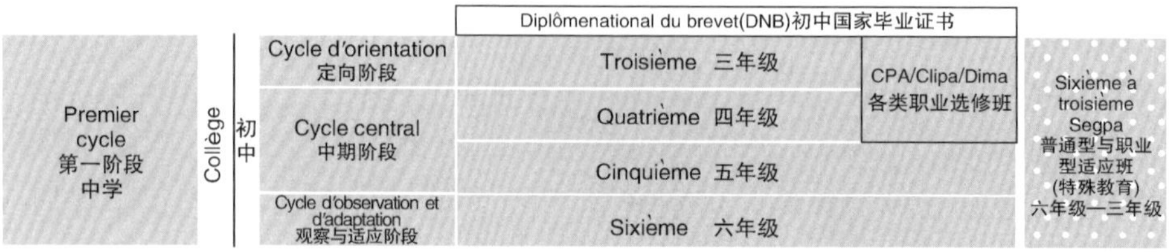

图 3-3 法国初中阶段学制图(2014 年 9 月)

法国人注意加强个别化教育,对在法语、数学和外语学习上遇到困难的学生进行补课,以缩小学生之间的两极分化。他们还取消原来的教学班,实行教师监护制,按年级建立一种新的教学体,它将不同水平的学生混合编在一起,称为异质编组。其内部的基础教学单位是教学组。

中学课程均按学习组形式进行,经过一段时间的观察与了解后,根据每个学生的学习水平,组织法语、数学、现代外语三门课的学科同质教学组。学科同质教学组只是临时性的教学单位,并非固定不变,它总是根据学生对该门课学习情况的变化而进行调整。力图分合结合,使所有学生都能平等地接受教育。

随着高科技发展,人类进入信息时代。法国人开始加强学校教育的信息化。从 20 世纪 80 年代开始,初中已分期分批地以必修的综合技术课取代原来开设的手工技术课,并引进包括信息科学技术在内的现代基础科学技术教育。并且要求每个学生在初中结束时,必须接受 200 小时的计算机操作训练,并掌握基础的计算机语言。

自 20 世纪 70 年代法国建立"统一初中"后,还在初中最后一年为学生进行"定向"指导。法国初中定向指导班,基于教育对象不同的兴趣和需要出发,建立专业之方向指导体系,给予每个学生适合其能力发展之指导,一定程度上减少了初中毕业生在升学选择和就业方向上的盲目性。

三、高中课程设置

《为了 21 世纪的高中》同样强调了高中课程应当是多样的:“首先,学生应当选择一个方向,为进入高等教育或职业生活进行有效的准备。其次,持续地提高面向所有学生的教育水平,在避免任何形式的马尔萨斯主义,或者相反的从宽主义的同时,确保每位学生在结束高中学习之际都有一份资格保证。”

法国普通高中学制为 3 年(图 3-4)。第一阶段即高一,这一年除了基础课程之外,学生也被要求积极地尝试自己在各领域中的兴趣。高二开始,学生必须选择一项业士考试的系列,逐渐进入专业化的学习阶段。法国已将原来 24 个业士文凭压缩为 7 个大的分科,“普通高中教育”分为文科系列、经济与社会系列和科学系列。法国高中的课程设置与会考不无关系,且各阶段学习任务明晰。从课程类型上看,每学年的课程基本上都分为三大块:共同课程(Enseignements communs)、探索课程(Enseignements d'exploration,若干门课程中必选 2 门或者 1 门)、可选课程(Enseignements facultatifs)。其中共同课程作为必修课,从高二开始又包括全部学生的共同课程(基础课)和各系列内部的共同课程(专业课)。

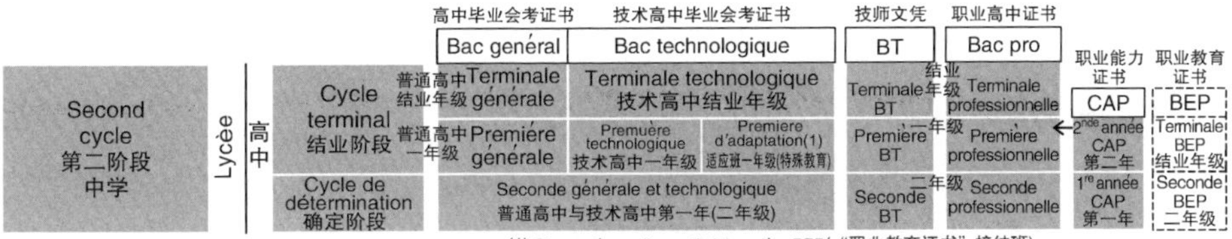

图 3-4 法国高中阶段学制图(2014 年 9 月)

具体课程设置如下(以 2010 年法国“普通高中”统一课程设置为例)。

高二年级,即中国人所说的高一年级,每周总课时数 28.5 小时。其中,共同课程课时为 25.5 小时,占总课时的 80%。本阶段的共同课程包括法语、历史-地理、外语 1 和 2、数学、物理-化学、生命和地球科学、体育、公民法律和社会教育、个人陪伴、班级生活等课程。无论将来要进入哪个系列,学生都要学习这部分基础课程。

学生每周有 2 门探索课(每周各一次,共 3 小时)。其中一门规定必须是经济学相关课程;另一门由学生在 12 门课程中必选其一,包括科学经济类、文学类、语言类和艺术类课程。探索课设置的目的有三方面:为了帮助学生发现新的学科;使学生认同这些课程所可能对应的职业;为学生在下一学期中选择一个系列做准备,并为他们提供高等教育专业系列的一些信息。

为便于学生充分尝试自己的兴趣和才能,国家教育部在课程中还设置了可选课程。每个学生可根据自己的情况选择这部分课程。内容包括古代语言和文化:拉丁语、希腊文和艺术。[1]

高一年级,即中国人所说的高二年级,这一阶段共同课程的比例仍比较大,每周 15 小时,占总课时的 60%,内容与第一年相比课程种类有所减少。因为,高二是进入专业化学习的关键时期,专业课占 40%。学生在开学时首先要在文科、社会经济和科学这三个系列中选择一项。这一选择不受限于高一阶段所选修的探索课程。可一旦确定了系列,学生必须上该系列的共同必修课,这是专业学习的主要部分。

文科系列(L)主要是法语、文学和哲学;经济社会系列(ES)是经济和社会科学,以及对数学和几何史的重点教学;科学系列(S)则是数学、化学-物理、生命和地球科学。该阶段的学生仍可选 1~2 门可选课程。[2]

毕业班,即中国人所说的高三年级,这一阶段的共同课程每周 6.5 小时,只占总课时的 30%。专业学习是高三的主要任务,因此其课时占总课时的 70%。必选课与专业学习有关,它们为学生提供在高等教育专业选择视野下进入多样化的条件。需指出的是,在 2009 年,必选课的范围有所扩大:文科系列中增加了法律和当代世界主要规则;科学系列中增加了信息和数字科学,在经济和社会系列中增加了社会科学和政治以及深入经济学。此外,这一阶段学生最多还能选择两门可选课。[3]

从各年级的课程设置不难看出,法国高二年级重视对学生基础能力的培养,经过一年的学习和尝试之后,高一年级的教学目标在于使学生逐步获得知识、步骤和方法,抽象能力越来越强,为学生将来长期的高等学习(主要是在大学、预备

---

〔1〕 http://cache.media.education.gouv.fr/file/special_1/43/2/disciplines-et-horaires_136432.pdf.

〔2〕 http://cache.media.education.gouv.fr/file/special_1/39/5/grilles_horaires_136395.pdf 1.

〔3〕 http://cache.media.education.gouv.fr/file/special_1/39/5/grilles_horaires_136395.pdf 2.

班和大学校中)打下基础,同时培养学生理解当代社会所必不可少的总体性素养。而毕业班阶段着重于在高等教育的视野下强化专业学习,为高中会考做准备。这种渐进式的专业化学习,为学生提供了较为充裕的选择空间。而且这一过程是可逆的,高二阶段的选修课不影响高一阶段的系列选择,学生可以在高一阶段的任何时间变换自己的方向。这构成了一种定向的纠正机制,有利于更好地引导学生选择合适的系列,为学生提供了重新考虑或调整将来发展方向的可能性。〔1〕

第三节 教 材

一、教材开发

法国中小学教材选编,是由教育部制定全国统一教学大纲,出版社根据大纲出版有关教材,最终由学校、教师选定教材。除了教学大纲是统一的以外,几乎没有任何一种教材是全国统一的。

法国中小学课程大纲是全国统一由教育部制定的。20 世纪 90 年代,法国成立了国家课程委员会(CNP),承担制定全国统一的中小学课程大纲等职责。该委员会通常有成员 30 名左右,另有 4 名左右技术顾问,都由教育部长任命,多数是大、中小学教师,也有科学院、企业、行业协会的代表等。委员会根据部长的指示工作,并向部长提出中小学教育改革建议。委员会下设教学大纲制定小组,共有 23 个,普通教育和职业教育都包含在内,成员由委员会指定,每个小组约十多人,通常由大中小学教师和督学组成。成员都是兼职的,但有一定时间集中工作。各小组制定的教学大纲,经委员会审查通过,由部长签发。教学大纲的颁

〔1〕 崔允漷.冯生尧.谁赢得高中谁就赢得人才[M].上海:华东师范大学出版社,2012:149.

发、执行、评估工作由委员会负责，委员会召开教学大纲讨论会，吸收工会、出版社、教学大纲制定者共同研究[1]。

1997年，国家教学大纲委员会针对教学大纲的编制中固守学科逻辑的问题，提出"参考教科书"的计划。参考教科书不代替教学大纲，它只是面向教师、学生和家长，阐明各个学科最基本的侧面，明确表现学科之间的联系，从而建立一种真实的"横向联系"。

2005年法国政府出台的《学校未来的导向与纲要法》确立"必不可少的共同基础"概念，在理念上作为"义务教育的基础"，通过重申"构建一种各学科和课程融会贯通的学校教育基础文化"以及所提倡的"适应未来社会变化的七种能力"，来引导课程大纲的发展方向。从这些变化中，基本可以看出法国以打破学科壁垒，促进知识融合的基本课程设计趋势。以2014年国家教学大纲委员会为初中一年级所作的关于世界的参考教科书计划为例，该计划要求各章以一个广延性的问题（主题）为中心，将有关的地理、数学、生命科学等学科知识统一在一起，使它们成为对学生有意义的、鲜活的东西。

通常来讲，小学和初中阶段各个学科有基本统一的教学大纲，而在高中阶段，因学生不同的发展要求，即普通高中与技术高中、职业高中对学科内容、比重、教学要求及教学时数多有不同，所以高中各学科的教学大纲是有多套的。总的来讲，就是小学和初中阶段属于"一纲多本"，但在高中阶段却是"多纲多本"。

在教材开发环节，法国没有中央一级的教科书编写机构来协调教科书的编写与出版，教科书的编写，是由商业性出版社约请社外作者来完成的。法国中小学教科书的编写与出版集中在几家历史悠久、实力雄厚的出版社，主要有阿歇特（Hachette S. A.）、拉鲁斯（Larousse）、纳唐（Nathan）和博尔达斯（Bordas）几家出版社。

阿歇特出版集团是法国最大的教科书出版社。该社于1826年创立，它以教科书的编写与出版而享誉法国和欧洲。该出版社在法国的图书销售量经常居首，在整个欧洲也非常有影响力。后三家出版社则分别以出版学习工具书、教科

[1] 白月桥.中国当代教育理论丛书·课程变革概论[M].石家庄：河北教育出版社，1996:273.

书和教学参考书为特色。

同时,后三家出版社又联合组成"国际城市出版社集团",立足本土,并努力使其业务范围国际化。该集团图书营业额通常可以排进世界前十位。所编写的法语教材,除供法国本国中小学使用外,还供应瑞士、卢森堡、比利时和使用法语的非洲国家,以及加拿大魁北克省。除组织编写和出版教科书外,还组织编写和出版教学参考书和学习参考资料,成为法国教科书出版的一个重要领域。

法国出版领域又有其特点,即参考书和学习资料的编写与出版,不限于出版社,各大学区的教育文献中心也负责编写和出版参考书和学习资料。

二、教材审定

在教育体制高度集权的法国,教科书的出版从表面上看自由空间是比较大的,非常自由。虽然教科书必须根据国家教学大纲来编写,但没有相应的机构来审查编出的教科书是否符合教学大纲的要求。这样,出版社就要为自己出版的教科书是否符合教学大纲的要求和质量负责。

实际上,由于教材编纂、出版、发行和审定过程中,有一套严格的行业规则和习惯做法,是可以在相当程度上保证不同地区和学校的同一门课程,采用不同的教材和教学方法,能够得到大致相同的教学成果的。

通常来看,学校每年 3 月得到各出版社推荐的教材后,预选出 3～7 种内容近似、形式不同的教材,经教师讨论决定选哪一种。法国国民教育部要求教师每 3～4 年重审一次教材。

出版社选定作者后,首先要求作者提出全书的设想和第一章的初稿,到学校听取一二十名教师的意见,作者在初稿合格后继续编写,再请专家、教师评议。由此可以看出,实践中教材的使用者——学生、教师、学校领导以及学生家长,已成为教科书的主要审查者[1]。同时,国家教育部和学生家长,也可以对教科书的使用提出意向性意见。当教学大纲改变或教科书使用年限久了以后,教科书出版机构就要修订和重编教科书。

---

〔1〕 巨瑛梅,吴明海.法国基础教育概览[M].北京:中国城市出版社,1997.

三、教材使用

由于“一纲多本”，甚至高中阶段“多纲多本”的教材编写制度，中小学学校对教科书就有了较大的选择余地，教科书的选择权主要在教师。

教科书的选择通常有两种方式：一是定期性选择。每年在教科书供应时节，各任课教师根据政府下发的下一年财政预算单和拨款，以及教科书目录，在财政许可的范围内选择教材。二是经常性选择。除在供应时节，出版社提供目录和样书外，还可根据教科书出版情况随时提供教材，供教师选择。这种选择可以有几次。当一个年级有几个平行班并有两个以上相同任课教师，教师对教科书选择出现意见不一致时，可由校长组织投票选定，或校长裁定使用哪种教科书。

在法国，教科书出版后，出版商便把教科书当作商品来推销。教科书推销的方式很多，主要有三种：一是出版社通过自己的销售部门定期为学校提供教材目录和教材，出版社设有教材展览室，供教师阅览教材，并提供咨询，这是教科书供应的主要渠道。二是委派推销员与学校专门联络，进入学校，举办教科书展览，介绍教科书。三是通过邮政部门，以函件形式宣传、推销和供应教科书。

法国教育出版界没有相对稳定的教科书编写队伍，教科书编写的主体是大中小学教师。通常由大学教授或学区督导担任主编，由相关学科的中小学教师任作者。由于法国中小学教师在选择教材时，往往是选择作者而不是选择出版社，因此，出版社注重约请各学科领域中著名的学者或学术带头人担当教科书的主编[1]。一来提高和保证教科书的质量，二来为出版社赢得信誉与效益，提高出版社在教科书领域中的竞争力。

当代科技进步和世界形势变化，各家出版社为了争夺市场都以最快的速度进行教科书知识更新，这是法国教科书一个特点。

法国中小学教材免费政策最早于 1998 年即开始试行，包括巴黎学区在内的 8 个学区在当年便实施了该项政策。2004 年社会党再次执政，该项政策在中断之后再次启动并得到了全面实施。法国各个大区(学区)对此给予的财政补贴不尽相同，每名学生每年 30～160 欧元不等。然而这种免费制度在减轻了学生的

〔1〕 白月桥. 中国当代教育理论丛书 · 课程变革概论[M]. 石家庄：河北教育出版社，1996：273.

经济负担的同时，也给学生带来了不便，即学生对教科书有使用权却没有拥有权。学校放学或放假时，学生不能将教科书带回家，家庭作业和学生自学，依靠学校提供的教学参考书和课堂笔记本完成。每学期开学，小学生和初中生都是从学校的图书馆免费借课本来用，一个学期结束后必须完璧归赵，以供下一年级学生使用，教科书一般4～5年更新一次[1]。

四、特色教材案例分析——初中地理课[2]

作为一个有着悠久历史和深厚爱国情怀的国度，法国是一个十分重视地理教育的国家，19世纪末已开始为基础教育阶段开设地理课程，在长时期地理教育的实践过程中，法国在地理课程标准的制定和地理基础教育方面，积累了丰富的经验。

在法国基础教育阶段，承载地理教育的课程从小学三年级到高中毕业班均有开设。然而颇具法国特色的是，法国通常没有单独的“地理课”，而是和其他相近学科整合成“地理-历史”课或“地理-历史-公民”课。整合课程的结构，按年代与地理分布，展示全部文明，掌握推理和批判的精神，从而达到合格公民必备的地理素养(高中阶段会有部分内容进行适当的分科教学)。

然而与此同时，法国历来有重视理工科教育的传统，在历史上曾长期保持“以理科取士”的做法。在世界各国有关科学素养的教材中，法国教材因其独有的文化特色和科技意识而显现出差异。与此相应，地理教育中偏向物理化的知识，也被大量穿插进法国的科技教育中，与各理工学科交叉在一起向学生进行立体式传授。下面以初中相关课程为例介绍法国科技教育中的地理教育特色。

法国初中科技教育所使用的“科学教材”是统一课程大纲之下的不同版本，

[1] 赵少飞. 新生开学季各国大不同[N]. 大河报,2014-9-1.

[2] 本节编写重点参考文献：高旻瑜、张春阳. 浅谈法国初中科学教材地理部分特点[J]. 地理教育，2013(7-8)；查旺玉、刘艳秋. 法国中学地理课程标准特点探析及其启示[J]. 地理教学，2010(16)；汤标、张胜前，法国中学地理课程设置特点探析[J]. 地理教育，2008(5). http://sites.estvideo.net/paconala/enseignants/cours.htm(法国初中课程)；http://eduscol.education.fr/pid23391/programmes-de-l-ecole-et-du-college.html?pid=23391&page=0&formSubmitted=1&niveau=2&classe=0&discipline=15&Submit=Rechercher#resultat.(法国初中课程大纲)。

即典型的“一纲多本”。在 2007 年法国著名的 Nathan 出版社出版的初中科学教材这一版本[1]中，法国初中的 4 年学制，分别对应科学教材的 6E、5E、4E、3E 这四册，下文以该版本为主进行介绍。其中地理部分主要包括以下主要内容：5E 的第十、十一、十二章(风景变迁、古代风景重现、人类对自然面貌的影响)；5E 物理化学章第六节(太阳-地球-月亮，与物理交叉)；4E 第一部分(前四章)；4E 物理化学章第一节(大气的组成，与化学交叉)；3E 物理化学章第一节(万有引力，与物理交叉)。

法国初中地理课程的目标之一是让学生了解世界，教材中大量呈现地理面貌(特别是法国及欧美的自然环境)以及地理事实材料，试图让学生关注身边的地理现象，了解生活的地理环境，培养公民必备的地理素养。4E 第一部分(前四章)的章节信息如表 3-5 所示。

表 3-5 法国初中科学教材 4E 第一部分章节内容

	章	主要内容
4E 第一部分：地球的内部	4E-1 地震	解释发现 1：地震的表现 解释发现 2：地震的爆发 解释发现 3：深层断裂与表层效应 解释发现 4：全球地震的分布
	4E-2 火山	解释发现 1：火山爆发 解释发现 2：爆炸性的火山爆发 解释发现 3：理解火山喷发 解释发现 4：岩浆和火山岩 解释发现 5：地球上的火山
	4E-3 板块漂移理论	解释发现 1：发现地壳运动 解释发现 2：海脊运动 解释发现 3：海洋化石运动 解释发现 4：大陆海洋的发展 解释发现 5：大陆对峙
	4E-4 地质风险	解释发现 1：定义地质风险 解释发现 2：火山喷发危险的预防措施 解释发现 3：地震的预测

[1] SVT programme 2007, sciences de la vie et de la terre, Editions Nathan-2007-IS-BN: 978-2-09-171264-2.

1. 章节主题内容呈现

可以看出,法国初中科学教材每章由数个解释发现组成,而每个解释发现又由问题及资料组成。这种设置,促使学生通过教材的学习过程成为科学的发现过程,充分体现了探究性学习理念。

“4E-2 火山”章节的教材设置如表 3-6 所示。教材通过设置由呈现主题、设置问题及提供资料组成的解释发现活动,力求在一个相对开放的环境中,让学生主动收集、加工处理信息,让学生学会学习,从而培养学生积极思维、发展探究问题、解决问题的能力。

表 3-6 “4E-2 火山”设置

解释发现	问题	资料
解释发现 1:火山爆发	火山爆发是如何产生的? 火山爆发的后果有哪些?	每个“解释发现”条目都有与之对应的背景资料,文字较多不便呈现
解释发现 2:爆炸性的火山爆发	爆炸性火山爆发是怎么发生的? 后果是什么?	
解释发现 3:理解火山喷发	岩浆影响火山喷发的特点有哪些?	
解释发现 4:岩浆和火山岩	火山岩是怎么组成的?	
解释发现 5:地球上的火山	地球上的火山是如何分布的?	

2. 章节“特色栏目”设计

该版初中科学教材每章最后有“渴望科学”栏目,如 4E 教材三、四章“渴望科学”栏目,先后介绍了地热资源的开发、暖气设备专家、海上的一座桥、热情人道的援助。这些栏目的设置,对学生综合性知识的习得及多角度思维能力的培养具有重要作用 。

3. 章节后习题设置

法国初中科学教材每章的习题由知识检验、知识应用及综合应用三模块组成,层次分明、综合性强。“4E-1 地震”章节的习题设置如表 3-7 所示。由以上习题设置可以看出,习题三模块由易到难,从考查学生对本章知识要点的掌握,到考查学生的知识迁移应用能力、分析问题及解决问题的能力。而且题目设置提供丰富的历史、人文等资料,综合性强。

表 3-7 “4E-1 地震”课后习题设置

第一部分 “我检查我学到的知识”	第二部分 “我巩固我的知识”	第三部分 换个角度探索发现
寻找信息:我快速地回答每个问题。 造句:我用给出的单词造句。 阅读:理解一个历史事件	里斯本地震:根据提供的里斯本地震资料回答问题。 比较地震图:根据提供的图标回答问题。 一次理解地震影响的体验:依据操作指导资料操作并回答问题。 早先关于地震的解释:根据早先关于地震解释的历史资料回答问题	关注地震时事:根据提供的法国实时地震图回答问题。 艺术家之角:介绍日本版画名家葛饰北斋,并根据他的木刻版画作品《巨浪》及相关资料回答问题

例如,“4E-1:艺术家之角—葛饰北斋”“4E-3:艺术家之角—爱德华·里乌(Edouard Riou)和凡尔纳·儒勒的《地心历险记》”,即每章最后一道习题,会介绍世界各国著名的艺术家。因此,法国初中科学教材习题不仅具有评估作用,也具有培养学生人文素养、拓展学生视野的作用,利于学 生综合素质全面提升。

在课程教材领域,法国中央集权式的大纲主线和基层实践中的多样化选择,是一对不断交锋的辩证关系。“共和国的要求是把打开知识大门的钥匙和对社会基本规则的认识交给每一个孩子”,这是法国自由、平等、博爱立国思想在义务教育领域,尤其是课程教材编制上的体现。迄今,“共同基石”和“共同文化”法令,成为法国基础教育阶段课程教材所要达到的高度的清晰界定, 并通过教学活动和教育管理贯彻到整个教育系统中,旨在重塑学校在历史上曾经具有的权威地位, 使其成为维系法兰西民族和法兰西共和国的基石。

第四章

法国基础教育阶段的教学与方法

第一节 法国基础教育阶段的教学组织

一、法国独特的"学习阶段"教学安排

法国初等教育(幼儿园和小学),以及中等教育(初中和高中),打破传统的年级教学组织形式,以"学习阶段(Cycle)"这种新的教学组织形式显示了国别特色。为了使教学能够更好地适应学生水平的差异,保障每个学生的平等学习机会和学业成功机会,以1989年《教育指导法》中的相关规定为基础,法国在20世纪90年代初启动了新的教学组织改革。

这项改革把幼儿教育与小学教育合为一体,儿童2—11岁的教育被分为三个连续的学习阶段,每个学习阶段通常由3个学年组成。第一阶段称为初级学习阶段,包括幼儿园的小班和中班,儿童年龄为2—5岁。第二阶段称为基础学习阶段,包括幼儿园大班和小学的前2年,儿童年龄为5—8岁。第三阶段为深入学习阶段,包括小学的后3年,学生年龄为8—11岁。

在每个学习阶段,教学活动不是按学生年龄,而是按学生能力和水平实行同学科同水平分组教学。这样,在同一学习阶段内,年级的概念就在一定程度上失去了意义。学习有困难的学生可以放慢学习进度,用4年而不是3年完成一个学习阶段的学习。放慢学习进度是有别于传统意义上的留级的,因为它无须学生重复学习已经学过的东西,而是找到适合自己的学习节奏,加强薄弱学科和环节。对学习能力强的学生,允许他们用2年时间提前完成一个学习阶段的学业。

学习阶段的实验和改革具有创新意义,其指导思想的核心是重视学生的个体差异,并以学生为中心组织教学。

在中等教育里,这种"学习阶段"的划分方法也在一定程度上沿袭了下来,虽然没有"幼小衔接"那么紧密。初中4年被划分为三个阶段,分别是观察与适应

阶段(第一年)、中期阶段(第二、三年)、“定向阶段”(第四年)。高中三年则被划分为两个阶段,分别是确定阶段(第一年)和结业阶段(第二、三年)〔1〕。中学教育的阶段划分,更多地是为了保障学生在将来职业和发展选择上能够做出较为正确的判断。

为了减少学生学业失败,提高教育质量,20世纪90年代法国的大中学教育均加强了对学生的“方向指导”。法国把帮助学生选择升学方向和就业出路统称为“方向指导”。在法国当代教育制度中,可以说“方向指导”一词正逐渐地取代着“筛选”一词〔2〕。

方向指导的目的,在于帮助学生面对教育制度的多样化结构,找到适合个人发展和社会需要的学业选择和职业出路。不过由于法国教育机会的激增和教育的普及,大中学校的方向指导表现出严重不足,致使许多学生在选择学业方向和职业方向时,因缺乏必要的信息与指导而陷入盲目性,从而导致学业失败。

为了改善这一状况,1989年的《教育指导法》和2005年升级版的《学校未来的导向与纲要法》,都强调对学生的方向指导必须加强。上述法律明文规定:“学生有权利得到关于学业、职业方向的指导与信息,这是受教育权的一个组成部分。学校和教育共同体特别是教师和方向指导人员应帮助学生确定其学业和职业方向,并为学生完成学业和学业结束后的就业提供方便。”

当前,法国对中学生的方向指导主要在两个年级进行:在初中毕业班进行,主要帮助学生在高中阶段的普通教育、技术教育与职业教育之间作出选择;在高二年级进行,为学生在高一年级的不同学科分组之间作出选择。为了做好这项工作,法国在地区一级设地区信息与方向指导中心负责 具体事宜,对每个学生的方向指导由方向指导顾问、班主任、学生及其家长共同协商作出。

二、法国中小学的传统班级教学管理

传统上,法国中小学组织教学的主流方式是“班级授课制”。法国中小学的

---

〔1〕 详情可参考本书附录“法国学制图”。

〔2〕 高如峰.90年代法国教育改革研究[J].外国教育研究,1997(10).

班级教学管理，主要靠班级教学班子和班级委员会来施行。班级教学班子由班级任课教师组成，少则几人，多则十几人；班级委员会由班级任课教师、学校行政代表、两名学生代表、学校方向指导顾问和学校教育顾问等组成。

班级教学班子的任务是开展教学活动，实施教学管理，填报考核表格，参加班委会和全面评价学生。具体讲，教学班子有四项任务〔1〕。

1. 开展教学活动，努力完成大纲规定的年度目标

在法国，考查教学工作的重点是考查教学效果和成绩，而评定学生成绩大多采用绝对评价的方法。为使评定结果具有客观性，法国决定把用相对评价方法评定的成绩同时登记入册，作为全面衡量学生的依据之一。

这样，就对各科教师提出了更高的要求：教师不仅要教知识，而且还要对学生学习的方法、态度、能力、兴趣和效果进行全面了解，并能做出正确判断和评价。

1985 年进行课程改革时，法国初中取消班主任制，实行每个教师兼管 10～12 名学生的教师监管责任制，就是一种让教师全面了解学生、详实评价学生的改革。

2. 实施教学管理

方法是按照法国统一使用的指导手册，分项逐一记载学生的情况。这种指导手册，共有七项内容：学籍记载；身体发育与健康状况；家庭情况；心理测验；学习态度；学习成绩；毕业时的记录。

其中还有具体指标，如第五项“学习态度”一栏，就有注意力、理解力、记忆力、学习的创造力、学习的节奏、对课题的态度、努力程度、节奏等 8 项，而这 8 项中，每项又分 A、B、C(即好、中、差)三种情况，分别详细记载和表述学生的表现。这种管理方式表明，法国中小学校治学态度严谨，不单凭一次考试成绩决定学生的命运，而是通过指导手册的应用，使对学生的成绩评定和方向指导工作建立在详实可靠的基础之上。

3. 填报学生成绩报告单

填报过程分为五步：第一步，由各学科教师如实填报学生成绩报告以及与此

〔1〕 张崇善. 法国中小学班级教学管理[J]. 中小学管理，1994(11).

有关的评价表。第二步,召开班级教学班子全体成员会议,分析学生成绩报告单和评价表。分析时采用三种符号表示:用(+)符号表示全部达到目标;用(0)符号表示部分达到目标;用(—)符号表示未达到目标。第三步,召开全班学生会议,将学生分成四个小组,先让学生在组内自评,即讲自己在学习上取得的进步和存在的问题;与此同时,由学生提名选举两名代表准备参加班风评议会。第四步,召开由教师和学生共同参加的班风评议会,向学生宣布成绩报告单和评价表对学生的综合评价结果,并分别与学生商讨对评价措辞的意见。第五步,由学生本人写出个人学习总结。这份材料连同其他有关卡片一并交由班级兼管教师保存,以此作为同家长对话的原始材料。

4. 参加班级委员会,为全面评价学生进行论证

为了使班委会能够顺利开展工作,各个班级的主管教师要将班级学生有关的综合材料分发给参加会议的每一个成员,并在会议上就本班学生的综合评价进行解释说明。

班委会是班级管理的决策机构,原则上每个星期召开一次会议,它除了审议班级一般的常规管理外,比较重要的议题是要对学生学业的成功与否做出定论。尤其是当成绩差的学生从一个年级过渡到另一个年级或升入高一级学校时,必须要由班委会全体成员来论证,以对其提出正确的方向指导意见。

班委会所进行的每一项审议都是严肃认真的,因为它的评价和决定关系到每一个学生的前途。在班委会中之所以有方向顾问和教育顾问参加,就是要让他们把握审议的正确性和可行性。当班委会成员的意见达成一致时,它的决议无疑具有最高的权威。

为了保证班委会决议的正确性和可行性,规定班委会在审议过程中必须遵守以下基本原则:

(1) 多样性原则。因为影响学生学习的因素是复杂的,所以每次审议都必须要考虑到各个方面。

(2) 补充性原则。如果对学生的某种评价不能恰当反映有关情况,可提出补充措施,作为特殊情况来处理。

(3) 慎重性原则。所有参加会议的人员都必须发表意见,尤其是当有不同

意见时,一定要认真考虑少数人的意见,慎重做出决策。

(4) 全面性原则。在评价学生时,必须全面考虑学生的个性品质;在研究教学时,必须充分兼顾教学目标的各个方面;在利用信息时,必须尽可能全面地发掘有追溯效力的信息来源。

法国教育界认为,坚持这种班级教学管理,可以冲破"分数"加"评语"的传统模式,真正实现对教学全面正确的管理。

三、法国中小学教育中的教学创新

面对学生水平参差不齐和学业失败严重的现实,法国教育界一直在寻求更为高效和符合学生身心成长规律的教学组织形式。从 20 世纪 90 年代起,法国中小学教育在教学法上的重大进步,基于个别化教学受到普遍重视,有别于传统班级授课法的各种个别化教学法大量涌现,如个别辅导、小组活动、有指导的个人学习、同学科同水平小组教学等。这些教学法的共同特点是重视学生的个体差异,根据每个学生的学习能力和学习水平,有针对性地对他们进行指导和帮助。当前,这些教学法已被中小学教师普遍认同,并在众多教师的教学实践中得到广泛使用。

在当前的法国中小学,权威课、个别化教学、小组讨论和学习组工作这四种新的教学形式,已成为传统班级教学的代替物。与此同时,针对在各个学科上,尤其是法语和数学上有学习困难的学生,法国投入巨大的政策支持和人力物力,以期强化"个别辅导"这种课外教育形式,来提高教育质量和教育均衡。

1. 权威课

权威课就是各学科选择优秀的权威教师上示范课,也就是集合所有的同年级学生,由学科带头人在大教室授大课,该学科的其他教师则分班辅导。

2. 个别化教学

个别化教学则属于自学的方式,就是个人用卡片学习。学生在教师的指导下,通过收集资料或者依照教师提供的材料,按需要选择性记录或摘抄,并在做卡片过程中,自动纠正或相互纠正一些个人常识性错误。学生在个别化教学中动手、动脑能力得到充分锻炼,又充分发挥了主动性,并且可以在平时阅读报刊杂志中获取知识,从而丰富课堂上所传授的知识。

3. 小组讨论

小组讨论即由教师提出问题,通过小组讨论获取知识的一种模式。小组讨论比较随意,依据课型而定,有“集中的方法”,也有“分散的方法”。集中的方法一般由教师设计问题,然后引导学生发挥集体智慧去发现和探讨问题,学生在讨论中能够充分地自由发表意见,展开争论,并从不同论点中找出正确答案。分散的方法就是由学生自己提出问题,在学生之间讨论,教师也可以参加进来。讨论时每个人必须为自己的观点提出充足的论据,以此令其他人心服口服。

4. 学习组

学习组的教学方式,是指每个学习组都分配了明确的任务,每个小组成员也要承担一定的工作。比如,学习一篇文章,几个学生可以有较详细的分工,有的借助字典查找难掌握的词汇,有的准备做“情景朗读”,其他人负责提问题。这样安排以后,集体阅读 5~10 分钟后,各自开始自己承担的工作,随后由分担任务的孩子解词、朗读、提问,直到每个人都掌握课文为止。教师只作旁观者,来往于各行列之间,必要时给予指点。其他学习组可学习同一内容,也可学习别的,然后再交错进行〔1〕。

第二节 法国“教育数字化计划”

2013 年 6 月 25 日,法国参议院通过《重建共和国基础教育规划法》(*La loi d'Orientation et de Programmation Pour la Refondation de l'Ecole de la République*),启动了新一轮教育改革。在该规划法的《重建共和国的学校》附件

〔1〕 张海瑞,黄晓玲,赵薇.法国基础教育发展概述[J].北京教育科学研究院院报,2009:5.

报告的第三部分"面向未来的学校"中,明确阐述了法国面向互联网和新媒体时代的教育改革远景,即"大力推广数字化教学"。这份报告中提到,"现代社会越来越快地转变成数字化状态,学校必须适应并且投入到这种转变中去。数字化与公正、公平息息相关。在学校和其他教育机构中,数以万计的工作人员在日常生活和工作中使用信息技术,这种探索应加以关注和鼓励。他们的经验应该作为国家制定有关法律法规的重要参考依据。"为此,法国教育部发起"教育数字化计划"(Plan numérique pour l'éducation),计划投入大量经费以完善教学设备,发展丰富的教学资源和多样的教学形式,从而形成独特的数字信息教育体系。

一、"教育数字化计划"的主要内容

"教育数字化计划"涉及教育领域的各个参与群体,包括学生、教师、家长,以及相关公共部门和私营部门等。《重建共和国的学校》总报告中所提及的该工程的目标包括:

第一,学习数字技术。在教育法规中增加有关媒体和信息的规定,在基础能力考核中增加数字能力方向;实施"初等教育的数字化"计划。

第二,推广数字化教学。增加对教师和教学管理人员的数字化教学能力的考核,作为教师聘任标准之一。不管集体或是个人,都必须主动参加这种能力的培训;鼓励教师自觉运用和创造数字教学资源。鼓励资源共享和创新成果的推广。制定关于数字教学法使用的政策,为推广和发展创造条件。

第三,保证数字技术的大众化。从国家层面加强管理,减少数字鸿沟。国家和地区的职能和权限应由法律详细明确规定。

二、法国"教育数字化"工程的发展和各方支持

1. "教育数字化"全国性协商讨论(La concertation nationale sur le numérique pour l'éducation)

根据法国国民教育部的传统惯例,历来的教育改革和教育发展重大事宜,在正式出台之前,都会召集"全国性大讨论"(La concertation nationale),来汇集相关利益群体的意见(所有法国公民都有权参加),汇总后形成一个总报告,作为政策

出台的重要指导文件。此次“教育数字化”的重大工程也不例外，2015 年 1 月法国总统联合相关中央部门发起了为期一个多月的“教育数字化全国大讨论”，包括学生、教师、其他教育行业从业人员、家长、社会活动家、学校相关合作机构等广泛群体，均参与到了此次全国大讨论中，整个过程回收了 5 万多份在线问卷，组织了 150 多场会议(总结将在 2015 年 4 月拿出来)。

为进一步铺垫“教育数字化”工程，法国教育部决定在全国范围内选取 300 所初中和 300 所小学，作为具体实施该工程的第一梯队，并于 2015 年 9 月完成与该工程相关的硬件安装。在给上述学校的学生和教师配备个人数字化设备的基础上，“教育数字化”工程将鼓励开发一系列在线创新教学平台，提供丰富的在线内容，以促进学生和教师对于数字化的真正利用，促进教育的自主性和创新性，让教育更有质量，学生获益更多。

对此类“在线创新教学平台”的质量评估，将由包括省级、学区级、国家级的教育管理部门，联合“全国教学咨询委员会”共同完成。从整体上看，“教育数字化”工程的深入和普及，将包含基础设施支持、师资培训、教育资源供给、数据保护、新设备配置、组织机构建设等各个层面。

2. “高速法国计划”与“法国投资未来计划”的支持

为推动教育领域在数字时代的变革，尤其是“教育数字化”工程的发展，全法范围的两大国家发展战略——“高速法国计划”与“法国投资未来计划”都提供了重要的支持力量。

法国于在 2014 年 3 月底所发起了“高速法国”计划(le plan France Très Haut Débit)，致力于在法国全境推广高速宽带网络。负责该计划的中央部门有责任为地方政府提供持续的支持，将各个小学之间用高速宽带连接起来(“联结小学”项目，Écoles connectées)。学校等基层教育机构的数字化发展，应当在国家教育部和高教研究部两个部门的数字化战略中占据优先地位。“高速法国”计划将为小学之间的宽带连接提供全方位的解决方案。“高速法国”计划推动的“联结小学”项目，将与法国教育部的负责信息化的部门紧密合作。作为有效推进的保障，该项目将由 18 个不同的运营商提供 56 个互联网接口。在此背景下，法国大约有 8 000 个机构有资质获得财政支持，来提供这 56 个互联网接口，资质的标准由地方政府根据当地情况决定。学校等基层教育机构在初装费、卫星和地面无线电接收设备等方面的开销,将有80%通过财政来支付。各个学校是否有获得财政支持的资格同样由地方政府来决定。

"教育数字化"工程还将借力全法"投资未来计划"(Investissements d'avenir),用类似于政府购买服务的形式,来构建教育界所需要的数字资源和信息服务。

"投资未来计划"是法国在研究和创新方面的全球范围内投资计划,旨在全面推动法国在数字化领域的发展,数字化教育发展是该计划的一个有机组成部分。法国国民教育部和高教及研究部,与法国经济部、信息工业部、国家投资委员会等部门联合召集项目,呼吁法国相关行业共同参与到为数字化教育提供配套服务的事业中来。在上述政策大框架下的得以确立的项目,将在研究、开发、投产等各个阶段的获得相应的政府投入。

3. "教育数字化"工程的组织与领导保障

为了保障"教育数字化"工程能够沿着正确有效的道理发展和推广,由法国总统、国民教育部部长、高教与研究部部长,以及一位权威学区督学(Jean-Marc Monteil先生)共同组成的决策小组,将为"教育数字化"的主线方向进行最终界定。这个决策小组也将要邀请各校校董和合作机构一起,提出系统性的发展建议,同时推动和评估在数字化教育方面的新实验和新实践。2016年9月份,"教育数字化"将由先期的阶段开始走向全国性普及。

此外,法国还成立了专门领导"教育数字化"工程的常设组织机构(La direction du numérique pour l'éducation, DNE)。该机构的主要职责是,保障法国教育领域的信息系统,公共服务的发展和人员聘任。该机构的构成包括:主任,及其专家顾问团、秘书处和日常事务办公室;数字教育发展处;信息系统与信息技术服务处。

具体来看,"教育数字化"常设组织领导机构的职责包括:一是制定相关政策保障资源供给,满足教育机构对信息化服务的需求;二是提供信息化资源的可持续发展环境,确保他们的使用和推广;三是确保主要的教育信息化工程对于专业人才等的需求;四是为数字教育和信息系统提供发展上的策略指导;五是引导信息产业领域中公共部门和私营部门之间的合作；六是在数字教育和创新领域中建立推广和交流机制；七是主办信息化教育网络，提供相关使用培训，推广信息化创新理念；八是针对教师组织相关的信息化培训；九是确保学术界在信息化发展中发挥作用；十是引导教育信息化与整个的国家教育发展和经济社会发展相协调。

三、“教育数字化”工程在教学过程中所提供的服务全景

法国“教育数字化”工程所提供的教学服务全景示意图见图 4-1。

图 4-1 法国“教育数字化”工程所提供的教学服务全景示意图[1]

1. 针对小学课堂

基础性教材(Les fondamentaux)，小学课程中基础性教学点的配套在线动画视频；面向学生的趣味英语学习系统(English for Schools-Kids)，在游戏氛围中学习英

[1] http://www.education.gouv.fr/panorama-services-numeriques/.

语的教育资源;数字化课堂教学环境(Environnement numérique de travail, ENT)。

2. 针对小学教师

"连线教师"(M@gistère),为小学教师提供数字化时代继续教育的培训系统;面向教师的趣味英语教学系统(English for Schools-Teachers),帮助教师营造趣味英语教学氛围的多媒体配置和数字资源;数字化课堂教学环境(Environnement numérique de travail, ENT)。

3. 针对初中课堂

辅助终端(D'COL),为位于"教育优先区"的初中第一年的学生提供个性化辅助学习的支持系统;教育共享平台(Éduthèque),为教师提供免费接口,连线科学和文化公共机构的资源平台;在线备考系统(Prép'Exam),提供在线评估系统,为参加普通中学、技术中学和职业中学会考的考生提供考前准备上的支持,同时也为教师提供相应的教学参考等;数字化课堂教学环境(Environnement numérique de travail, ENT),见图 4-2。

图 4-2 2015 年 5 月 7 日,法国总统奥朗德视察初中"教育数字化"工程进展〔1〕

〔1〕 http://www.education.gouv.fr/cid88733/classes-connectees-deplacement-aux-mureaux-avec-le-president-de-la-republique.html&xtmc=collegehollande&xtnp=1&xtcr=3.

4. 针对高中课堂

初高中在教育数字化变革上的内容较为类似，都包括教育共享平台（Éduthèque）、在线备考系统（Prép'Exam）、数字化课堂教学环境（Environnement numérique de travail, ENT）等方面的发展。

5. 针对家庭教育

“我的职业”（Mon industrie）项目，帮助年轻人了解社会上各行各业的多样性和现实发展，帮助他们依据自己的实力在未来社会中找到合适的位置和职业发展方向，该项目由国民教育部下属的教学与师资信息化办公室（l'Onisep）负责；“欧盟就业之路”（Ma voie pro Europe）项目，帮助学生了解欧洲联盟境内的就业机会；“我的在线实习”（Mon stage en ligne）项目，帮助学生更好地进行职业定向；家庭辅助终端（D'COL）；面向学生的趣味英语学习系统（English for Schools-Kids）；“阅读-入学第一年”（Lire... Une année d'apprentissagede la lecture au CP）网站，通过提供电子文献来帮助父母辅导刚开始上学的子女提高阅读能力；“全接触”（Total accès）项目，一项帮助弱视和全盲学生进行地理定位和学习融入的服务，包括为相关联的学生极其老师和家长提供智能手机和移动网络；高中在线注册系统（S'inscrire au lycée），可以汇总高中学生的入学情况。

6. 针对本地教育服务

“我的第二次机会”（Ma seconde chance）项目，利用网站和智能手机应用程序，为辍学学生提供基于本地社区的继续教育服务，该项目由国民教育部下属的教学与师资信息化办公室负责。

法国中小学的“学习阶段”教学安排是一个非常突出的国别特色，通过更长时段中的教学统筹，“学习阶段”的设置能够使学校教育更好地适应学生水平的差异，保障每个学生的平等学习机会和学业成功机会。

伴随着在一切从学生出发的导向变革，同时关照全体学生的普遍发展和个性差异的教学方法，自然而然地成为法国中小学教师的一个自觉实践。法国在传统的班级教学管理上，逐步发展出多种新的较为通用的个性化教学方法。以互联网的巨大发展为代表的数字时代，在客观上给法国教育提出了变革要求。

为此，法国在21世纪第二个10年开始的时候，开启了“教育数字化”工程，借助政府支持和民间力量共同将中小学的教育环境向适应数字时代的方向进行提升。

此外,法国教学活动的外延是更为丰富的,课堂之外和学校之外都有着众多渠道共同建构起一个立体的教学环境。具体情况将在第九章"多样的教育形式和丰富的社会资源"中展开。

第五章

法国基础教育评估与质量监测

法国基础教育的充分发展，也引起了法国公众对教育的投入与收益的关注与重视。地方政府、家庭和企业也是法国教育事业的投资者、合作者和使用者，客观上也要求对教育进行评估与质量监测。

法国政府每年都会进行教育投资的收益评价，并将分析的综合结果作为政府决策的重要依据。教育部门希望能够通过评估与监测，促使教育机构的思想和行为及时做出反应和变化，以提高教育质量，优化教育决策。法国的教育质量监测系统和国家的教育督导制度是紧密联系在一起的。

第一节　历史沿革和现行体系

从组织基础来看，法国基础教育评估与质量监测工作大部分由国民教育部下属的“教育督导系统”和“评估预测司”共同承担的。从历史传统来看，法国的教育权力高度集中于中央政府，这也清晰地反映在法国整个基础教育评估与质量监测体系的历史沿革和现行机构的设置上。无论是最初产生、发展过程、变革调整都渗透着国家层面的主导作用。

一、教育评估与质量监测体系的产生与发展

法国应该是最早作出现代教育评估实践的国家，早在1905年，法国人比纳(A. Binet)和西蒙(Th. Simon)就创制了最初的智力测量表。实际上，在更早之前的1802年，即拿破仑时代，法国的教育督导体系就已发端，并在此后漫长的历史过程中，代替政府对国民教育担负监督之责。直至1986年，行使现代意义上的教育质量检测职责的法国教育部“评估与预测司”才成立。随着欧洲一体化的发展和欧盟教育政策统一趋势的发展，进入21世纪后，法国基础教育评估和质

量监测体系作出了进一步提升和调整，以适应时代和地缘政治的发展变化。

1. 法国教育督导系统的历史沿革

法国教育督导系统伴随中中央集权式教育行政体制的建立而产生，并呈现螺旋式的发展趋势[1]。

1802年5月，以拿破仑为首的首届法兰西共和国政府颁布《国民教育总法》，确立了中央集权的教育行政体制。为了确保中央集权体制能够执行到位，该法令同时明确规定，设立总督学，监督学校管理，监察初等、中等和高等教育，考核教师素质，从而标志着教育督导制度在法国正式建立。随着教育事业的发展，法国政界和教育界始终存在着对教育应当加强控制还是应当给予自由的争论，这样的争论一直深深影响着教育督导制度的消长与兴衰。

20世纪上叶，欧洲爆发了两次世界大战，法国教育遭受重创，教育督导制度也深受影响。但是，在两次世界大战的间隙，法国政府仍高度重视依靠教育督导来恢复全国的教育秩序。在调整原有总督学职位的基础上，新增设了初等小学教育总督学、行政事务 总督学、体育总督学、驻阿尔及利亚总督学、殖民地和海外领地总督学五类总督学职位。1914年至1939年，国家教育总督导体制中设立的总督学职位有9大类，先后任命的总督学人数达116人。

第二次世界大战结束后，法国教育督导制度受到教育改革带来的挑战，朝着多样化和专业化方向发展。随着教育领域的不断拓展，教育督导的新团体应运而生。

1968年，中等教育总督学按学科分化为数学、物理、自然、哲 学、文学、历史和地理、应用语言七个团体；技术教育出现了工业技术总督学和经济技术总督学两个团体；艺术教育、困难儿童教育、农业教育、劳技教育和家政教育也组成了相应的联合总督学团体。此外，还先后出现过学校生活总督学、校舍建设总督学、学校组织总督学、学校住宿总督学、国外法语教育总督学、公共卫生总督学、大学作品总督学等人数不多但专业性很强的总督学团体。在督导分工日趋细化的背景下，国民教育部于1965年设立了国家教育行政总督导处，将原来分散在国民

---

[1] 石灯明. 中央集权体制下的法国教育督导制度[J]. 当代教育论坛, 2009(11).

教育部各司局的行政总督学统一归口到这个新的督导团体中来，主要职责是从宏观上监督国民教育系统的行政、财务、资金、经济等各项工作，他们不必深入课堂听课，却有权过问与教育环境相关的所有问题。

从此，法国教育督导体系中"督政"与"督学"两架马车并驾齐驱的格局基本形成，并维系至今〔1〕。

2. 法国教育部"评估与预测司"的产生

20世纪50—70年代，随着社会经济的恢复，对教育的需求剧增，法国基础教育发展明显表现为数量扩张、机会成倍增长，但相对来讲教育质量在一定程度上处于被严重忽视的地位。随着国家督学系统的逐步定型，法国从20世纪70年代后期，逐步开始尝试从更加精确化管理的角度来提升教育评估的作用，尤其是从量化的角度来掌握教育质量。

最终于1986年，法国教育部在原有行政架构的基础上，单独设立了预测与评价司(DEP, Direction de l'évaluation; 2006年改为DEPP, de la prospective et de la performance)，专门承担对法国教育质量的认识、评价和预测工作。

1989年，法国教育部开始对小学三年级和初中一年级全体学生的学习成绩进行评估，由此开始了针对学生学业成就的评价。

到了20世纪90年代，法国的学校数量规模得到较大增长，学校自主权利也随之扩大。考虑到学校也是教育系统的基本要素之一，同时也为满足社会、家长对学校进行评价的期望，评价与预测司又开始对学校进行类似于"附加值"或称为"增加值"性质的评价。

3. 欧盟教育政策一体化背景之上的法国国内相关改革

2000年，欧盟签署了有关教育的《里斯本协议》，明确提出学生在初中毕业时各学科应具有的能力，开始重点关注学生能力。同年，法国参与PISA国际学生能力测评项目，测评的重点是学生运用知识解决实际问题的能力。这一测评理念得到法国教育界和关心教育发展的各界人士的普遍认可，从而也影响了法国国家层面的测评内容。

---

〔1〕 石灯明. 中央集权体制下的法国教育督导制度[J]. 当代教育论坛，2009(11).

借此，针对“能力”的测评，开始成为法国教育评估与质量监测的重要内容。正在此时，法国国家教育督导报告结果显示法国学生能力急剧下滑，这一结果在全国引起巨大反响。

2003 年，法国在全国范围开展了大讨论。法国前总理拉法兰 2003 年组建了由教育部原评价与预测司司长克劳德·德洛为主席的“学校未来全国讨论委员会”，并于 2004 年 10 月 12 日向教育部提交了《为了全体学生成功》的最终报告，提出了未来教育就是要使全体学生在义务教育完成之后，都能够掌握就业所必需的知识、能力和行为准则，并为终身学习奠定基础[1]。

经过两年多的不懈努力，2006 年法国政府出台了《共同基础法》，明确规定小学生、初中生毕业时，必须具有的基础知识及核心能力。由此，《共同基础法》不但成为法国基础教育阶段课程教材与教学的顶层标准，同时也成为教育评估与质量监测的重要依据。同年，法国教育部实施新预算法，明确提出要制定目标合同，把各政府部门、行政部门的经费与绩效挂钩。这一系列举措使法国在基础教育质量测评的内容、结果使用等方面得到不断调整、变化，并根据发展需要设置新的测评，逐渐形成了自己的测评体系。

二、基础教育评估与质量监测的现行行政体系

法国教育质量监测由法国教育部教育督导司和评价预测司共同组织实施。教育督导司重点开展学生教育教学“质”的监控，而评价预测司重点开展对学校的综合测评[2]。长期以来，法国督导系统在各种评价中承担着不同角色，作用上更为宽泛一些：作为教育部长的技术顾问，负责教育系统、教学和学校的评价；作为来自教育部预测与评价司(DEPP)和初、中级教育署(DGESCO)理事会的专家，共同开发测验、分析结果、建立新项目、对测验中的技能细目进行定义、建立资源文档；作为学校校长的顾问，进行教育监控、教育评价和教师培训[3]。

---

〔1〕 王晓辉. 法国：民主社会需要什么样的教育[N]. 中国教育报，2005-11-18.

〔2〕 杨国顺. 欧洲三国教育质量监测评估考察报告[J]. 教育发展研究，2008(9).

〔3〕 http://www.eachina.org.cn/eac/res_base/eachina/upload/article/file/2011_1/3_11/bi5agl4cxgnn.pdf.

两个部门法国教育机构中央层面的设置可参见图2-4。此外,还有“学校评估高级委员会”等各类或官方或民间的机构,也会参与到对基础教育的评估和质量监测工作中来。

1. 国民教育总督导办公室和国民教育行政管理与科研总督导办公室

从法国教育督导机构的设置来看,按行政隶属分为中央和地方两个大的层次,按工作职责分为“教育教学督导”和“教育行政督导”两个大的领域。无论哪个层次,也无论哪个领域,全国的教育督导机构和教育督导人员均绝对服从法国国民教育部的领导和指挥,地方各级政府和其他有关部门无权干涉他们的工作,而只能支持、配合他们的工作。这是法国教育督导制度不同于中国的一个显著特点[1]。

在中央一级,国家设有国民教育总督导办公室(Inspection Générale de l'Education Nationale,简称IGEN),现有“教育教学总督学”160人左右,以及国民教育行政管理与科研总督导办公室(Inspection Générale de l'Administration de l'Education Nationale et de la Recherche,简称IGAENR),有“教育行政总督学”100人左右。之所以要建立如此庞大的专职国家总督学队伍,根本目的在于强化中央对地方教育工作的监管和控制,确保中央有关教育的方针、政策、法规能够在地方和学校得到贯彻落实。

教育教学总督学的活动范围侧重教育教学领域,负责对全国教育制度的运行进行宏观监测和评价,对高等学校的行政和经济、对中等及中等以下学校(幼儿园,小学、初中、高中、职业学校等)各方面工作和教师进行督导、检查、评价、指导。

其主要职责包括:一是对国家的教育制度进行宏观监督和评估,包括教育类型、教学内容、教学大纲、教学方法、教学程序及实施方法;二是参与各地对教学和教育质量的督导检查,参加对地方督导人员、学校管理人员、教学人员的招聘和培训,并对他们的实际工作进行评估;三是根据国民教育部长的指示,围绕教育的中心工作和热点、难点问题进行调研,提出意见和建议。

---

[1] 石灯明.中央集权体制下的法国教育督导制度[J].当代教育论坛,2009(11).

国民教育行政管理与科研总督导办公室的约100位"教育行政总督学"共分为东部、中部、大巴黎地区等6个地区小组，每个地区组的管辖范围涵盖3～5个学区。国民教育行政管理与科研总督导办公室的职权范围相对较大，纵向涉及学前教育至高等学校和科研机关，横向涉及除教学之外的所有行政和经济事务。

具体而言，国民教育行政管理与科研总督导办公室的督导职能包括以下三个方面：第一，在教育部及高等教育和科研部部长的直接领导下，代表部长或以部长的名义，对教育部、学区、公立学校及所有隶属于教育部或得到教育部资助的机构的行政、财务、会计及经济方面事务的运行情况和效益进行监督和检查；对涉及上述机构的行政诉讼案件提出咨询意见。第二，负责对国家的教育制度进行研究和评价；参加由部长委托的教育系统内行政、财会人员的招聘和培训。第三，受部长委托，或到某一学区对该学区内的公立教育和培训机构的运行情况等进行调研，或处理突然发生的紧急和特殊问题，或应外国政府和国际组织要求提供有关的咨询意见等。

除此之外，调研也是国民教育行政管理与科研总督导办公室的工作重点。每年，国民教育行政管理与科研总督导办公室上报教育部长的调研报告达到120～150份，内容涉及大学的房产政策、中学教师调动权下放问题等。

2. 地方督导系统：学区督导和省督学

除了上面的中央督导机构外，还有学区督导和省督学。地区教学督学在与本学科有关的领域里的活动，有助于保证教学的质量和教育的协调。他们一方面代表国民教育总督导司，与其各种任务密切配合；另一方面在学区长的直接领导下，提供建议，完成属于地区教学督学职权范围内的问题布置的任务。由于地区教学督学与初中和高中的教学人员保持着经常的接触，他们对落实与教育教学根本目标有关的方针贡献极大。他们干预学校的工作，通过监督保证各级教育之间的连续性和必要的协调。

省督学的工作领域是各级各类的初等教育和初中教育，包括学前教育、小学教育、中等职业教育、特殊教育，涉及这些教育机构中所有有关教育、教学、行政方面的问题。

省督学定期到自己分学区的这些学校去检查工作和听课，定期考核校长和教师，经常接触学生和家长。他们把了解到的情况进行分析、归纳和综合之后，附上自己的意见和建议，以书面或口头的形式，或同时以两种形式，上报本省教育局长——学区督学。

同时，他们也根据发现的问题，协助或指导校长和教师改进工作。省督学还参与教师，特别是初等教育教师的职前和在职培训。

此外，省督学还负责与教育、行政、经济、财会、保险、卫生、社会事务等部门和领域取得联系，力求全面准确地落实有关政策和法令，协调教育内部及其与其他方面的关系，维护学校利益，保证教师和学生的合法权益[1]。

3. 教育部预测与评价司[2]

法国教育部预测与评价司(DEPP)，是直接隶属于法国教育部的教育职能部门，接受中央财政的统一拨款，共有200名左右的工作人员，全部为法国政府公务员编制。在进入该机构之前，很多人是大学校长、教授，或其他政府部门的公务员等。

该机构在法国教育评估和质量监测方面，更多承担是偏于量化和系统化的工作。法国教育部预测评价司的工作包括以下四个方面：第一，帮助各部长，及其下属的负责教育与培训以及教职工的相关部门，制定并实施政策。第二，为教育参与者，特别是教师和学校校长，提供教育测量和评价工具，帮助他们改进。第三，代表法国参与发达国家教育体系的比较工作。这方面的工作不仅是国与国之间的，而且是国家和国际机构之间的。至今，法国已经参与了经合组织(OECD)、欧盟和联合国教科文组织的国际评价。第四，DEPP也和其他部门合作从事一些测评工作。例如，与国防部合作对青年人进行阅读能力和计算能力的测评；对18—65岁的成年人进行纵向研究，从入小学到中学以后进行长时间的跟踪，了解哪些社会因素、心理因素、人口因素影响到他们的求学过程[3]。

---

[1] 黄雪娜. 英德法三国基础教育质量评价机制的比较研究[D]. 福州：福建师范大学. 2003.

[2] http://www.education.gouv.fr/cid265/l-evaluation-globale-du-systeme-educatif.html.

[3] http://www.eachina.org.cn/eac/res_base/eachina/upload/article/file/2013_2/6_3/1qrrhhh7em5x.pdf.

4. 学校评估高级委员会

学校评估高级委员会(Haut Conseil de l'éval-uation de l'école)创建于 2000 年 11 月 16 日,其职能不是实施教育评估,而是对教育评估的状况进行评估。其工作领域涉及从基础教育到高等教育甚至继续教育的各个层次,涵盖学生成绩评估和学校教学等各个方面的评估。

学校评估高级委员会的工作任务主要包括:对法国整体教育评估状况作出综合评价并公开发布年度报告;审查所有提交给教育部的教育评估报告并提出意见;对一些空白领域的公共或私立机构进行特别评估[1]。

第二节 评估与监测体系的三大层次:国家、学校、学生

法国目前已经形成了较为完善的基础教育质量测评体系,主要包括:国际和国内教育系统整体监测、分别面向学校和学生个体的评价等。

一、国际和国内教育系统监测

教育系统监测的目的是为了获得国家层面的教育系统发展状况图景,获得全球性可比较指标,进而评价教育政策的效能,为各方面的教育决策服务法国对国家层面上教育系统的监测主要通过两大途径实现,一是参与横向比较的国际大规模统一测评,二是法国国内开展的考察整个教育系统的评估。

参与国际评价是为了获得国际比较的视野,通过国际比较来了解本国基础教育发展状况与其他国家的差异,明确本国的基础教育系统的优势与缺陷,发现

[1] 王晓辉.法国教育评估初探[J].外国教育研究,2009(5).

问题并促进有效改进。

法国在各种相关国际基础教育评价中的参与由DEPP全权负责。法国主要参与了世界经合组织发起的国际学生学业能力测评(PISA)、国际教育协会组织的学生阅读素养评价(PIRLS)等重要国际测评项目。所有测评均按照国际测评的统一要求具体完成抽样、施测、评分、数据处理以及对结果的解释[1]。

1. 法国学生在国际学生学业能力测评(PISA)中的表现[2]

表 5-1 法国在PISA中的表现一[3]

数学、阅读和科学成绩一览表

（白框）平均成绩/高水平学生比例高于OECD平均的国家(地区)
低水平学生比例低于OECD平均的国家(地区)

（斜线框）平均成绩/低水平学生比例/高水平学生比例
与OECD平均没有显著差异的国家(地区)

（网格框）平均成绩/高水平学生比例低于OECD平均的国家(地区)
低水平学生比例高于OECD平均的国家(地区)

	数学				阅读		科学	
	PISA 2012 平均分	数学低水平学生比例(低于2级水平)	数学高水平学生比例(5级或6级)	每年分数变化	PISA 2012 平均分	每年分数变化	PISA 2012 平均分	每年分数变化
OECD平均	494	23.1%	12.6%	−0.3	496	0.3	501	0.5
中国上海	613	3.8%	55.4%	4.2	570	4.6	580	1.8
新加坡	573	8.3%	40.0%	3.8	542	5.4	551	3.3
中国香港	561	8.5%	33.7%	1.3	545	2.3	555	2.1
中国台湾	560	12.8%	30.2%	1.7	633	4.5	523	−1.5

[1] 杨涛,辛涛,董奇.法国基础教育质量测评体系探析[J].比较教育研究,2013(4).
[2] http://www.eachina.org.cn/eac/res_base/eachina/upload/article/file/2014_3/7_4/u56hhx78932a.pdf.
[3] OECD, PISA 2012 Database; Tables 1.2. In, 1.2.1b, 1.2.3a, 1.2.3b, 1.4.3a, 1.4.3b, 1.5.3a, and 1.5.3b.

续表

韩国	554	9.1%	30.9%	1.1	536	0.9	538	2.6
中国澳门	538	10.8%	24.3%	1.0	509	0.8	521	1.6
日本	536	11.1%	23.7%	0.4	538	1.5	547	2.6
列支敦士登	535	14.1%	24.8%	0.3	516	1.3	525	0.4
瑞士	531	12.4%	21.4%	0.6	509	1.0	515	0.6
荷兰	523	14.8%	19.3%	-1.6	511	-0.1	522	-0.5
爱沙尼亚	521	10.5%	14.6%	0.9	516	2.4	541	1.5
芬兰	519	12.3%	15.9%	-2.8	524	-1.7	545	-3.0
加拿大	518	13.8%	16.4%	-1.4	523	-0.9	525	-1.5
波兰	518	14.4%	16.7%	2.6	518	2.8	526	4.6
比利时	515	18.9%	19.4%	-1.6	509	0.1	506	-0.8
德国	514	17.7%	17.6%	1.4	508	1.8	524	1.4
越南	511	14.2%	13.3%	无	508	无	528	无
奥地利	506	18.7%	14.3%	0.0	490	-0.2	506	-0.8
澳大利亚	501	19.7%	14.8%	-2.2	512	-1.4	521	-0.9
爱尔兰	501	16.9%	10.7%	-0.6	523	-0.9	522	2.3
斯洛文尼亚	501	20.1%	13.7%	-0.6	481	-2.2	514	-0.8
丹麦	500	16.8%	10.0%	-1.8	496	0.1	498	0.4
新西兰	500	22.6%	15.0%	-2.5	512	-1.1	516	-2.5
捷克	499	21.0%	12.9%	-2.6	493	-0.5	508	-1.0
法国	495	22.4%	12.9%	-1.5	505	0.0	459	0.6
英国	494	21.8%	11.9%	-0.3	499	0.7	514	-0.1
冰岛	492	21.5%	11.2%	-2.2	483	-1.3	478	-2.0
拉脱维亚	491	19.9%	8.0%	0.5	489	1.9	502	2.0
卢森堡	490	24.3%	11.2%	-0.3	488	0.7	491	0.9
挪威	489	22.3%	9.4%	-0.3	504	0.1	495	1.3

注：① 每年的成绩变化是从一个国家(地区)第一次参加 PISA 到 PISA 2012 每年平均的分数变化。它是在考虑了这个国家(地区)参加的所有 PISA 后计算得到的。

② 每年的成绩变化在统计上有显著性的国家(地区)用粗体表示。国家(地区)是根据他们在 PISA 2012 中数学平均成绩的降序排列的。

表 5-2 法国在 PISA 中的表现二

国家(地区)的数学成绩比较

□	显著高于 OECD 平均
▨	与 OECD 平均无显著性差异
▩	显著低于 OECD 平均

平均分	比较的国家(地区)	平均成绩与所比较的国家(地区)的成绩没有显著性差异的国家(地区)
613	中国上海	
573	新加坡	
561	中国香港	中国台北、韩国
560	中国台北	中国香港、韩国
554	韩国	中国香港、中国台北
538	中国澳门	日本、列支敦士登
536	日本	中国澳门、列支敦士登、瑞士
535	列支敦士登	中国澳门、日本、瑞士
531	瑞士	日本、列支敦士登、荷兰
523	荷兰	瑞士、爱沙尼亚、芬兰、加拿大、波兰、越南
521	爱沙尼亚	荷兰、芬兰、加拿大、波兰、越南
519	芬兰	荷兰、爱沙尼亚、加拿大、波兰、比利时、德国、越南
518	加拿大	荷兰、爱沙尼亚、芬兰、波兰、比利时、德国、越南
518	波兰	荷兰、爱沙尼亚、芬兰、加拿大、比利时、德国、越南
515	比利时	芬兰、加拿大、波兰、德国、越南
514	德国	芬兰、加拿大、波兰、比利时、越南
511	越南	荷兰、爱沙尼亚、芬兰、加拿大、比利时、德国、奥地利、澳大利亚、爱尔兰
506	奥地利	越南、澳大利亚、爱尔兰、斯洛文尼亚、丹麦、新西兰、捷克
504	澳大利亚	越南、奥地利、爱尔兰、斯洛文尼亚、丹麦、新西兰、捷克
501	爱尔兰	越南、奥地利、澳大利亚、斯洛文尼亚、丹麦、新西兰、捷克、法国、英国
501	斯洛文尼亚	奥地利、澳大利亚、爱尔兰、丹麦、新西兰、捷克
500	丹麦	奥地利、澳大利亚、爱尔兰、斯洛文尼亚、新西兰、捷克、法国、英国

续表

500	新西兰	奥地利、澳大利亚、爱尔兰、斯洛文尼亚、丹麦、捷克、法国、英国
499	捷克	奥地利、澳大利亚、爱尔兰、斯洛文尼亚、丹麦、新西兰、法国、英国、冰岛
495	法国	爱尔兰、丹麦、新西兰、捷克、英国、冰岛、拉脱维亚、卢森堡、挪威、葡萄牙
494	英国	爱尔兰、丹麦、新西兰、捷克、法国、冰岛、拉脱维亚、卢森堡、挪威、葡萄牙
493	冰岛	捷克、法国、英国、拉脱维亚、卢森堡、挪威、葡萄牙
491	拉脱维亚	法国、英国、冰岛、卢森堡、挪威、葡萄牙、意大利、西班牙
490	卢森堡	法国、英国、冰岛、拉脱维亚、挪威、葡萄牙
489	挪威	法国、英国、冰岛、拉脱维亚、卢森堡、葡萄牙、意大利、西班牙、俄罗斯、斯洛伐克、美国
487	葡萄牙	法国、英国、冰岛、拉脱维亚、卢森堡、挪威、意大利、西班牙、俄罗斯、斯洛伐克、美国、立陶宛
485	意大利	拉脱维亚、挪威、葡萄牙、西班牙、俄罗斯、斯洛伐克、美国、立陶宛
484	西班牙	挪威、葡萄牙、意大利、西班牙、斯洛伐克、美国、立陶宛、匈牙利
842	俄罗斯	挪威、葡萄牙、意大利、西班牙、斯洛伐克、美国、立陶宛、瑞典、匈牙利
482	斯洛伐克	挪威、葡萄牙、意大利、俄罗斯、美国、立陶宛、瑞典、匈牙利

由表 5-1、表 5-2 可知，2012 各个国家的 PISA 平均分是 494 分，法国的平均分是 495 分，与经合组织(OECD)平均分没有显著的差异。在阅读分数上，法国的平均成绩、高水平学生比例高于经合组织(OECD)平均国家，低水平学生比例低于经合组织(OECD)的平均国家。

法国学生在阅读上表现优异，在阅读上高水平的学生比例超过了 10%，这些学生不仅能够掌握形式或内容不熟悉的文本，并能对文本做深入细致的分析。同时我们也可以看出法国的科学均与经合组织(OECD)平均分不存在显著差异，同时上面两个图同时说明了法国数学(包括低水平的学生比例、高水平的学生比例)成绩与经合组织(OECD)平均分也不存在显著差异。

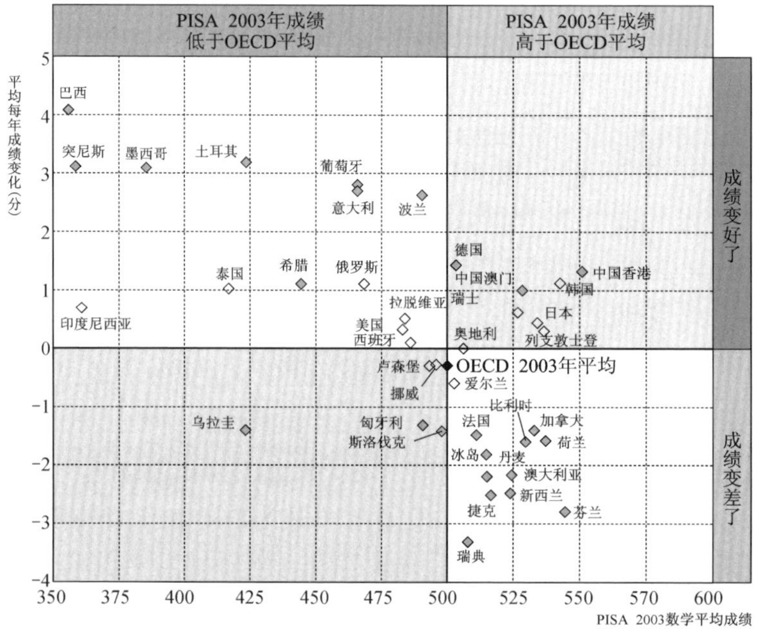

图 5-1 2003—2012 年间的年平均成绩变化以及 PISA 2003 数学平均成绩

注:① 每年的数学成绩变化在统计上有显著性的国家(地区)用粗体表示。
② 每年的成绩变化是从一个国家(地区)第一次参加 PISA 到 PISA 2012 每年平均的分数变化。它是在考虑了这个国家(地区)参加的所有 PISA 后计算得到的。
③ 图中只显示有 PISA 2003 和 PISA 2012 可比数据的国家(地区)。
④ 一个国家(地区)2003 年平均成绩与其每年的平均成绩的相关系数为−0.60。
⑤ 2003 年平均成绩只考虑了那些有 PISA 2003 以来的可比数据的国家。

数学精熟度水平对年轻人未来的结果有很强的预测作用,影响他们参与中学后教育和其对未来收入的期望。PISA 在 2003 年和 2012 年的测试重点领域均是数学,因此最有可比性。PISA 2012 提供了目前可以获得的有关学校培养的数学技能最全面的画面。PISA 2012 不仅考查了学生在不同的数学领域中知道什么,而且还考查了他们能用其所学到的知识做什么从。但是从图 5-1 可以看出,法国 2012 年的数学成绩相比 2003 年的得分成绩变差了[1]。

不同国家(地区)之间的差异只能代表学生成绩的总差异中的很小一部分。一般而言,国家(地区)内部的数学成绩差异甚至会更大,一个国家(地区)中成绩最高和最低的学生之间的分差可以超过 300 分——相当于超过 7 年的学校教

〔1〕 http://www.education.gouv.fr/cid265/l-evaluation-globale-du-systeme-educatif.html.

育。法国2012年数学最高排名为23,最低排名为29。因此,满足如此多样的人口的教育需求和缩小学生表现之间的差距对法国教育来说依然是巨大的挑战。法国政府也在通过这些数据不断采取新的措施,提出学校教育对所有儿童都必须是公平的,照顾弱势学生需要全民动员加强改革[1]。

2. 国际阅读素养进步研究[2]

国际阅读素养进步研究(Progress in International Reading Literacy Study,简称PIRLS)是由国际教育成就评价协会(IEA)主持的国际上大规模的对学生的阅读素养进行评价的比较研究。PIRLS以四年级学生的阅读素养为评价核心,包括阅读成绩、阅读行为和阅读态度。第一次PIRLS评价在2001年举行,有35个国家参与;第二次评价在2006年举行,有45个国家(省份)参与;第三次评价在2011年举行。

2006年,参加测试各个国家的平均分为500分。法国的平均成绩为522分,高于测试国家的平均分。单一比较平均值是不够的,这样会掩盖国内学生成绩的分布情况。深入的测评分析通常从学生的分数分布入手,将学生成绩划为四个参照标准:低(400分),中(475分),高(550分),优异(625分),这四个点上人数分布的百分比,如表5-3所示。

表5-3 PIRLS测评的分数分布

Proportions d'élèves atteignant les différents scores de référence (各层次学生分布比例)	Supérieur (优异) (>625 pts)	Elevé (高) (>550 pts)	Intermédiaire (中) (>475 pts)	Bas (低) (>400 pts)
Ensemble des 45 pays participant (45个参与国)	7%	41%	76%	94%
France(法国)	5%	35%	76%	96%
Pays Bas (Pays européen souvent considéré comme comparable á la France du point de vue de ses caractéristiques cocio-économiques)(荷兰)	6%	49%	91%	99%
Alberta (participant de I'OCDE obtenant le meilleur score global) (阿尔伯塔地区)	17%	57%	89%	99%

[1][2] http://www.eachina.org.cn/eac/res_base/eachina/upload/article/file/2010_4/12_22/9p4rghznj36u.pdf.

由表 5-3 可以看出，与 45 个参与国家的整体成绩分布、荷兰（被欧洲国家认为在经济特点上和法国堪比的代表）、阿尔伯塔（经合组织参与国家/地区中整体评分最高）相比，法国的 550 分、625 分以上的学生比例较低，也就是高水平的学生比例相对较低[1]。

以下从阅读目的角度，具体来看法国成绩在不同的文本类型上的排名（表 5-4）。

表 5-4 "阅读目的"的排名

Types de textes	Textes littéraires	Textes informatifs
Rang de la France/45 pays (ou provinces) participants	27°	23°
Rang de la France/25 (OCDE)	21°	20°
Score de la France	516	526
Score des Pays-Bas	545	548
Score de l'Alberta	561	556

在文学体验和信息的获取和使用的文本类型上，法国在 45 个参与的国家（省份）中分别排名为 27、23，属于中间水平。但是与 25 个经合组织（OCDE）国家相比，法国的排名分别为 21、20，属于经合组织（OCDE）国家中的落后者。同时我们也可以看出法国在不同的文本上的得分均低于荷兰和阿尔伯塔。

从"理解过程"的角度来看法国的成绩排名（表 5-5）。在阅读中对信息的收集和简单的推断以及解释和评价这两项上，法国在 45 个参与的国家（省份）中分别排名为 27、29，属于中间靠后水平。但是与 25 个经合组织（OCDE）国家相比，法国的排名分别为 20、21，属于经合组织（OCDE）国家中的落后者。

表 5-5 "理解过程"的排名

Compétences	Prélever et inférer	Interpréter et apprécier
Rang de la France/45 pays (ou provinces) participants	27°	29°
Rang de la France/25 (OCDE)	20°	21°
Score de la France	523	518
Score des Pays-Bas	551	542
Score de l'Alberta	565	564

〔1〕 http://cache.media.education.gouv.fr/file/2012/20/8/2012-056_325208.pdf.

2011 年的国际小学生阅读研究计划(PIRLS)结果显示,法国小学生的阅读能力低于欧洲平均水平。评估与预测司的报告指出,法国义务教育小学四年级(在法国相当于 CM1)学生的平均得分为 520 分,高于 49 个被评估国的国际平均水平(500 分),但低于欧洲平均水平(534 分)。在 2011 年的测评表现中,中国香港名列第一(571 分),俄罗斯(568 分)与芬兰和新加坡(567 分)平起平坐。法国排名第 29 位,较 2006 年少 2 分,较 2001 年少 5 分。具体来看,2001 年到 2011 年,信息类文章的理解能力大幅下降(－13 分),最复杂理解能力也大幅下降(－11 分)。

3. 法国国内开展的国家级测评

国家测评是法国根据国家基础教育发展目标,结合国内实情和发展需要而研发的阶段性测评,目的是了解全国学生整体学业水平的发展状况和变化趋势,比较不同群体、不同地区差异,分析学生学业状况与各相关教育政策、环境因素的关系,考察某项教育政策的效力。经过多年的调整改进,法国国家测评形成了自己独特的整体设计思路。

国家测评由 DEPP 负责组织实施,包括监测的设计、研发、具体操作和结果处理等。在实施过程中,DEPP 直接对教育部负责,也同时协调教育部其他部门密切配合,并邀请全国相关高校研究人员、中小学校优秀教师共同参与具体工作。

国家测评在两个教育阶段结束时进行,评价对象是五年级、九年级学生,即法国小学、初中阶段毕业生。每次参加测评的样本学校、样本学生都是通过全国范围的系统抽样获得,每年样本学生的规模控制在 5 000～10 000 名。测评的内容主要以国家课程标准和《共同基础法》为依据,并考虑到学生学业水平变化等特点,经过不断探索确定学生在毕业阶段应该获得的基本领域中的重要技能和生活态度,包括口语和写作、外语、社会态度、社会学习、科学、数学共六大领域。目前已形成一定的周期,2003 年开始,每年测评一个领域,每 6 年为一个评价周期,如表 5-6 所示[1]。

---

〔1〕 http://www.education.gouv.fr/cid265/l-evaluation-globale-du-systeme-educatif.html.

表 5-6 国家测评的领域周期

年份	2003	2004	2005	2006	2007	2008
科目	口语与写作	外语	社会态度	社会学习	科学	数学

4. 2007 年法国小学和中学科学测试举例

基于样本和学科的测试流程(CEDRE),测试的目标是了解学生所掌握的知识、科学推理、科学探究和科学调查能力及实验操作能力。测验工具既有纸笔测验,也有动手操作的实验,题册组织使用螺旋设计。在评价内容上小学和中学科学评价中涉及不同的知识类别、知识层次,但又很好地衔接起来,小学包括物理、材料、技术、地理、空间、生物、健康,中学学科内容有一定扩展,涉及物理、电、化学、光、力学、人体、动物、植物、地球等。而在科学能力的要求上,列举许多测验实例来说明中学和小学的不同的信息处理能力、推理能力、实验和调查能力和科学绘图能力等科学能力要求,比如小学的测试中要求学生根据证据得出一定的结论,中学则要求学生选择一种实验设计对实验假设进行检验。由此可见,法国的科学测评不仅重视学生对科学知识和事实的掌握,更关注背后的科学能力的培养。法国科学测验中所使用的编码表格和评价量尺来解释这些技术在科学测评中的应用。值得一提的是,法国小学和中学的科学评价中不仅包括上面提到的认知能力评价,还有一个对学生、教师和校长实施的背景问卷部分[1]。

5. 长期趋势测评

为了对学生成就变化进行追踪比较,在周期性测评基础外,还有一个补充研究——长期趋势测评,其评价对象为五年级学生,每次在全国抽取 35 000 个代表性样本参加,仅涉及最基本的语言、数学两个领域。从 1987 年开始,每 10 年进行一次。长期趋势调查表明,在对 1987 年、1997 年和 2007 年的学生学习成绩的分析比较发现,学生数学成绩在 2007 年有明显下降。国家测评由国家层

〔1〕 http://www.eachina.org.cn/eac/res_base/eachina/upload/article/file/2011_1/3_11/bi5agl4cxgnn.pdf.

面的专家进行评分。测验工具和结果均不公开[1]。

二、面向学校的评估

学校发展评估是对学校整体办学力量和水平的综合评估。学校发展评估的主要目的是帮助学校获得自我发展的信息,科学合理地分析自己的优势和不足,促进其在现有基础上制定适当的政策,不断提升自我。

法国面向学校的有两个显著的特点,一是以学校为主体,注重以学校自评的结果来促进学校主动寻求发展;二是通过衡量“增加值”(或称“附加价值”),即在原有发展水平之上的成长部分,来判断和比较学校的发展情况。同样,法国也有专业化的外部教育评价系统对学校教育质量进行观测和判断。

1. 法国学校内部的自评系统

在法国,学校发展评估是以学校自我评估为主要方式的。每学年末,学校委员会要召集校长、教师和家长代表,共同对机构运行状况进行评估,在考虑社会经济条件和当地环境的前提下,确定学校实现国家教学目标的具体方法、实施环节中的一些具体措施,以及根据学生需求明确具体的教学项目和课程活动等。

国家教育部为每所学校提供自我评价系统,学校通过计算机测评系统得到统计分析结果,并且利用计算机辅助评价系统评估学校目前的发展状况、设计学校未来的发展规划。现今法国进行的学校评价政策,是为支持学校提高教育效果而强化其运用自我评价的手段来保证学校教育质量的政策。这对于法国这个集权管理的国家,其学校一贯只接受外部评价的做法来看,引入学校自我评价这种全新的评价文化,是有利于促进学校间的竞争,从而确保整个国家基础教育质量提高的有效尝试。

2. 针对学校的“附加价值”进行评价的法国特色

在法国,评价学校时不仅仅考虑学生的学业成绩等指标,还综合考虑与学生相关的影响因素,如学生原有的成绩基础、家庭社会背景等,利用“附加价值”来

---

〔1〕 杨涛,辛涛,董奇.法国基础教育质量测评体系探析[J].比较教育研究,2013(4).

体现学校付出努力的程度。

为了给国民提供正确的信息，让国民了解学校的详情，法国制订了具体的学校教育改善计划，通过各学校的内部评价来提高教育质量，从而开发了中等教育向导指标（IPES），来作为学校自评的标准。该标准的内容包括：

（1）有关学生的指标。学生的年龄、性别、留级情况、家庭背景、毕业学校。

（2）有关教育手段的指标。选修科目、外语学习状况、每个学科的学习人数（公立中学）、开设的现代语种类、平均授课时数、教员的特性。

（3）有关学业成果的指标。高级中学的入学率，高中毕业学生去向、毕业生一年后的状况（初中）、考试合格率、一年级学生直至获得考试资格的比率、毕业生中统一考试通过者的比率、毕业生的 6 个月后的状况（公立中学）。

（4）有关运营的指标。小集团学习组的规模、教员团体的活动（公立中学）。

（5）有关文化、社会、经济等的环境指标。

上述大部分指标都是客观的数值，但有关高级中学的入学率、业士考试合格率、一年级学生直至获得业士考试资格的比率、毕业生中考试通过者的比率等，就具有特别的“附加价值”。这些是人们希望看到的根据年龄与家庭背景综合的两种公众性“期待值”（全国平均与大学区平均）。通过学校的“实数值”及其与期待值的对应关系，可以看出该学校教育效果的高低。实数值超过期待值时，教育效果就高，而低于期待值时，教育效果就低。这是由于不同的学校学生的质量不同，仅仅根据其实数值就很难看到各学校为提高学力而进行的努力情况。

实际上，根据这一指标，可以看到那些家庭背景较差的学生多的学校，其期待值也在大幅度提高。如此，促进各学校不是仅仅根据学力测验的成绩，而是根据为达到目标所做的努力程度客观地认识自身现状，并依此制订具体的学校教育改善计划。在这里，可以看到法国政府采取的独特做法。即不是通过政府控制的做法，而是通过各学校的自主努力来提高教育质量。当然，采取这一做法，也是法国政府长期致力于研究“学校效果”的结果〔1〕。

---

〔1〕 陆兴发. 法国学校评价制度的改革[J]. 外国中小学教育，2001(8).

3. 法国基础教育的社会专业机构评价系统——外部评价[1]

法国各学区的中小学不仅要接受本学区的督导权威机构的监督和指导,而且还要接受诸如全国评价委员会(CM)这类的评价专业机构的外部评价。法国依据1985年2月21日令设立了全国评价委员会[2]。

全国评价委员会由15人组成,任期4年,其中大学教授8人,国家审议机关和行政机关的最高负责人或者有过相应经历者7人。评价委员会下设事务局,负责日常事务性工作,活动经费由教育部拨款。

评价程序主要分为以下几个环节。其一,事务局先向被评价的学校发出通知,校长须按通知要求提交包括本校现状、特色和现存问题等内容的报告。其二,对报告进行检讨后,事务局组织人员进行实地访问考察。由评价委员会的两名委员负责,成员包括事务局长以及其他工作人员。考察团通过与校长和部门负责人的面谈了解情况,也可以要求有关方面提出补充材料。其三,实地访问考察后,由专门委员会根据学校的报告和考察团的考察报告对学校进行评价。专门委员要将各自作出的评价结果提交给委员会负责人。评价结果是保密的,只能在该委员会成员之间传阅。其四,专门委员会的负责人(一般由2名全国评价委员会委员担任)在对各委员提交的报告进行全面检查讨论之后,还要对被评价学校进行为时一天的最终访问,同该学校的负责人就学校报告和专门委员评价之间的差异以及第一次实地考察后学校的变化等问题交换意见。其五,由负责人在此基础上形成最终报告,提交给全国评价委员会进行讨论。评价的最终结果要报送教育部长并通知被评价的学校的校长。

评价内容共分12个项目,其中既有情况介绍,又有统计数字。主要包括学校的设施设备、组织机构、教师结构、财政经费情况、学生的学习成就等。

三、面向学生个体的评价

学生评价是由教师对学生个体实施成就诊断的评价,目的是让教师有效甄

[1] 黄雪娜.英德法三国基础教育质量评价机制的比较研究[D].福州:福建师范大学.2003.

[2] Derrington C. (2000). The LEA Contribution to School Improvement: a Role Worth Fighting FOr(LGA educational research programme report9). Slough: NFER.

别每个学生学习的当前水平和存在的问题，以便采取有效的改进措施，提高教学效果。1989年开始，法国教育部对小学三年级、初中一年级全体学生的学习成绩进行评估。从1992年起，整体评估扩展到普通和技术高中的一年级全体学生，涉及法语、数学、历史与地理、第一外语四门学科；还包括职业高中的一年级全体学生，并涉及法语、数学、工业科技、经济管理四门学科。

自2000年开始，法国逐渐重视对学生技能的评价，2005年法国的教育督导部门明确提出关注学生成就，建立将学生技能考虑在内的新督导协议。在此期间，法国的教育督导者所面临的新的关键问题是“学生学到了什么”和“学生本应该掌握什么”，并强调其中首要的问题是测量学业成就，估计学生掌握了些什么，同时将测量结果与课程学习目标进行比较[1]。经过不断的完善，目前学生评价又分为两种：一是教师自主选择进行的测试，另一是国家统一规定的测试。

1. 教师自主选择的测试

法国的教师都有很大的自由教学空间，他们会通过信度、效度较高的评价，掌握孩子们更多的信息，并争取在教学中缩小学生间的两极分化。家长也会及时了解孩子的测试结果，全面了解孩子的发展状况，并据此加强与教师之间的沟通和交流。

为了更好地发挥评价在教学中的作用，鼓励教师充分利用评价来进行教学，法国教育部在教师自愿的基础上，给教师提供了评价指标体系。这个体系不仅包括小学全部年级和中学前两年中，学生语言能力和数学能力的评价指标，同时还有小学各个阶段自然科学和人文科学的评价指标。在每一学年的开始，教师会根据这些指标组织学生进行测试，从而能够更好地组织教学，根据学生的评价结果就同一等级的孩子进行专门的指导和教学。

法国基础教育开展教育评价一般用三种方式：一是判断性评价，主要用于评价学生的学习态度和心理品质。二是结果性评价，也就是传统的考试方式，它是在一个教学过程完成或一个阶段结束时，为了检查学生是否达到预期的目标，用

[1] http://www.eachina.org.cn/eac/res_base/eachina/upload/article/file/2011_1/3_11/bi5agl4cxgnn.pdf.

督促方式来总结所取得的成绩。三是过程性评价,是对学生的表现、所取得的成绩以及所反映出来的情感、态度、策略等方面的发展做出评价[1]。

法国教育界认为,就目前情况而言,结果性评价和过程性评价是相辅相成的两种形式,也可以说是比较合理的教育评价结构。因为只用单一的结果性评价,不足以充分反映学生的实际情况;只用单一的过程性评价,也不能完全被社会所接受,最好是这两种评价方式同时并用,互补不足,才能相得益彰[2]。这一观点得到法国教育界普遍认可,于是,就确认把结果性评价和过程性评价作为中小学教育评价的两种主要方式,并开展了对这两种评价方式的比较和研究。

法国把结果性评价列入课时日程,有计划地实施定期评价,把过程性评价纳入教学同一过程,实施即时评价,取得了良好效果。

然而,多年的评价实践,使人们对两种评价方式有了鲜明的对比:一是过程性评价发现学生某方面存在问题后,能用解释说明的办法使学生愉快接受,他们的心理感觉是积极的多;而结果性评价对学生的缺点和错误采取惩罚制裁的办法,学生的心理感觉是消极的。二是过程性评价是在学习过程中进行,评价是加油,是催化剂;而结果性评价是在学习过程结束后进行。三是过程性评价能把学习者目前的问题当作评价的重点和进步的起点,结果性评价则以总结过去的成绩为重点。四是过程性评价是在班内进行,具有个别性和临时性,评价目的是调整教育节奏,改进教学方法;结果性评价则公诸于班外,具有公开性和决定性,评价目的是证实学生是否达到社会承认的资格。

从以上比较可知,过程性评价在教育评价中,愈来愈显示出它的重要地位,而结果性评价尽管有弊端,但目前仍不能否认它的作用。

2. 国家统一规定的测试

为了从国家层面准确诊断义务教育初级阶段的学生是否达到《共同基础法》最基本的要求,引导教师及时、有效地帮助所有学生改进学业,提高学生,尤其是初级阶段学生在学业上的成功机率,最终减少学生的复读率,法国教育部在教师

[1] 薛国凤.关于中美两国小班化教育研究的比较[J].比较教育研究,2004(7).
[2] http://www.renforse.net/ressources/cours/licence/EvalMEDIA2009/contrib1/annexes/evaluation-ecole.pdf.

自主选择的诊断测试的基础上，又增加了国家统一规定的诊断测试。该测试的组织方式与教师自主选择的测试基本一样，不同的是测试时间、内容都由DEPP统一规定，学校教师可以在一周以内完成所有测试[1]。

按照法国统一使用的指导手册，学生评价并不限于成绩方面。指导手册共有七项：一是学籍记载；二是身体发育与健康状况；三是家庭情况；四是心理测验；五是学习态度；六是学习成绩；七是毕业时记录。其中还有具体指标，如第五项“学习态度”一栏，有注意力、理解力、记忆力、学习创造力、学习节奏、对课题的态度、努力程度、节奏等八项，而这八项中，每项又分A、B、C(即好、中、差)三种情况，分别详细记载和表述学生的表现。这种管理方式表明，法国中小学校治学态度严谨，不单凭一次考试成绩决定学生的命运，而且通过指导手册的运用，使对学生的成绩评定和方向指导工作建立翔实可靠的基础之上[2]。

四、法国教育评估与质量监测结果的认可度和利用度

对于法国教育评估与质量监测结果的被认可度，实际上在法国国内是有一定程度的分歧的。部分比较乐观的看法认为，法国教育部充分利用监测与评价结果，向教育界各层面，包括教育管理部教师、学校等提供全面的信息[3]，促使管理者对教育政策及时做出评价和调整，帮助教师指导学生和有效改进教学，帮助学校寻求发展，通过各种途径直接或间接地促进学生综合素质的发展，提高整个基础教育质量。

相对的，部分较为消极的看法认为，法国相当完善的教育评估指标及其结果并未受到应有的重视。许多教师对此有所抵触，认为是受到了额外的控制。而家长则更相信传统的考试，认为只有通过考试才是学生升级的正途。教育行政部门则习惯于传统的管理模式，对评估的结果极少采信[4]。

客观来看，法国基础教育评估与质量测评体系，在偏量化的结果使用上，仍

[1][3] 杨涛，辛涛，董奇．法国基础教育质量测评体系探析[J]．比较教育研究，2013(4)．
[2] 胡庆芳．六大国教育趋势[M]．上海：华东师范大学出版社．
[4] Claude Thélot. La principale faiblesse de l'évalua-tion et du controle de l'école en France [J]. Revue interna-tionale d'éducation de Sévres, 2008, (48): 97-108.

体现出较高的利用价值。随时不断的提升和改进，评估和监测结果不仅提供给教育系统内部各管理部门，也提供给教师、学校，不仅提供给教育系统内部，还提供给教育系统外部，涵盖了各方利益相关者。

值得关注的是，法国教育部在测评结果使用上开始了有意义的探索，越来越重视更有效地发挥其作用。如，通过教育质量测评结果，认定相关教育管理部门工作绩效，采取“问责制”的方式，促进其切实承担起责任；进一步把经费划拨与教育绩效评估结果联系起来，根据教育绩效，即教育质量测评结果，确定经费划拨的具体情况。可见，法国对测评结果的使用已经不再停留在提供数据信息、制定教育政策上，而是已开始探索如何发挥更深层次的作用，这也是目前国际和国家教育质量测评发展的趋势〔1〕。

从历史沿革来看，有着中央集权特色的法国教育系统在开展教育评估和质量监测方面，有着相当长的历史，并随着时代的演进，愈加完善并体现出相当的国别特色。在组织架构上，法国的教育督导系统和偏量化监测的评估与预测司分工合作，构建了相对完整和有层次的体系。不仅有纵向的中央到地方的垂直管理系统，同时在横向上涵盖了针对国家、学校和学生等不同分析层次的情况掌握。

此外，教育评估和质量监测还有两个显著的亮点。一是针对学校为单位的测评十分强调自评、强调对“附加值”即成长部分的测评；二是对测评标准的制定，紧密围绕学生和师资的核心能力，而非仅仅局限在知识积累上。这两点部分代表了国际基础教育评估与质量监测的前沿发展趋势。

---

〔1〕 杨涛，辛涛，董奇．法国基础教育质量测评体系探析[J]．比较教育研究，2013(4)．

第六章

法国基础教育教师发展

第一节　一体化的教师培养体系

一、法国早期教师培训的兴起与教师专业的身份认同

法国早期的教师教育实行中小学教师双轨培训制度。1794 年成立的巴黎高等师范学校(Ecole Normale Supérieur)是法国最早的师范学校,其成立之初的目的是培养中学教师。法国最早培养小学教师的师范学校则在 1810 年成立于斯特拉斯堡。大革命后,新生资产阶级更加重视教育对培养公民的作用,1833 年《基佐法》规定,所有市镇或单独或与邻近市镇共同建立初等学校,同时各省建立师范学校培养小学师资。1802 年拿破仑创建中学(lycée),旨在培养国家精英人才。中学教师的培养主要由大学,特别是由属于"大学校"体系的高等师范学校承担。1810 年,法国创建了中学教师竞争性考试(agrégation),获得资格的人不仅可以在中学任教,还可以在大学任教。

到了 19 世纪末,小学教师获得公务员身份,教会对教育和教师的控制也逐渐得以消除,新的工资标准被引入教师序列,教师的地位有了重大的改善。在有关教师身份和地位的法律中,较为重要的有《1886 年法》。该法规定,培养小学教师的省级师范学校为公立、世俗的教育机构,实行免费教育,在公立小学任教的教师及校长必须持有初等教育能力证书。又规定,公立小学教师必须为非宗教人员,且由国家任命。《1889 年法》最终确定小学教师为国家公务员,工资由国家财政支付。这些法律成功地解决了义务教育普及的师资问题,这些原则一直沿用至今。

同一时期,法国教师组织纷纷成立,如"教学圈""教师友好协会"等。协会的成立促进了教师专业身份的认同和感知。1887 年教育部长斯普勒(Eugene Spuller)上台后指出,教师作为国家公务员不应该自治,否则会导致一种无政府

状态。由此法国教师工会被镇压,直至1946年法国《公务员身份地位法》颁布,法国公务员工会才得到法律的承认。但法国教师工会更多的是为了争取福利待遇,而非专业职业机构。教师工会的领导人由国家任命,经费由国家支付,加入工会的教师除了在工作上更有保障之外,还可以更快地获得晋升。

20世纪60年代,出生人口大幅增长和教育民主化运动的发展,导致入学人数的激增。政府为解决师资不足问题而降低教师录取标准,同时也造成教师地位的下降。这一时期,法国的综合大学开始提供教师培训课程。大学生在学习本专业课程的同时,也可选择接受占课业总量10%的职业培训课程。1989年,以鲁昂学区区长邦塞尔为首的改革委员会向教育部长递交了题为《创建教师培训新动力》的报告,成为1989年《教育指导法》的蓝本,并启动法国教师教育的重大改革。"更好的培训"和"更多招聘"成为改革的主旨。根据该法,当时的28个学区将分别建立一所"教师培训大学学院"(IUFM),代替原有的各类教师培训机构,也打破了中小学教师培训的格局。

现在法国公立学校教师的培养机构,主要有"教师培训学院"(IUFM)、"大学教职课程""高等师范学院"(ENS)[1]等。"国立远程教育中心"(CNED)开设面向参加教师录用考试的自学者,为其提供应考准备的函授课程,教师培训学院除培养公立中小学教师以外,也要培养私立学校教师。

二、教师培训学院:教师培训的摇篮

1. 统一的教师培训学院的出现

教师培训学院(IUFM)可谓法国现代中小学师资培训的"摇篮"。根据法国1989年出台的《教育方向指导法》[2],法国最先在格勒诺布尔(Grenoble)、里尔(Lille)和

---

[1] 高等师范学校原指男子高等师范大学(ENS deqarqons)、枫特耐奥罗斯高等师范大学(ENS de Fontanay-aux-Roses)、塞弗尔女子高等师范大学(ENS de Sèvres pour les filles)、圣克鲁男子高等师范大学(ENS de Saint-Cloud pour les garcons)和技术教育高等师范大学。后在密特朗执政时期,把这五类高师合并改组为四个师范大学,分别是巴黎的枫特耐一圣克鲁高等师范学校(ENS de Saint-Cloud)、巴黎的加尚高等师范学校(ENS de Cachan)、里昂高等师范学校(ENS de Lyon)和高等师范大学中最杰出的代表——巴黎高等师范学校(ENS de Paris)。

[2] 该法案第17条规定:国民教育部建立统一、专门化、大学层次的教师教育机构——教师培训学院。

兰斯(Reims)三个学区尝试设立教师培训学院。隶属于国民教育部管辖,教师培训学院不仅提供中小学教师的职前培训,而且参与职后的继续教育和教育研究工作。

教师培训学院具有三项使命:为参加中小学教师录用考试做准备;教师的新入职和继续培训;开展教育研究。作为打破法国教师分类培训传统的新模式,教师培训学院逐渐取代各学区内以往的省级师范学校(ENI)、地区教学培训中心(CPR)、学徒师范学校(ENNA),以及职业和技术教师培训中心(CRPET),而成为专门培养中小学(包括幼儿园)教师的唯一机构。同时,各类师范学校以往的基础设施和师资力量也为教师培训学院所用。

2. 教师培训学院的管理模式

教师培训学院的经费主要由中央政府负责。目前,全国共有30所教师培训学院,分布在各学区内。教师培训学院具有独立法人资格,院长由教育部长从学区行政理事会提出的候选人中挑选并任命,均为大学教授。学区行政理事会是教师培训学院的最高决策机关,行政理事会主席由学区长(教育部的区域代表,大学校长)担任,行政理事会的成员由市政府代表、管理人员、技术人员及各科教师代表等组成,行政理事会负责学院发展规划的设计和重大政策的制定。

教师培训学院在办学上与学区内的大学保持密切关系,通过与学区内一所或几所综合大学签订共同培养中小学教师的协议,使教师培训学院在师资使用、物质和信息资源的利用、证书的授予等方面得到综合大学的支持。为此,法国政府制定有关法律,规定教师培训学院总部必须设立在大学所在的城市。[1]

在成为法国中小学教师后,其在职培训采取省、学区、国家三级管理的模式。中小学教师在职培训由学区负责管理,具体由教师培训学院组织实施。专业性较强和规模较大的培训由国家组织,教师培训学院作为主要的培训机构参与培训。通常情况下,在职培训由教师自愿参加,但当中学教学内容发生变化时,所有教师都必须接受新知识的培训,此类培训由国家组织,具有强制性。

3. 教师培训学院的培训方式

教师培训学院的培训方式主要有两种,一种是职前培训,另一种是在职培

〔1〕 古立新. 法国教师培训学院(IUFM)评介[J]. 广东教育学院学报,2004(3).

训。当然,想要接受系统的教师职业教育指导,准教师们须先参加教师培训学院的入学考试,符合招生条件的学生在报名后方可参加由学区组织的入学考试。

小学教师入学考试分两部分。第一部分考试科目有法语、数学、教学法,通过率一般为30%左右。通过第一部分考试的学生才可参加第二部分的考试,考试科目有:在物理、生物、历史、地理中选考一门;在外语、艺术中选考一门;体育;最后是口试。只有通过第二部分考试的学生才取得在教师培训学院第一学年学习的资格。录取率一般在10%左右。中学教师入学考试也分两部分。第一部分为笔试,考试科目有法语、物理与化学、外语等。通过第一部分考试的学生参加第二部分考试,第二部分为口试,科目有学科专业知识、教学法基本知识。录取率约为20%。

在中小学教师职前培训方面,法国国民教育部并未对教师培训学院的培养模式与课程设置进行限定,也没有规定统一的师资培养课程标准,而是制定了各类教师在职前教育结束时应达到的职业能力标准。这些标准只是各个学区和教师培训学院制定教学目标、培养模式、课程计划的指南。因此,各教师培训学院的课程设置不尽相同。不过,教师培训学院职前培养可以概括为部分重叠的"3+2"大学教育模式。

这种模式颇具特点:一是课程设置面宽,文理渗透,突出教师教育学术基础和专业特性;二是注重理论与实践的结合,强化教育实践训练,突出教师教育的师范性;三是注重教育研究能力培养,不仅使教师培训学院的教育、教学研究功能得以强化,而且有助于使未来教师成为一个"研究者",加速教师的专业发展;四是注重现代教育技术教育,这将有助于使未来教师成为一个有效的教育"革新者",从而推进教育的现代化。这种人才培养模式同样对中国教师培养模式改革富有启迪价值。[1]

教师培训学院的中小学教师在职培训方面则分为长期、中期、短期三种形式。长期培训为4～12个月。通常有综合培训班(这种培训具有较强的教学研究和教育科学研究的性质,注重在职教师教育理论素养和综合能力的提高),改

---

〔1〕 古立新.法国教师培训学院(IUFM)评介[J].广东教育学院学报,2004(03):52-57.

换专业的培训班，改变职称的培训班（如普通教育教师改为特殊教育教师等），新技术培训班（如为落实教育信息化，举办的在职教师计算机素养提高培训班）等。

教学工作由学院教师和专门招聘的代课教师（一般为大学、中小学有经验的教师和学校、行政部门的领导）担任。中期培训持续时间为1～2个月。主要是专业性较强的专题培训。专题内容较为广泛，有教育理论培训，学科知识更新培训，学科教学法培训，教学能力培训，技术教育培训，特殊儿童教育培训，以及落后地区教育培训等。教学工作也主要由学院教师和专门招聘的代课教师担任。而短期培训的时长在1个月以内。根据学区内中小学教师的实际需要开展，培训内容更为广泛和具体，如学生代表在校内管理中的作用、移民子女的入学与整合、学校工作计划及其地位等。培训形式提倡互教互学，共同研习，教学工作由教师培训学院二年级学生担任，作为其正式实习课。〔1〕

以巴黎学区教师培训学院为例，具体介绍教师培训学院对高中教师的培养模式与课程设置。

巴黎学区中学教师是分专业来培养的，学制一般2年。教学计划总学时约为1 000～1 500学时，其中300～450学时用于普通教育，400～750学时用于专业教育，300学时用于教育实习。通过入学考试获得在教师培训学院学习资格的学生，如果还是某所综合大学四年级的学生，第一学年通常由大学负责学科知识教学，由教师培训学院负责教育理论、教学法知识的教学，另安排2周教育实习。

教师培训学院的课程安排，以年末进行的教师聘用会考为中心，主要课程有儿童心理学、教育哲学与历史、学习心理学、社会心理学、社会学、学科教学法等。同时还设置一些帮助学生理论联系实际的模块课程，目的是培养学生的综合分析能力和解决实际问题能力。第一学年结束后，参加教育部组织的统一教师聘用会考，考试合格者进入第二学年的学习。第二学年教学安排以职业能力培养为中心，包括课程学习、教育实习和撰写学位论文。课程学习主要有专业教学法知识、新教学技术（包括计算机技术、视听技术和多媒体技术）及对学生的心理指

〔1〕 古立新.法国教师培训学院(IUFM)评介[J].广东教育学院学报,2004(03):52-57.

导等。教育实习12周,到中学全面负责一个教学班的教育教学工作,要求每周在高中授课6课时,并在实习结束时完成一份实习报告。实习期间,高中的指导教师会时常给予关注,学院指导教师会进行专访并听取一次公开课。学位论文是教师培训学院学生毕业评估的重要方面,学生通过专业论文的撰写证明自己开展教育教学研究的能力。[1]

4. 教师培训学院面临的争议

近年来,在职教师经受了改革大潮的洗礼:教师岗位大量削减、预算急剧减少、教师培训取消,以及近乎"灾难性"的初等教育改革,都给教师带来显著的负面作用。这些政策无一例外地呆板桎梏,缺乏对一线工作者诉求的考虑,更像是一种政治游戏。政策的执行者也不了解其真正含义,只是简单地落实。这让本应和管理者一起积极参与改革的广大教师失去信心,甚至走向街头举行罢工以示不满。

教师中还蔓延着一种不幸福感。法国官方报告中称,很多教师在工作中都有痛苦体验,即对自己的职业和社会地位感到失望。近年来,应聘法国教职的人数和质量不断下降,报考中等教师资格的人数也逐年下滑。教师的空缺岗位比例却不断上升:1999年为7.6%,2010年为4.1%,2011年为2.6%,2012年则高达15%。教育职业信仰危机由此可见一斑。[2]

除教师职业面临招聘危机外,法国教师教育模式也受到了一定的批评。世界经济合作与发展组织(OECD)曾在巴黎召开过一次名为"教书,一份自我提升的职业"的国际会议,专门探讨教师培训与教育质量间的相关性。会议中有学者指出,法国教师教育处于落后地位。当前的教师"培训"已发展到一个新阶段。新职业化培训的目的是培养教师,以应对"公立学校不断增多"的现状。经合组织国家未来的教师培训发展将从"连续模式"(modèle consécutif)过渡到"同时模式"(modèle simultané)。"同时模式"主要包括教师教育的大学化

[1] 古立新.法国教师培训学院(IUFM)评介[J].广东教育学院学报,2004(03).
[2] REFONDONS L'ÉCOLE DE LA RÉPUBLIQUE—Rapport de la concertation 20140201 http://www.education.gouv.fr/archives/2012/refondonslecole/wp-content/uploads/2012/10/refondons_l_ecole_de_la_republique_rapport_de_la_concertation1.pdf.

(l'universitarisation de l'enseignement),注重理论学习和实践的同时发展,为青年教师提供教学支持(如辅导等方式),以及与研究相关的终身教育培训等。在当今竞争激烈的经济环境下,人力资本的作用越来越大。加强教师培训也有助于建立一个真正的"民主社会"。而法国教师培养模式是一种以课程为中心的学院模式,但课程与实际工作联系较少,专业化的教师培训在法国模式中所占比重也并不大。这显然落后于先进的教师培训模式。

每当法国谈及"学业失败现象不断加剧"的问题时,往往又会跳到"教师的职业危机"这一问题上。因此,加强教师的职业培训对扭转教师岗位吸引力降低这一局面,以及缓解法国的就业问题有重要意义。经合组织秘书长安吉尔·古瑞亚(José Ángel Gurría)就建议,法国的教师培训应采用"同时模式",即在教学上帮助更多的年轻教师,鼓励有经验的教师去普通的学校任教,重视基础知识,避免重复培训以及促进个性化教学的发展。古瑞亚认为法国内部如果能明确目标,协调好各方利益,改革很快会有成效,德国、韩国便是很好的例证。[1] 而为教师提供高质量的培训就是提升这一职业吸引力的好方法。

三、教师培训的新发展:教师与教育高等学校

1. 教师与教育高等学校(ESPE)的建立

正如世界经合组织教育专家埃里克·夏邦尼耶(Eric Charbonnier)所说,教师的培训是解释一国教育体系成功的最重要因素。如今,青年教师熟稔他们所教授的科目内容,却不能为融入教师这一职业做好准备,往往还会受"差"学校的影响。法国高等教育部部长娜维耶芙·菲奥拉佐强调,近年来法国各年级学生的学业成绩不断下降,这与师资有很大关系,所以改革势在必行。法国国民教育部部长樊尚·佩永也指出,必须改变教师的教学方法和教学评估方式。

因此,为改变教师职业所面临的招聘危机,使这一职业更具吸引力,法国教育部提出了新的应对措施:2013 年新颁布的《重建学校法》指出,政府将建立教

---

〔1〕 OCDE: un "retard français" dans la formation des enseignants? [2013-05-12]. http://www.vousnousils.fr/2013/03/19/ocde-retard-francais-formation-des-enseignants-544334.

师与教育高等学校(écoles supérieures du professorat et de l'éducation,ESPE)以取代大学培训学院(教师培训学院)及课程研发和学校评监部门。从而把教学与研究单位(UFR)、教师培训学院的工作人员,以及一线教师都集中到学校中一同工作或参与培训。今后希望从事教师、教育和培训类职业的硕士生可以在第一年学期末就参加教师资格考试。而在第二年,他们便可做兼职教师给学生上课,同时准备他们的毕业论文。需要指出,新的资格考试不仅注重教师的学科知识掌握能力,还看重实际教学能力。这是教师们应该关注的焦点。

教师与教育高等学校的建立与奥朗德政府的"重建学校"改革有密切联系。《重建学校法》中明确指出,政府要在五年任期内新设4.3万个教师岗位[1],并创建教师与教育高等学校以完成对新进教师的培养工作。

2. 教师与教育高等学校的建立宗旨及特色

作为法国"重建学校"的最重要改革之一,新成立的教师与教育高等学校致力于把未来的教师培养成学术知识(数学、法语等科目)和专业技能(教学能力、熟练使用数字化教学工具、对课堂的掌控力、照顾残疾学生和解决冲突的能力)兼具的优质教师。此外,通过实习使教师们能逐步融入其职业。法国政府还增设了1 000个负责教师人员培训的岗位,为逐步培养合格的教师做好准备。法国也将在贫困地区或中学内部增加教师岗位,还有一些新岗位将专门负责学校的安全防御、社会医疗监控、帮助残疾学生等提高学校管理的相关工作。

从2013年秋季开学起,法国每个学区将会建立一所教师与教育高等学校,共计30多所。设立在大学内部的这些教师与教育高等学校,将不仅关注教师所授的科目内容,更注重教师对知识的转化能力。[2] 未来教师与教育高等学校也有权颁发专业硕士证书,从而保证教师更好地投入教学工作。

新成立的教师与教育高等学校,将恢复前任右翼政府任期内几乎消失的教师初级培训,并继续秉持"教会他人学习"的原则。因此,教师与教育高等学校并非仅仅停留在重建师范学校或者大学培训学院的层面上。除培养从幼儿园到大

---

〔1〕 起初,政府的报告中称要增设6万个岗位,后考虑现实情况,这一数量有所减少。

〔2〕 Espé: quand les profs retournent àl'école. [2013-12-12]. http://communities. overblog. com/espé-quand-les-profs-retournent-à-l-école.

学的教师外，教师与教育高等学校也欢迎中学里负责教育活动的教育高级顾问(Conseiller principal d'éducation)给教师带来一些教育经验，从而为学校营造一种“共同的文化”，这将有益于教师的团队合作。

3. 教师与教育高等学校的优势与面临的挑战

从前在法国，教师们通过参加对其学术知识测试的全国竞考后，便可被学校录用，但往往没有实际的带班经验。在经过一年培训和带班实习轮流交替的学习实践后，他们便可被正式任命为教师。这一培训方式随着2010年教师“硕士化”改革的展开而消失。从2010年起，法国对受聘教师的学历要求有所变化，从需接受会考过后3年(bac+3，等同于本科学历)的高等教育提升为会考后5年(bac+5，等同于硕士学历)。而新建立的教师与教育高等学校不仅为教师们带来更实际的培训内容，也会更注重培养教师的教学能力。

尽管改革者对教师与教育高等学校信心满满，但法国社会仍存有不少反对之声。有学者认为改革过于匆忙。教师培训重建组织(Groupe Reconstruire la Formation des Enseignants，GRFDE)也集结了很多研究者和培训人员向总统奥朗德呼吁“暂停这项改革计划”，他们担心改革会使“教师的知识水平出现下滑”。教师统一工会(FSU)下属的中学教师全国工会(SNES)也认为，改革可能导致教师总体水平的下降，尽管改革受到民众的期待，但其结果可能不会有大的改善。法国全国学生联合会(UNEF)表示，回顾萨科齐时代的教师培训状况，就是因为缺少观望等待，才额外牺牲了一代青年。因此，这次改革也需要经历几年的调整再展开。事实上，以提高学生成绩为目的的改革并非是立竿见影的事。

但樊尚·佩永也表示，如今要实现这一目标仍面临诸多问题。首先，如何把教学与研究单位(UFR)、大学培训学院(教师培训学院)的工作人员以及一线教师集中到学校中一同工作，就是一项大难题。其次，法国高校之间的交流合作并不紧密，把各学校的教师集中在一起工作是否会产生不便，目前难以预料。再次，教师与教育高等学校的建立需经历严格的评审，评审将于近日展开，但仍有一些修改计划等待相关部门进行改善。

不可否认，任何新举措在投入开展的初期都会面临诸多挑战。世界经合组织教育专家埃里克·夏邦尼耶就指出，芬兰当前的教育成就之所以受到肯定，是由于其历经了20年的发展才能看到明显的效果。

四、教师的在职进修制度

法国向来注重教师培训,也建立了完善的进修制度。根据法国政府1971年颁布的《继续教育组织法》规定,继续进修是教师的权利,每位教师每年有权享受学习进修假两周,教师职业生涯总计有两年的带薪学习进修假期。[1] 由此,在职进修开始受到法律保护。在具体的规定与操作过程中,这项法律也切实保障了教师应享有的权利。例如,教师参加脱产式进修时,有关离岗时的工作问题,教育部也提出了有明确的制度安排:参加短期进修的小学教师其工作将由实习生代为负责,参加较长时间进修的教师,其工作将由专门招聘的代课教师负责。

在教师继续教育的经费方面,法国政府投入力度强、渠道多,因此资金较为充裕。为能够更好地保障教师继续教育的发展,法国政府不断加大经费的投入,教师继续教育方面的预算经费约为全国普通教育经费的六分之一。[2] 除此之外,部分企业依法承担的继续教育投入,也成为教师继续教育发展经费的重要保障。因为得到了国家投入的强力保障和社会组织的有效供给,法国中小学教师继续教育的发展获得了充分的资金支持和保障。这些经费不仅用于教师培训的日常开支和相关团体的补助、教育机构的设备投入,同时也保障了教师的带薪进修,免除个人的经济负担,解除了教师参与培训的后顾之忧。

由于法国教师的继续教育内容丰富、形式多样,教师完全实现了在职培训的按需参与。从教育时间来看,教师可以选择参加短期培训(1个月以内)、中期培训(1～2个月)和长期培训(4～12个月);从形式来看,可以参加脱产、半脱产和在职进修等;从学习方式来看,有系统学习、专题讨论、自学、小组研讨、调查访问等。形式上的灵活多样满足了教师的多种需求,内容上则是以菜单式选择,以切合教师的实际需要。

在开展培训前,培训单位首先会对培训教师进行咨询或调研,根据教师提出

---

[1] 咸锦阳.欧洲发达国家中小学教师继续教育考察培训的若干启示[J].宁波大学学报(教育科学版),2005(12):61-64.

[2] 姚琳,彭泽平.当前法国中小学教师继续教育的特点[J].继续教育,2004(3):53-54.

的实际问题制定培训目标,研究培训内容和方案,再对教师开展相应培训。以这样的方式确定的培训方案,既能使培训机构做到有的放矢、目标明确,同时因为切合教师的真实需求,更能够激发教师的参与热情与积极性。[1]

第二节 宁缺毋滥的教师资格政策

一、教师资格的分类

在法国,中小学教师职位属国家公务员,要谋求教师职位须经过严格的认定程序。首先要参加教师资格考试。希望在初等教育学校里教书的考生,需参加小学教师招聘竞考(Concours de recrutement de professeur des écoles, CRPE,或译小学教师资格考试),未来可在幼儿园或小学任教,教授学生的年龄范围为2—11岁。

中学教师资格分为五类:中等教师资格(CAPES),持证者可以在初中或高中教授文科、理科;技术教师资格(CAPET),持证者可以在初中或高中教授技术类课程;体育教师资格(CAPEPS),持证者可在初高中做体育教师;职业高中教师资格(CAPLP),持证者可以任教于高职,负责普通科目或职业科目;中等私立学校教师资格(CAFEP),适用于教育部认可的所有私立中等学校。[2] 另外,还有一种中等教师最高资格(Agrégation),只有具备硕士文凭的人才可以参加这一资格考试。取得该资格的考生,除了可以在一般的初中或高中授课之外,还可在大学校的预备班(CPGE)或高级技术学员班等高等教育领域中任教。获得前

[1] 马艳芬,曲铁华.法国教师继续教育制度对我国的启示[J].外国教育研究,2009(05):84-87.

[2] Certificat d'aptitude au professorat de l'enseignement du second degré (CAPES), Certificat d'aptitude au professorat de l'enseignement technique (CAPET), Certificat d'aptitude au professorat d'éducation physique et sportive (CAPEPS), Certificat d'aptitude au professorat des lycées professionnels (CAPLP) http://www.education.gouv.fr/cid1058/professeur-certifie.html.

五类资格的教师，在法语中的表述为“证书教师”(les professeurs certifiés)；而获得中等教师最高资格的教师被称为“会试教师”(les professeurs agrégés)。由于后一项考试在法国已将近存在了200年，因此这类教师的声望更高。[1]

在2012年的法国教师资格考试中，共招聘10 085个中等教育教师岗位。从2009年以来，这一数字没有太大的波动。中等教师资格考试所招聘的人数占总招聘人数的55.1%，其次是参加中等教师最高资格考试的人数，比例为19.9%。[2]

二、小学教师资格考试面面观

小学教师的资格考试由学区组织。有针对公务员的内部竞考(concours interne)和非公务员身份的外部竞考(concours externe)。[3] 不论是内部竞考考试还是外部竞考考试，其参加的小学教师资格考试均包括“可被录取考试”和“录取考试”两部分。

“可被录取考试”主要为笔试考试。要求候选人应具备大纲所列出的教学知识，能力水平应符合初中教学大纲所需掌握的级别。[4] 这一层次的考试科目只有法语和数学两门，考试内容围绕小学大纲、共同基础知识(socle commun de connaissances)展开。

法语笔试时长为4小时，主要测试候选人的法语掌握水平(考察方面包括句法、形态和词汇运用的正确性、语言层次和表达的准确性等)和语言知识。同时还包括对考生的理解和分析文本的能力(即辨别问题，构建和发展论据的能力)，以及评判法语教学实践法优劣的能力。考试包括三方面：

第一方面是问答题。针对一篇或多篇文学作品或文献材料所给出的问题进

---

[1] 郭为藩. 法国师资培育制度的转型[J]. 教育研究与发展期刊，2007(3).

[2] MEN, Repères et références statistiques2013: 324[EB/OL]. http://cache.media.education.gouv.fr/file/2013/49/9/DEPP-RERS-2013_266499.pdf.

[3] 内部竞考具体指，已有公务员身份的考生想成为教师，需要参加的考试类型。对其相对的是外部竞考，是指考生本无公务员身份。

[4] Session 2014: descriptif des épreuves du concours externe de recrutement de professeurs des écoles. http://www.education.gouv.fr/cid73415/descriptif-des-epreuves-concours-externe-recrutement-professeurs-des-ecoles.html.

行回答(占 11 分)。第二方面是语言知识题。与语法、拼写、词汇和语音系统相关的题目。如包括对学生作文中出现的各种错误问题进行分析等(占 11 分)。第三方面是分析题。从大纲范围内选定学生作品、学生或教师用书中的材料,让考生以法语教学为出发点对材料进行分析。旨在考察候选人的赏析能力(占 13 分)。

此外还有 5 分加分,根据考生卷面的语法准确性和书写质量酌情给分。这几方面共计 40 分。总分低于 10 分将被淘汰。

数学笔试时长也为 4 小时,主要测试候选人小学数学教学中所必需掌握的学科知识以及对不同概念的客观认识能力。考生需以清晰、严谨的方式对每个问题展开推导、验算和阐述。考题也分为三方面:

第一方面是检测考生研究、求解和组织有用信息等能力的题目。主要来自小学、初中教学大纲、共同基础知识(socle commun de connaissances)中所要求的数学内容(占 13 分)。第二方面是独立练习(exercices indépendants)和第一部分的附加练习(exercices complémentaires à la première partie)。考试题型为多选题、问答题或对学生作业中出现的错误展开的分析题,并提出基本假设(占 13 分)。第三方面是从大纲范围内选定学生作业、学生或教师用书中的材料,让考生以数学教学为出发点对材料进行分析,从而考查候选人在教学中对不同概念的掌握能力(占 14 分)。

这三方面共计 40 分。但如果考生卷面的语法准确性和书写质量较低,最多可扣除 5 分。总分低于 10 分将被淘汰。

只有通过"可录取考试"的考生才有资格参加第二部分的考试,即"录取考试"。这一轮考试主要为口试,考试部门专设委员会测试候选人在相应科目中的口语表达能力,以及对科学、教育、认识论、文化和社会问题的思考能力。

第一轮考试为学科专业知识。每科时长 1 小时(20 分钟自我展示,40 分钟与考官进行谈话),具体考试科目包括:科学与技术、历史、地理、艺术历史、视觉艺术、音乐教育和道德公民教育。考生可按照所需自行选择参考科目。自我展示总分为 20 分,谈话面试总分为 40 分。

第二轮考试是基于材料的面试。准备时长为 3 小时,考试时间为 1 小时 15

分钟。本轮考试也分为两部分，第一部分与体育运动教学有关，主要考查候选人对小学健康知识的认识（自我展示时长 10 分钟，面试谈话 20 分钟，总分为 40 分）；第二部分是对法国教育系统认知的考查，重点关注考生对小学的组织、价值观、目标、历史和当代问题的认识，以及作为未来公共服务人员的各种能力（包括道德、责任心和职业介入等方面）。第二部分的自我展示时长为 15 分钟，面试谈话 30 分钟，总计 60 分（其中 20 分为展示得分，40 分为面试谈话得分）。

在资格考试中经过第二轮的筛选，最终只有 10%～20%的考生能够进入教师培训学院学习。进入教师培训学院的学生在第一学年结束时，要参加国民教育部组织的统一教师聘用会考。考试合格者将成为实习公务员（实习教师），进入第二学年的学习。在第二学年结束时，接受教师培训学院的评估，合格者由教师培训学院报学区评审委员会批准[1]，成为国家公务员（正式教师），由政府聘用，可在全国范围内选择执教岗位。由于教师与教育高等学校现已取代大学的教师培训学院，以上教师培训的相关工作，未来将由教师与教育高等学校负责。

教师资格考试向来十分严格，且考试评委会拥有至高权威。2013 年的法国小学教师资格考试的面试结果出炉，一些已达到总分要求的考生却因某一门科目为零分而未能获得资格证书。据法国工人力量总会（Force Ouvrière, FO）下设的第一大教师工会——"全国校长和教师统一工会"（Syndicat National Unifié des Directeurs, Instituteurs et Professeurs, Snudi）所做的调查显示，2013 年参加教师资格考试的考生获得零分的现象在凡尔赛学区有 60 多例，凯岱耶学区有 100 多例，巴黎有 30 多例，里尔和马赛学区也有出现。这些数据与往年相近。

不过面对教育部长樊尚·佩永"扩大教师招聘人数"的改革承诺，考生们对这次的结果却反应强烈，许多校长和教师统一工会，也向国民教育部长要求给出合理解释。甚至有数学成绩为零分的考生组成社会网络团体，向教育部长写了联名信，希望对他们的成绩进行重新评判。尽管考生积极恳求，但教育部长还是拒绝了对评审团结果进行审核的提议。他指出，评审委员会的权威是至高无上的，考生不应当评判它的决议结果。

---

〔1〕 评审委员会的评估内容主要包括三个方面：教学实践、学位论文、课程学习，这三个方面同等重要。

三、中央组织下的中学教师资格考试

中学教师资格考试则由国家统一组织，分类进行，也称为竞考(concours)。考生可根据自己的意愿和所做的准备选择参加六类中学教师资格考试中的一门，即中等教师资格、技术教师资格、体育教师资格、职业高中教师资格、中等私立学校教师资格，以及中等教师最高资格。[1] 此外，想要在中学辅助校长工作，负责行政事物，帮助学生得到最佳学习成果的在校工作人员，需通过学务顾问资格考试(CRCPE)。[2]

除体育教师外，各种教师资格的专业都划分得比较细，均在20～30种之间。下面以报考人数最多、最具代表性的中等教师资格能力证书为例，列举其专业划分类别。

该项能力考试分为哲学、古典文学、现代文学、史地、经济与社会科学、地区用语(含巴斯克语、布列塔尼语、加泰罗尼亚语、克里奥尔语、奥克)、现代外语(包括德、英、阿拉伯、中、西班牙、希伯莱、意大利、葡萄牙、俄语)、数学、理化、物理与应用电学、生命与地球科学等15大类。[3] 这15大类还有更细的专业方向。

具体的招考步骤如下。每年，教育部长根据需要及经费条件，与各公职部长共同确定招收各类教师的数量。各专业间的名额分配由教育部长决定。教育部还统一确定报名的起止时间、考试时间、科目、内容及方式。每个专业设一个考试委员会，教育部长任命各委员会主席，如有必要，也任命一至多名副主席，他们一般为国民教育总督学或大学教授。[4] 考试委员会成员由主席提名，部长审批，一般包括学区督学、地区教学督学和教师、研究人员等各方面人士。报名和

---

〔1〕 Session 2014: épreuves des concours de recrutement des personnels enseignants, d'orientation et d'éducation [2014-01-23]. http://www.education.gouv.fr/cid67058/session-2014-epreuves-des-concours-de-recrutement-des-personnels-enseignants-d-orientation-et-d-education.html.

〔2〕 Concours des conseillers principaux d'éducation (CPE).

〔3〕 Arrêté du 19 avril 2013 fixant les modalités d'organisation des concours du certificat d'aptitude au professorat du second degré [EB/OL]. [2014-02-12]. http://www.legifrance.gouv.fr/affichTexte.do; jsessionid=? cidTexte=JORFTEXT000027361553&dateTexte=&oldAction=rechJO&categorieLien=id.

〔4〕 王顺燚. 法国师范教育招生考试制度述评[J]. 湖北招生考试，2003，21：111-112.

初试均由学区负责。

初试在设于各学区首府和教育部规定的其他城市的考试中心进行，一般是2～3门笔试。五种中等教师资格考试时间为3～7小时不等，中等教师最高资格考试时间为4～12小时不等。[1] 初试结束后，考试委员会确定参加复试的考生名单，上报部长审批、公布。复试在巴黎举行，一般是2～3门口试和实践考试，大多包括一次模拟教学和评委会的谈话面试。无论是“可录取竞考”还是“录取竞考”，均由考试委员会按教育部公布的大纲命题。考试内容不仅包括候选人的知识掌握情况，还包括其教学能力的高低，因此难度较大。

考生最后是否被录取由其总得分的多少确定，录取名额数一般取决于每年的报考人数和教育部预定的教师岗位数。教育部长在审查后按专业公布最终录取名单。其他几种资格考试的原则、组织方式与中等教师资格考试情况大体一致。

2012年，参加中等教师最高资格的内部考试的注册人数为16 742人，而空缺岗位有759个，最终的录取比例仅7.1%；外部考试的注册人数为21 694人，空缺岗位有1 248个，最终的录取比例仅14.9%。中等教师资格的内、外部竞考录取比例分别为11.4%和31.3%。体育教师资格的内外部竞考录取比例，分别为7.9%和48.3%。技术教师资格竞考录取比例，分别为8.6%和15.6%。职业高中教师资格竞考录取比例，分别为14%和28.6%。所有资格考试的外部竞考最终录取比例为26.2%，内部竞考录取比例为9.1%。最终录取人数也只占到既定录取名额的70%。[2]

四、教育部对教师职业能力的要求

随着知识经济以及教育全球化的发展，法国社会对于教师的期望越来越高。1994年，法国教育部的一份官方文件公布了“小学教师的能力特征参考”作为小

〔1〕 Épreuves de l'agrégation externe section arts, [EB/OL]. [2014-02-03]. http://www.education.gouv.fr/cid51513/epreuves-agregation-externe-section-arts.html.

〔2〕 MEN, Repères et références statistiques2013: 327, [EB/OL]. [2013-12-12]. http://cache.media.education.gouv.fr/file/2013/49/9/DEPP-RERS-2013_266499.pdf.

学教师初始培训的基本目标和考试标准。1997 年 5 月法国教育部以“通报”的方式确定了中学教师的使命。2007 年，法国教育部又颁布了“教师培训大学学院培训手册”明确规定了教师十大职业能力，并在教育部 2010 年 7 月 22 日第 29 号公报中再次加以完善，每项能力又被细化为知识、技能和态度三个层面。目前已收录在法国《教育法典》的附录中。新的规定如下：[1]

1. 以国家公务员身份工作，恪守职业伦理、认真负责

任何教师都应致力于培养学生的社会性和公民性，作为国家公务员，教师应当表现出奉献精神并遵循以下原则：尊重每个学生，关注每个学生的规划发展；尊重学生的表达自由权；注重培养学生的客观态度；承认并尊重世俗原则，特别是中立原则；确保学生及其家庭信息不泄露；在规定的义务范围和官方文本要求内允许教师自由教学。此外，教师应了解公务员的权利并履行责任。

2. 掌握法语，以便教学和交流

不论教师教授哪门课程均必须规范使用法语，关注学生的法语语言素质。不论是讲解知识还是给出解释均能根据学生的水平，清晰准确地表达。教师应懂得如何向不同的谈话对象（特别是向家长）简单地描述和解释他的教学。

3. 掌握学科知识并具备良好的文化素质

教师熟练掌握所教授的知识是教书的一项必要条件。教师应深入广泛地了解他所教授的课程并体现教学大纲中所要求的知识内容。教师应了解知识与能力的核心构成、教学实践的年度参考以及课程评估水平和方式。教师应具备有助于学生形成共同文化的较强的个人文化素养，并至少掌握一门外语。

4. 能够设计并实施教学

教师应当是他所教授课程的专家，有能力保证学生在集体环境下有效学习。因此，教师应掌握该门课程的教学法，并灵活应用多样的教学方法。知道学生在学习过程中所遇到的障碍，并能帮助学生解决问题。教师能够编写教学大纲并适时分配教学内容。此外，教师应积极参与成人继续培训。

---

[1] Définition des compétences à acquérir par les professeurs, documentalistes et conseillers principaux d'éducation pour l'exercice de leur métier. [2013-07-09]. http://www.education.gouv.fr/cid52614/menh1012598a.html.

5. 组织班级教学

教师应知道如何让一个班级的所有学生都能在追求知识、能力和尊重社会生活规则的态度中不断进步。教师要把要求变为行动，让学生懂得珍视个人和集体的劳动价值。

6. 照顾学生的多样性

教师应让所有学生在交往中懂得相互尊重和人人平等，并实践价值的多样性。教师根据学生学习能力和需求因材施教，能够划分教学节奏，不让一个孩子掉队，在需要时可向学校的合作伙伴求助。

7. 评估学生

教师应懂得对学生的学业进步和知识、能力掌握情况做出评估，并利用评估结果调整教学。让学生理解评估的原则，并培养学生自我评估的能力。同时，向家长交流和解释学生的学业期待和已取得的成果。

8. 掌握信息与通讯技术

所有教师都应懂得如何使用数字化工具并把其运用到教学实践中。

9. 能够团队工作，并与家长和社会人士合作

教师是学校不可或缺的一部分。他既与学校的教学团队合作，同班级合作也和教授同一门课程的教师合作。小学、初中或高中的教学委员会均属于学校团队合作的重要工具。教师应与家长和社会人士共同努力，更好地帮助学生规划学习方向。

10. 自我学习与创新

教师应不断更新课程知识、教学法知识。必要时，教师应能够向给与其帮助的人或团体求助。教师可以针对自身的教学，进行自我分析和批评，并不断改善教学实践。

在2010年重申教师十大职业能力的同时，法国也开启了硕士化的中小学教师培训与录用改革（具体内容详见下文）。这一改革是在2008年7月的法国部长联席会议上决定的，其目的也是为保证中小学教师具备必需的能力，提高中小学教师的质量及社会地位，同时也顺应了欧洲一些国家将中小学教师的培训提高至硕士阶段的趋势。

第三节　中央直辖的教师管理政策

一、教师分配与流动:国家统一规划

长期以来,法国的教育沿袭着大革命时期和拿破仑时代的传统,实行典型的中央集权行政体制。在法国,中小学教师的任用权掌握在国家手中,学校没有教师的分配权。师范生或其他类别考生在获得教师资格证书后,就意味着有了教师岗位。小学证书教师一般由学区长在本学区内分配工作,初中证书教师则按照学科在全国范围内分配。具体岗位的确定,完全取决于教师岗位的空缺情况。由于每位教师是国家公务员,因而必须服从分配。[1]

法国的教师流动制度也充分体现了这一点。教师流动既包括对刚取得资格证书的新入职人员的分配,也包含老教师的转岗流动。1963 年法国建立了中小学的“学区制度”(Carte Scolaire)[2],学生一律按照指定的区域“就近入学”,同时中小学教师的流动也按学区制度由教育部统一筹划。这种方式一直持续到 20 世纪 90 年代末。

1984 年,法国的《教育法典》中规定:新入职教师、借调回岗的教师、休产假等原因长期离岗又回岗的教师,应当参加教师岗位流动分配,其他教师可自愿申请,所有教师的意愿都将得到受理与考察。政府有责任每年公示评分标准,并本着公平、透明、合理的原则进行。师资配置的结果也遵循国家教育的连续性、有

---

〔1〕 高如峰.法国义务教育教师工资制度研究[J].河北师范大学学报(教育科学版),1999(03):101-106.

〔2〕 法国学区的划分以省或城市为界限,共有 35 个学区(académie),其中 26 个位于法国本土,9 个位于法国的海外领地。学区总部(rectorat)通常位于有关地区的最大城市,最高长官为学区区长。学区的主要职责是管理属于教师制度的人事和国家财政预算,确保教育部的政策法规在地方的执行。

效性、公平性，并向学生和家长负责。[1]

流动分配的基本程序为：由教育部公布下一学年的空缺岗位，然后教师向教育部集中递交申请表，最后按照国家制定的统一评分标准给教师打分并分配岗位。评判标准涵盖了教师的岗龄及个人和家庭信息。这种计划分配的方式一次性完成全部的流动配岗，既包括新入职教师的分配也包含老教师的职位调整，既安置了新的岗位空缺，也填补了由流动产生的空岗。

但这种教师流动也存在不足。一方面，现实中大部分(67%)教师的志愿仅限于本学区内换岗，只有33%的教师在第一志愿中申请调换学区。这也就意味着，教育部人事司每年要处理十几万份申请表，而这件工程中的大部分内容只涉及到教师在同一学区的内部流动。另一方面，中央集权的流动分配过程不够透明，特别是年轻教师的志愿常常得不到重视，大部分新入职的教师都被分配到"问题学区"。再者，教师流动分配的时间表也很难让人满意，中央常常过早地公布了空缺的岗位，而致使许多学区不得不设立额外的临时岗位，以应对学期中新出现的教学需求。

于是，法国政府从1999年开始下放教师流动分配的权力，以合理安排教师流动。新的分配工作有两阶段组成，学区间流动(mutation interacadémique)和学区内流动(mutation intra-académique)。根据大区、省和市镇三级别的行政单位划分情况，幼儿园及小学教师的流动由省级单位负责，分为省际间流动(mouvement interdépartemental)[2]和省内流动(mouvement départemental)两个步骤。省际间流动旨在满足幼小教师因个人、家庭或医疗原因要跨省工作的需求。省内流动是当某些学校的教师岗出现空缺或可能空缺时，允许在省际间流动获得好评的教师在省内换岗。[3]

中学教师的流动主要由学区负责，也由两阶段组成，即学区间流动和学区内流动。只要是具备中等教育资格的中学教师均可自愿提出换岗申请。而刚获得

---

[1] 以教师流动促进教育均衡转引自：Code de l'éducation [EB/OL]. [2012-03-26]. http://www.legifrance.gouv.fr/affichCode.do? cidTexte=LEGITEXT000006071191.

[2] 省际间流动又包括一般流动(mutation)和补充流动(mutation complémentaire)。

[3] Mobilité-Mouvement du premier degré[EB/OL]. [2014-01-31]. http://www.education.gouv.fr/cid57973/mobilite-mouvement-du-premier-degre.html.

教师资格证书、有待分配的教师，在高等教育机构完成实习的教师，临时聘请教师，由于休产假等原因长期离岗又回到岗位的教师，在法属波利尼亚等地供职的教师，以及有其他特殊情况的教师，每年必须参加一次的学区间流动。[1] 中学教师流动的评分标准也有教育部制定，涵盖法定特权和教师本人职业情况两方面内容。此外，各个学区根据本学区个别学科的特殊师资需求还会有不同的加分项目。[2]

需要指出的是，法国高中的教师可以参加特殊岗位的流动分配。特殊岗位主要指大学校预备班(CPGE)教师岗、高中会计和管理专业(DCG)教师岗、国际班教师岗、高级技术学员班部分专业教师岗、应用艺术和影视戏剧等专业的教师岗。上述岗位的教师录用方式为面试。

全国范围内的特殊岗位流动分配也由教育部直接负责；而学区内特殊岗位的流动分配则由学区区长负责。一般大学校预科班的教职是这类岗位中申请人数最多的，近年来申请特殊岗位的占总申请人数的一半甚至以上，最终有 50% 的人被获准流动换岗。

另外，取得中等教育最高资格的高中教师还可以申请部分高等教育机构的岗位，每年大约有 900 名中学教师被高等教育机构录用。每年高等教育机构针对中学教师的招聘时间是 11 月中旬到 1 月下旬，教师的相关资料、简历以及求职信都会直接递送到相关的高等教育机构。被录用的教师每年要在高等教育机构完成 384 小时的指导课(TD)或实验课(TP)，但其工资金额仍然参照中学的标准。当然，对于教师所承担的额外课时或行政工作，高等教育机构也做出相应补偿。[3] 自 2000 年开始，在高等教育机构任职的中学教师还可以申请在该校攻读博士学位，以获得日后被高等教育机构长期录用的资格。

不论是幼小教师，还是中学教师，具体的流动分配工作均是，先由教育部根据汇集到的各区或省入学率、师生比等信息，结合教学大纲，将岗位配额分配到

---

〔1〕 Mobilité-Mouvement général du second degré[EB/OL]. [2014-01-31]. http://www.education.gouv.fr/cid58079/mobilite-mouvement-general-du-second-degre.html.

〔2〕〔3〕 刘敏. 以教师流动促进教育均衡——法国中小学师资分配制度探析[J]. 比较教育研究，2012，08:51-55.

各个学区或省(对于贫困地区和社会问题较为严重的地区,政府会考虑适当提高其师生比)。在教育部公布各区岗位情况之后,教师就可以在规定的时间内登陆相关网站建立个人档案、递交区间换岗的申请。在调换工作完成后,各区区长与学监根据学区具体的教学需求与预算确定学区内的岗位信息,从而展开学区内的教师流动分配。

除了国内的教师岗位流动之外,法国中小学教师工作满三年后还可申请出国任教。每年,法国外交部组织会组织一些国际文化、科技合作项目,因此,需要外派一些教师岗位。教师还可能被借调到某些国际组织或以国际志愿者的身份出国任教。法国外交与欧洲事务部下设专门机构——出国任教办公室(AEFE)负责这一事项。每年第一学期教育部会在公报上公布空缺的海外岗位,满足条件的教师可以提出申请,在通过出国任教办公室的面试后,相关海外机构会向教育部提出借调请求。

海外岗位的合同期限最长为6年,因此岗位对申请人的年龄有所限制(至少自签约起六年后不应该超过退休年龄),另外教师不能连续申请海外岗位,中间至少间隔3年。法国的中学教师还可以申请到海外的法国属国(法属波利尼西亚、新喀里多尼亚、马约特岛、瓦利斯群岛和富图纳群岛)工作,小学教师要想提出该申请,必须具有附属中学和实验班授课资质(CAEAA)、师范教育资格证(CAFIMF)、特殊教育任教资格证(CAEI/CAPSAIS)或教育心理学学位。申请程序和时间会在教育部官方网站上予以公布,一般情况下,任教合同期限为2年,而且只可以有一次续约。[1]

另外一种形式的教师流动就是借调。1984年教育法、1985年9月教育部政令第85条以及1994年教育部政令第94条都有涉及借调的问题。每年法国的国防部和农业渔业部都会有借调岗位。1995年1月法国教育部与司法部还达成协议,在每个区的劳教所中建立一所地区教育单位(UPR)以保证劳教人员受教育的权利。教师可以申请在地区教育单位进行全职或兼职工作。每位教师在

〔1〕 刘敏.以教师流动促进教育均衡——法国中小学师资分配制度探析[J].比较教育研究,2012,08:51-55.

申请岗位之前都会与相关人员经过面谈，了解具体的工作环境和对象。

2013—2014 学年，学区间交换的志愿提交时间为 2013 年 11 月 14 日—2013 年 12 月 3 日，2014 年 1 月教师开始确认信息和提交相关证明，2014 年 3 月 10 日公布学区间岗位流动结果。2012 年共有 16 956 名小学教师参与了岗位流动，其中希望转到本人所来自的学区人数有 6 957 名。最终有 4 259 人获得了换岗批准。最受小学教师欢迎的省为：法国的巴黎、塞纳-马恩省、罗讷河口省、上加龙省、吉伦特省、埃罗省、比利牛斯-大西洋省、布列塔尼等。接受流动教师最多有巴黎、塞纳-马恩省、伊夫林省、罗讷河口省、吉伦特省、上加龙省、大西洋卢瓦尔省和伊勒-维莱讷等省。[1] 2012 年中学教师流动共计 65 056 人，占总中学教师人数的 18%。其中希望在学区间换岗的教师人数为 26 002 人。最终有 56.5% 的教师换到了自己心仪的岗位。10 大最受中学教师欢迎的学区为波尔多、雷恩、图卢兹、巴黎、蒙彼利埃、留尼旺、南特、马赛、里昂和格勒诺布尔。[2]

二、教师的晋升制度

法国中小学教职工均属于公务员。法国的公务员制度是二战以后逐步形成的，现行的公务员制度直到 1983 年才得以确定。法国的公务员有三大类：国家公务员、地方公务员和医务公务员。教师职工属于第一大类，这一类也包括三个级别。教师全部为 A 类公务员，其中通过法国教师资格竞考者属于 A 类高级公务员。教育部处级干部、各类督学、校领导、学校行政顾问、学生学业指导及心理辅导顾问也是 A 类。其他人员（行政技术及辅导人员、社会及卫生事务人员、技术人员等）跨属 A、B、C 三类。政府设立公职部负责公务员事务管理。[3] 法国中小学教师除在教学过程中享有独立与自由表达的权利，也拥有在法国公务

[1] GUIDE PRATIQUE MUTATIONS 2013PHASE INTERDÉPARTEMENTALE. [2014-02-07]. http://cache.media.education.gouv.fr/file/Personnels_enseignants/58/1/guide_mutations_2013_enseignants_1er_degre_232581.pdf.

[2] GUIDE PRATIQUE MUTATIONS 2013 PHASE INTERACADÉMIQUE. [2014-02-01]. http://cache.media.education.gouv.fr/file/Personnels_enseignants/56/5/guide_mutations_2013_enseignants_2nd_degre_232565.pdf.

[3] 王文新. 法国教育研究[M]. 上海：上海社会科学出版社，2011.

员一样的各项权利。〔1〕

按照公务员的划分标准，法国中小学教师共有 11 个等级，且从 1 到 11 级逐级递升。晋升的标准是依据教师在已有教学经历中，可晋升因素的职业价值来评判。每一资格等级都有一定数量的指标与其相对应，指标是由教育部发布政令定期制定，各学区根据国家政令出台具体的教师晋升公告。因此，教师晋升既要考虑教师的资历，同时参考公务员年度考评。上级根据下级的出勤率、主动性及效率、工作能力、工作成绩等因素为其打分并写出评语，满分为 20 分。年度考评分及评语须及时公布给教师本人，后者如有不同意见，可以要求重新考评，甚至提起上诉。教师最终能否晋升是根据负责本学区的国民教育督学所给出的教学评分，再加上教师的工龄来决定。具体的工龄算法详见表 6-1。

表 6-1 中小学教师级别与年限表〔2〕

等级划分	晋级年限		
	最高选择①	普通选择②	工龄(Ancienneté)
1～2 级	—	—	3 个月
2～3 级	—	—	9 个月
3～4 级	—	—	1 年
4～5 级	2 年	2 年又 6 个月	2 年又 6 个月
5～6 级	2 年又 6 个月	3 年	3 年又 6 个月
6～7 级	2 年又 6 个月	3 年	3 年又 6 个月
7～8 级	2 年又 6 个月	3 年	3 年又 6 个月
8～9 级	2 年又 6 个月	4 年	3 年又 6 个月

〔1〕同其他公务员一样，法国中小学教师享有言论自由权、保护权(在执行公务时，对受到威胁、攻击、羞辱或破坏名誉等有权得到国家或行政机关的保护或者赔偿)、诉讼权(包括行政诉讼和司法诉讼)、参与权(作为审议会代表，参加法规研究，审议有关事件)，但同时必须遵守服务与奉献、廉洁与专职、保守职业机密、谨守教育世俗化、遵守规则、遵守服务年限、在不违反法律的前提下有义务提供信息等七项职责。此外，教师组织工会权、罢工权受到限制，组织工会必须以维护儿童权益为优先和不影响公务正常运作为原则，教师罢教必须事前通知，必须在法律规定范围内行使这一权利。详见：师范教育学会. 教师权力与责任[M]. 台北：师大书苑，103-111.

〔2〕Avancement d'échelon (Tableaux). [2014-02-01]. http://unsen.cgt.fr/index2.php?%20option=com_content&do_pdf=1&id=37.

续表

9～10 级	3 年	4 年	5 年
10～11 级	3 年	4 年又 6 个月	5 年又 6 个月

注：① 最高选择 Grand choix：如果距离下一学年 9 月开学时，某教师的教学时长等于或已超过表中所规定的，与该教师情况相符的晋级年限；该教师的行政和教学得分已达到晋升标准；若该教师的晋升排名处于晋升排名的前三分之一，可遵照这一栏中的晋级年限，提前晋升。http://www.education.gouv.fr/cid58077/promotions-promotions-d-echelon.html# Promotions_d'échelon des instituteurs.

② 普通选择 Choix：如果距离下一学年 9 月开学时，某教师的教学时长等于或已超过表中所规定的，与该教师情况相符的晋级年限；该教师的行政和教学得分已达到晋升标准；若该教师的晋升排名处于晋升排名的前七分之五，可遵照这一栏中的晋级年限，提前晋升。http://www.education.gouv.fr/cid58077/promotions-promotions-d-echelon.html# Promotions_d'échelon des instituteurs.

从表 6-1 可以看出，基础教育阶段教师的工龄共分为 11 段：工作 3 个月之内为第 1 工龄段，满 3 个月为第 2 工龄段，满 9 个月为第 3 工龄段，满 1 年为第 4 工龄段，满 2 年又 6 个月为第 5 工龄段，满三年又 6 个月为第 6、7、8、9 工龄段，满 5 年为第 10 工龄段，满 5 年又 6 个月以上为第 11 工龄段。晋级有三种办法，即"高分选择""普通选择"或"工龄升级"。第一种升级最快，工作满 20 年（把上表中的工龄段分别相加可得）就可以达到第 11 级；最后一种形式升级最慢，满 30 年工龄才可以达到最高一级。

法国对教师的考核是持续进行的，直到教师退休前一年为止。小学校长每年为各个教师写一份简短的报告书，并给教师打分，最高分为 40 分。教师的教学水平由学区或国家级视察员来评判。一般先由教师自己先提出来，地区督学再去听课，在视察的基础上为教师评分，最高分为 60 分。[1] 然后由联合委员会把这两种分数加起来，由各级行政官员评判，得出最后评分。如果教师对所评的分数或评定意见不满意，可以上诉到地方委员会，地方委员会有权修改评定。在教师调换学校和受到提升时，需要参考教师的评分。达到同级最高点的那些少数评分极高的教师，他们的工资级别可以提升一级，每年有九分之一的教师属于跳级提升的范围。

中学教师的晋升评定工作与上述情况基本相似。以中学高级教师（professeurs agrégés）为例。在接到教师的晋升申请后，将组织各学校校长对教师

〔1〕 杨跃. 法国小学教育考察[M]. 南京：南京师范大学出版社，1999：275-282.

在校表现给出意见。地区督学也会对教师的教学、职业经历做出评价。学区服务处(les services du rectorat)对教师进行文件预审(l'instruction des dossiers)。最终,由学区区长决定地区督学和校长对教师的晋升意见是否通过。教师可在线查询督学和校长对自己的晋升意见。[1] 此外,法国国民教育部专门建立了教师晋升信息帮助体系(SIAP),旨在为全国的中小学教师晋升提供导向服务。[2]

三、中央统一管理的教师工资体系

1. 对教师工作的评估

对教师和基础教育质量的评估工作,一直是法国国民教育部工作的重点。1987年,教育部设立了评估与预测司(DEPP),负责基础教育阶段的全国评估工作。经过多年的探索与发展,法国不断建立并完善基础教育质量测评体系,现已形成包括教育系统监测、学生学业诊断和学校发展评估三方面的测评网络。其中,教育系统监测包括国家测评、国际组织测评;学生学业诊断包括教师自主选择的测试、国家统一规定的测试;学校发展评估主要是学校为主体的增值性评估。这些评估均由评估、预测和成就司负责,该机构除对全法学生学业进行评估外,还与国际进行合作。此外,该评估司还出版各种教育信息总汇(每年有50多份)、主题报告资料和每年的教育统计资料标记与参考等。

这些评估结果均促使管理者对教育政策及时做出调整,帮助教师指导学生和有效改进教学,以提高法国整体基础教育的质量。如学生学业成就诊断,现已成为教师改进教学方式的专业指导。诊断结果不仅可以辅助教师对每一位学生进行针对性和个性化的辅导,帮助学习困难的学生改进不足之处,还可以让教师利用测试工具库中完整的教学方法分析系统,不断改进自己的教学方式,提升教

[1] Avancement de grade (accès à la hors classe et/ou classe exceptionnelle)[EB/OL].[2014-01-23]. http://www2.ac-nice.fr/cid70817/evaluation-notation-et-avancement-des-personnels-enseignants-d-education-et-d-orientation.html.

[2] Promotions des personnels enseignants, d'éducation et d'orientation.[2014-01-18]. http://www.education.gouv.fr/pid61/siap-systeme-information-aide-aux-promotions.html.

学效果,必要时还可获得学区或者国家督学的指导和帮助。部分诊断测试结果还会按照5个等级水平形成结果报告,反馈给所有的学生家长,让家长了解孩子的学业进展状况并给予必要的配合。

此外,新通过的《重建学校法》规定,要建立教师与教育高等学校(ESPE)以取代从前的大学培训学院(教师培训学院),其目的是更好地促进教师培训和发展。评估、预测和成就司相关人士指出,今后为使教师的继续培训更具吸引力,将引导教师关注教学的有效性,并鼓励他们集体探讨教学实践的更好方法。目前,一项名为"学生数学能力习得计划"(PACEM)已在部分小学、初中展开试点实验。如果效果良好,将在更广范围内实行。

2. 教师工资发放的若干问题

鉴于公务员身份,法国义务教育教师的工资及福利的确定和管理遵循国家公务员制度。这既充分体现了法国人对教师职业的尊敬,也反映出传统中央集权的管理模式。法国教师工资等级的划分、标准的制定、以及教师个人的工作量和前文所述的教师晋级办法无异,均由国民教育部统一规定、统一管理。除特殊情况外,各地方政府和学校无权力擅自改变。

教职工的基本工资、退休金和主要补贴都是由作为中央一级教育行政职能部门——国民教育部直接发放的,只有餐饮补助、差旅费、临时加班费等附属性或偶发性费用才由学校操作。社会性补助(如生育补助、疾病保险等)则由社会性机构负责。[1] 每年,教育部将教师工资、经费作入其年度教育预算草案之中,报经国会审议批准后严格执行。在历年的国民教育部经费预算中,教师工资即人员经费是最重要的一项支出。[2] 整体来说,法国教师的工资由指数工资(traitement indiciaire)和附加工资(rémunération accessoire)构成。指数工资与教师的级别相挂钩,附加工资是教师的加班补助和相关职务津贴。小学教师获得的附加工资占总工资的5%,中学教师获得的附加工资占总工资的10%~15%。小学教师的每月平均总工资为1 900欧元,年轻教师一般工资为1 500欧元,资

〔1〕 王文新.法国教育研究[M].上海:上海社会科学出版社,2011:93.

〔2〕 高如峰.法国义务教育教师工资制度研究[J].河北师范大学学报(教育科学版),1999(03):101-106.

历较老的教师工资可高达 3 000 欧元不等;中学教师每月平均工资为 2 700 欧元,工资数由1 500欧元到 5 000 欧元。

决定教师基本工资等级有两个重要依据,其一是教师获得的教师资格证书的类别,其二是教师任教的资历。此外,督学对教师教学工作的评价也起到一定作用,但与前两方面依据相比,影响要小得多。对教师基本工资的具体计算方法与对其他国家公务员的方法相同,是把上述各方面依据换算成参数点,每个参数点折合为法郎,中小学教师的参数点一般在 400～800 点之间。需要指出的是,与法国的所有领薪者一样,义务教育教师的基本工资亦分为毛工资和净工资。所谓毛工资,是指国家规定的工资标准。所谓净工资,是指扣除了应当缴纳的社会分摊费即社会保障金之后教师实际所得到的工资。法国规定,每个教师必须缴纳社会分摊费,其具体内容包括退休保险金、社会保险金、教师互助金。年教师缴纳的社会分摊费约为年毛工资的 12.6%。

附加工资也根据中小学教师工作性质的不同,项目设立亦有所差别。对于小学教师,可以享受的岗位津贴主要有 2 项,即在处境不利的优先教育区任教的岗位津贴以及课外活动津贴。对于初中教师,可以享受的岗位津贴有 6 项,除优先教育区任教津贴和课外活动津贴外,还有班主任津贴、方向指导津贴、学科组长津贴和超课时津贴。[1]

除以上几种工资和补助外,教育部(以及其他部)还可通过预算获得一笔资金,用于帮助教职工解决实际困难和发展文体活动。[2] 具体针对教师的住房、餐饮、教师子女的入托费等也有详细的补助规定。

不过,法国教师群体间也存在一定的不平等,这主要表现在代际之间的差距。法国刚入职的中小学教师其法定收入在经合组织(OCED)国家之间处于下游水平(工作 10～15 年之后,这项收入一般达到了其职业生涯最高值,同时也在各国间处于较高水平)。且刚参加工作的前两年,青年教师除了一点微薄的奖学金之外,在职业培训上没有任何补助,却又往往被安派到那些最困难的学校和机

〔1〕 高如峰.法国义务教育教师工资制度研究[J].河北师范大学学报(教育科学版),1999(03):101-106.

〔2〕 王文新.法国教育研究[M].上海:上海社会科学院出版社,2011:96.

构工作。[1]

第四节 教师职业改革的新阶段

一、法国教师的硕士化

在法国，资格证书是法国教师入职的必要条件，参加教师资格考试没有年龄限制，但是必须为享有完全民事行为能力、身体健康的非宗教人员，除特殊合同要求外一般应具有法国国籍或其他欧盟国家国籍。法国政府每年都要投入不少的经费用于各类教师资格考试。据法国教育部统计，2008 年共有考生约 30 万人，有 1 万名教师参与了判卷工作，考卷数量约为 42 万份，总投入 3 800 万欧元[2]。法国教师的身份为国家公务员，享有法律保证的待遇和地位，工资、退休金以及主要的补贴都由政府发放。对于法国不少年轻人来讲，教师所具有的相对较高的社会地位以及稳定的收入具有相当的吸引力，因此，每年都有不少人报名参加各类教师资格考试，竞争激烈。2009 年共有 73 937 人报考了小学教师资格考试，42 193 人出席了考试，录取 6 696 人(录取率约为 16%，比 2008 年的 21.2%有所下降)[3]；86 205 人报考了中等教师资格考试，54 006 人出席考试，8 527 人通过了考试(录取率约为 16%，比 2008 年 14%略有提高)[4]。

---

〔1〕 REFONDONS L'ÉCOLE DE LA RÉPUBLIQUE—Rapport de la concertation [EB/OL]. [2014-02-01]. http://www.education.gouv.fr/archives/2012/refondonslecole/wp-content/uploads/2012/10/refondons_l_ecole_de_la_republique_rapport_de_la_concertation1.pdf.

〔2〕 livre vert sur l"evolution du metier d"enseignant [EB/OL]. [2014-03-25]. http://media.education.gouv.fr/file/Commission_Pochard/18/8/Rapport_+_couverture_-_12-02-08_23188.pdf.

〔3〕 REFONDONS L'ÉCOLE DE LA RÉPUBLIQUE—Rapport de la concertation [EB/OL]. [2014-03-25]. http://www.education.gouv.fr/cid22782/regards-statistiques-2009.html.

〔4〕 Regards statistiques sur le recrutement des personnels enseignants du second degré. [2014-03-25]. http://www.education.gouv.fr/cid5542/regards-statistiques-2009.html.

在欧洲国家纷纷提高教师准入标准的背景下，法国为了提高中小学教师质量及其社会地位，于2008年的部长联席会议中决定，从2010年新学期伊始实施中小学教师培训与录用硕士化标准。

按照新的规定，在师范生录取考试成绩公布之时，候选人应具备硕士学历，即学习满5年。两年的硕士学习可以在综合大学的各个院系完成，也可以在已经被纳入大学教育体系的教师培训学院完成，学习的内容既有学科知识，也有教育理论和教学实习环节。同时为了减少预算，教育部对于通过教师资格考试的新入职教师，要求其直接进入校园进行教学实习，再依据其表现决定其是否可以获得正式教师的资格。相比过去仅需在教师培训学院进行一年的实习教师培训课程和实习，只要新入职教师成绩通过方可获得正式教师证书。可以说新的教师准入标准是降低了。2009年，对无教学经验的考生，CAPRES的录取率为20.36%，录取人的平均年龄为23.5岁。

具体来讲，新的法国教师培养分为三个阶段。一是本科阶段，自大学第二年起，部分大学提供了与教育相关的课程和实习机会，以帮助那些志愿在日后从事教育工作的学生了解这一行业和基本的教育学知识，并开始引导学生准备日后的教师资格考试。第二阶段为硕士阶段，主要是给学生提供提高教学技能和实习的机会，同时准备参加考试。考试在硕士阶段第一年的第一学期期末举行笔试，第二学期期末举行口试。无论考试结果如何，学生在两年硕士学习完成之后，都需要参加教师培训学院在大学组织的最后考试才能够取得硕士文凭。通过硕士阶段的教师资格考试后，即进入第三阶段，成为带薪的新教师，新教师会在经验丰富的教师指导和协助下承担教学和教育工作，并在一年后的教师培训学院再次接受考核，考核合格后即由教育部任命。

改革后，被纳入综合大学体系的大学教育学院主要承担硕士阶段教育，包括第一年的专业学科、教育学学科、实习及教师资格考试准备等，第二年则为论文的撰写。除此之外，教师培训学院仍然承担教师职后培训，帮助有意从事教育行政工作的教师充实知识培养能力。

值得一提的是，法国对教学实习进行了改革，实习分为三类。一类是观察实习，旨在帮助新教师对职业进行初步接触和全面观察了解，观察的内容包括学校运转、课堂教学、家长访谈等多种。第二类是资深教师陪同实习，也就是在指导教师、培训教师或班级督导委员的建议下，对任课教师的教学实践进行观察和分析，也可以在指导教师的安排下，进行少量的教学活动，旨在让新教师进一步认识教育系统内容的连续性和补充性，合理运用团队工作资源，通过协商来平衡工作。第三种为责任实习，新教师在培训教师和教学主任的帮助下，尝试独立开展教学活动和班级管理。

2005 年法国《面向学校未来方向和计划》特别强调教师在学生发展方向的引导作用。除了上述实习过程和分类之外，针对职业高中教师和准外语教师，国家还设立了企业实习和海外实习。企业实习帮助教师了解企业的实际运转情况，理解学徒的过程，从教师的角度加强对企业的认识，以便在未来教学中提高学生对未来职业的体会和认识。海外实习则提供给准外语老师了解所持外语国家的文化和语言特色，能够更好地运用和掌握语言。

当然，教师教育硕士化改革也引起了一些争议，特别是带薪入职实习制度，让很多家长不放心把孩子交给缺乏实践经验的新教师。一方面家长担心他们无法应对突发的教学状况；另一方面教师教育本身越来越偏重于专业教育，而忽视理论素养的培养。一些大学预测，未来教育科学专业将越来越冷门。另外，教师资格考试时间由过去的硕士第一年改为硕士第二年，很多专家和教师代表都认为，学生无法兼顾学业和考试。但目前看来，教师硕士化改革已成为定势，未来的改革也将仅是细节上的调整。此外，法国当前教师教育改革的主要着力点之一集中在教师与教育高等学校的建立上。新的教师培训学校将更注重教师的学历和实践能力的结合。其具体成效有待进一步追踪。

二、《重建学校法》对教师职业的再定义

近年来，由于法国遭受了不小的教师招聘危机，许多年轻人对参加教师资格考试的热情也大不如前。法国在 2013 年推出的《重建学校法》中，政府对教师发展做出了新的要求，希望通过对教师职业的价值肯定，以扭转基础教育中面临的这一难题。《重建学校法》特别指出，国家应当培养成熟的、素质公认的教师，并对其做出了进一步解释。

1. 教师是一种需要不断学习的职业

大学中教师培养课程已经得到了整合，硕士级别的教师录用也渐渐成为常态化。目前，政府应该设置学士级别教师的培养，以便帮助学生更好地从事这项职业，并为其未来发展奠定良好基础。因此，新成立的“教师与教育高等学校”(ESPE)将纳入公立大学体系，从学术和教学法两方面着手开展教师培养工作。在这一过程中，教师的职业使命应得以明确，对教师的培养也应是一个贯穿其职业生涯的连续过程。

(1) 在 ESPE 中用统一课程集中培养教师，如民主的非宗教的原则、职业伦理、教学原理和教学难点、有关学校和教育系统的知识、地方当局和相关机构等。教师应该接受人文科学和社会科学的教育。

(2) 认识教师职业的多样性(幼儿园、小学、初中、高中)。强调教师作为从事教育职业的人，其接受的培养有特殊要求。

(3) 这种培养要和生动的实践相结合。

(4) 从学士阶段起就要加强学术教育和职业教育间的联系。

(5) 加强培养和研究的联系。

(6) 加强和教师录取考试的联系。

(7) 所有教师都有责任接受高质量的培训，这也是国家的责任。

2. 教师是一种强调自我实践的职业

(1) 在教学实践和学术培养中认识这种职业的多维复合特性。

(2) 摆脱每周工作几小时的思想，主动统筹安排时间，提高教学水平。

(3) 切实有效利用多种人力资源(个性化管理、离校后的教师陪伴制度、药物预防的发展、司法保护等)。

(4) 扩展职业路线，设想一种多样化的生涯：教师不仅能从事多项不同水平的教学，同时也具备从事其他种类事业的能力。长期从事教师职业后可以适当转换，以便增加经验。

3. 教师是一种经常被评估的职业

目前教师的评估制度有不少缺陷，如积分的管理方式，评估标准的划定，评估教学法的方式等，导致教师职业越发缺少特色。因此，需要重新思考评估的本质和目的。

(1) 平衡且明晰校长和学区督导员在评估中的权责:控制和建议。

(2) 实现评估的“过程化”,如考量评估者的职业发展过程,参考集体意见,加入部分自我评估等。

三、教育优先区的教师发展

1981 年密特朗在总统大选中取得成功,面临日益严重的都市边缘犯罪、移民教育等问题,政府开始推行教育改革计划。教育优先区政策最早是前教育部长萨瓦里在任时推出的,但由于政策本身是对中央政府权威的消解,所以在一段时期内的运转情况并不理想。直到 20 世纪 90 年代末,这一政策才重新得到重视,其宗旨仍延续 1982 年推出的政策,以加强学校和社区的联系,降低不利地区和不利家庭的教育资源不足、增进学生学业成绩为目的。后来,围绕教育优先区计划,又延伸出“卓越中心”“成功契约”等计划。

1982 年,确定教育优先区的指标包括:双亲皆为蓝领、失业劳工人数,高中辍学率,家庭成员之一为非欧洲移民,母语为非本国语言等。另外,学校外部环境,如地理位置、家长就业状况,及学校内部环境,如学前教育入学率、小学留级率、学校配置密度等,都在考虑范围之内。

为了促进教育优先区的发展,政府给予优先区额外的教师编制及津贴,增加教师的进修、增强教师在特殊环境中提供个性化辅导的能力,特别是要求教师能够了解移民家庭、不同家庭的文化特点和特殊背景。由于法国政府在教师分配、流动及教师薪金方面仍然坚持中央管理,因此,教育优先区的政策基本可以落实。

新世纪以来,鉴于教育优先区学校在法国整体教育体系中的落后地位,和优先区内学生占法国总学生数高达 20%的比例,彻底改善优先区的教育显得尤为重要。

现任国民教育部长樊尚·佩永也公开承认,尽管法国学校教育并不是要产生不公平现象,但它确实加重了不平等。2013 年的《重建学校法》也明确提出,要把教育优先区学生和其他学生间的学业成绩差距至少缩小 10%。

那么,当今法国教育的困难在哪里?如何解决?这些问题已成为法国基础教育发展新阶段亟待应对的挑战。正如樊尚·佩永在 2013 年 9 月在关于教师职业发展的讨论会上所言,首先,教育优先区的教师应受到特殊关注,即给优先区教师增加一倍津贴补偿,并让教师有更多时间接受培训和进行团队合作。在此次会议上教育部长宣布,国家对优先区教师的资助将逐步到位:教师每月的资助将从100欧元升至200欧元。“重点教育优先网络”每年的补助提升到2 300欧元(以往的资助只有1 130欧元)。如果教师有其他额外职责,得到的资金补偿可能会更多。

其次,改革还涉及到教育优先区教师的工作时间问题。教育部长指出,要在教师每周的服务时间中专门划出一个半小时来开展小组合作。一般情况下,法国中学教师每周课时为18小时,但教育优先区的教师每周教学时间为16.5小时。优先区小学教师还可以享受连续9天无课的优待。2014年秋季学期开始,法国还将在100个最落后的“重点教育优先网络”(Réseau d'enseignement prioritaire, REP+)实行新政策。这些新政也将在2015—2016年推广到全国350个“重点教育优先网络”和650个“教育优先网络”。对优先区教师来说,他们的工作时间有所放宽。教师们在团队合作的基础上(如分享教学经验、确定统一的教学计划等)还将拥有更为规范的工作时间。在教育优先区教师的课程安排表中,原先1小时工作时间将等同于1.1小时。小学教师每年将有9天接受继续培训,中学教师有3天。

再次,从学生角度出发,更好地帮助学生也是改革教育优先区的一个方面。教育部长表示,优先区应成为“创新性教学的特殊地带”。事实上,优先区的一线教学实践已先于教育部长的这项政策初衷。面对教学难度大,且家离学校远的孩子,教师早已有了一套自己的教学方法。但教育部长的表态更为可能受督学阻碍而不能推行创新教学的优先区教师们提供了一层“保护膜”。教育部长还提出了一个更具全局性的关键问题,即如何让学习最困难的学生融入学校文化。众所周知,困难家庭的儿童在家里难以接受与富裕家庭出身的儿童一样的文化熏陶。因此,教师的工作显得更加任重道远。

此外,使用数字化工具教学也是教师接受的重点培训内容。最困难的优先教学网络中的教师也将有更多的时间接受职业培训,进行团队协同工作,以及发展与学生和其家长之间的关系。同时教育部还会加强对新进教师的陪伴,并通过继续教育来巩固一种真正的教师群体文化。

在职业发展方面，将按照教育优先区现有、公正的教师晋升标准为教师的职业规划做出界定。教育部长还特别指出，各学校应成为年轻教师的“旋转平台”。随着教师工作分数的累积，教师可从郊区学校岗转换到城市，从北方流动到南方工作。同时此次改革也承认了教师的职业应更为多样，且优先区工作突出的教师都需要在一个和谐的团队内部工作。为保证这一点，推动教育优先区的教师发展应是关键。

教育优先地区所推行的一系列教师职业改革和措施不仅有助于规范和稳定教师团队，吸引更多的年轻教师，如果实践效果良好，更可以成为全法教师职业改革的榜样，在全国推广开来。

良好的师资队伍是高质量教育的重要保障。那么如何保证教师教育的质量便成为首要任务。法国是世界上最早建立教师教育机构的国家，其教师教育的悠久传统，也成为法国教育发展的典范。从最初的巴黎高等师范学校到教师培训的摇篮——教师培训学院，再到如今的教师与教育高等学校，教师和教师教育从来没有离开过法国教育界的视线，也更不可能离开教育的本质要求。

目前，法国已形成严格而统一的教师从业资格证书制度，也在操作层面更关注对教师的培养及其工作条件的保障。教师的一体化、硕士化培养，教学和课程方面的改革，对知识掌握和专业素质能力的要求，为法国的教师教育发展创造了更广阔的空间；政府对教师岗位、工资、流动的投入，学校、地方和国家的制度配合为保障教师的身份认同和职业发展起到了重要作用。

然而近年来，法国的教师发展队伍也面临着严峻的挑战。人们对教职工作的不信任感，不安全感，特别是在法国教育发展相对落后的“教育优先区”，教师的工作环境和心理接受力受到了政府的特别关注。这从侧面反映出法国当前教师的发展状况，更为下一步的教师教育改革指明的方向，即如何让教师在接受教育的过程中迅速成长，让教育在教师的推动下迈向更大的进步。

第七章

法国中小学校的管理

第一节　法国中小学的管理机制

一、学校的管理机构

1. 法国中小学校的开设

(1) 小学及学前教育机构

法国的学前教育机构和小学由地方市镇负责管理,有关这一级教育机构的建立和预算,均由市镇议会讨论决定。由于国家负责决定人员编制和教师的指派,所以市镇决定成立一所小学校或新班级,必须征得国家代表即省长的同意。省长一般尊重学区督学的意见。因此,对幼儿园和小学校的管理是由国家和地方共同负责的。

(2) 初中、普通与技术高中、职业高中

这一级学校为地方公立教育机构,具有法人资格和财政自主权。新设立中学要由国家代表,即初中由省长,高中由大区区长根据大区、省、市镇或几个市镇联合提议作出决定。

根据 1985 年 8 月 30 日第 85-924 号法令,初中、高中在教学和教育方面的自主权体现在以下方面:一是决定学校班级和学生小组的组织和学生分配办法;二是根据规定的课时,安排学校教学时间表;三是安排学生在校时间和学校生活;四是为学生学业发展、社会安置和职业安置做准备;五是根据地方发展规划,确定对青年和成年人举办补充培训和继续教育活动;六是学校对周围社会和文化、经济界开放;七是确定本校的特殊教学科目,作为国家教学大纲科目的补充;八是组织辅助教学活动,学生自由参加,未成年学生需征得家长同意。进入 20

世纪90年代后，法国中学自主权有所扩大，可根据所在地区的特点制定学校计划[1]。

2. 学校内部管理组织机构

(1) 校长

法国的中学校长是国民教育部的公务员，经考试录用。校长是国家在学校的代表，同时也行使学校执行机关的职权。其职能是主持校务委员会的讨论并执行其决定；经校务委员会批准，以学校名义签署学校所有的合同、协议，尤其是有关继续教育方面的合同。

要想申请参加中学校长的资格考试，必须教书5年以上，年龄30岁以上。资格考试合格并领到证书后，必须经过2年的实习期。实习期间，有两名导师辅导。实习结束后，才可参加校长的竞聘。有时候，一个校长岗位，会有一二十人参与竞聘。参加竞聘的人士，必须提交一份包括办学目标、发展规划和多种具体指标在内的三年期办学规划。学区组织有关专家对该规划进行评价、研究，作出是否同意的结论。如果同意聘任，则把该规划作为办学依据和检查的依据，在学区存档。从2000年开始，校长在一个学校的任期，一届为3年，最长为3届9年。当每一届两年满的时候，学区会派人来评估，衡量校长的办学是否达到校长提出并经过批准的办学目标，及多种指标。当每一届3年满的时候，学区还要对校长是否达到办学目标进行评价。[2]

中学校长是不兼课的。所以，成为中学校长后，就不再列入教师序列了，是另一种公务员。教书必须是公务员中教师序列的人。校长不能选择、推荐副校长。竞聘校长、副校长的人，都要自己独立填报志愿，选择想去的学校，最后由学区决定。

法国的公办中小学教职工属于国家公务员。在国家公务员序列中，有一级是教师级。竞聘教师岗位的人，必须是拿到教师资格证书的人。他们可以自由填报志愿，选择想去的学校，最后由学区决定教师去哪所学校。校长不能挑选教

[1] [法]雅基·西蒙，热拉尔·勒萨热. 法国国民教育的组织与管理[M]. 安延，译. 北京：教育科学出版社，2007:232.

[2] 郑增仪，李继星. 法、德、意三国基础教育管理体制调研报告[J]. 教育发展研究，2005(2).

师，不准让教师去干教师本职工作以外的工作。比如，不准让历史课教师去做历史教学以外的临时性工作；不准让教师去干职员、后勤人员所干的工作。

学区不定期地派遣督学到学校开展考评工作。一个教师认为自己很优秀，可以要求督学来校对其考评。校长认为某位教师不太好，也可以请求督学来校考评。校长不能对教师作出任免性质的评价。在正常情况下，教师 3 年升一级工资。学校虽不能任免教师，不能升降教师的工资，但可以对教师进行评分、评价，并上交到学区。如果评价较好，可能 2.5 年升一级工资；如果评价较差，可能 3.5 年升一级工资。校长对某位教师的看法无论多好，只要没有把对该教师的评价上交到学区的督学那里，督学没有来考察，该教师也只能 3 年升一级，不能提前升级。这种体制，实质上还是以教龄为骨干，论资排辈的影响较大。同时也说明校长在教师评价、教师工资晋升方面的权力很小。

(2) 校务委员会

法国地方公立中学设有校务委员会。校务委员会根据学校规模不同，一般由 24～30 人组成。其中三分之一的成员为地方和学校行政代表，三分之一为教职工代表，另三分之一为学生和家长代表。

校务委员会的作用是通过讨论，解决学校的一切事务。为此，该委员会主要行使以下职权：其一，在国家规定的自主权范围内，确定学校的教学、教育组织形式；其二，依照国家有关法令和规定，通过学校的内部规章制度，明确每个成员的权利和义务；其三，每年就学校教学工作情况、教学计划实施情况、所取得的成果，及将来的奋斗目标等提出报告；其四，通过学校经费预算并提交主管部门审查。

(3) 法国中小学校中的社会工作者

社会工作者(Social Workers)，是包括法国在内的西方国家中小学中，一个非常普遍的参与学校管理、运行的角色。学校社会工作者的职责是发现学生(甚至是教师)生存处境中的不利情况，并调动教育政策、家校关系、社区互动、心理治疗等一系列力量，来改善师生处境，解决相应问题。

在法国，中小学的社会工作服务面向所有公立学校，以及与政府有合同约定的私立学校的学生。参与人员包括所在市的社工助理、学区督察处的技术顾问等。服务内容基本包括以下几个方面:协助学生依照其专长及个人特质,建立一份长远的生涯计划,并协助学生克服障碍,顺利完成义务教育;引导并陪同有学习困难及需要寻求特殊教育的学生;协助未成年学生预防遭遇危险事件,并给予专业建议;提供生活伦理方面的教育,协同学校管理层共同建立健康的校园氛围;协助学校成为"适合生活的场所"。

针对学生以外的学校群体,如教师、学校行政人员、技术人员、体力劳动者、医护人员等,学校社会工作者所提供的服务内容基本包括:倾听、支持与陪伴需要帮助的对象,并组织团体开展"小组社会工作";评估问题并协助找出解决办法;协助生涯规划;协助建立人际关系;提供符合个人需求的实用资讯。

此外,在学校医疗卫生、暴力防治、青少年保护与受虐儿童防治等方面,学校社会工作者都扮演了非常重要的角色。

二、中小学管理中的家长参与

在法国,家长被视为"教育共同体"的一部分。家长拥有参与孩子教育的各项权利,而且法国的《教育法典》和其他教育政令都保障家长享有参与学校生活的权利。

2013 年 6 月出台的法国《重建共和国基础教育规划法》的总报告《重建共和国的学校》(*la refondation de l'École*)中,在第四章"创建有效、公平的教育系统",进一步强调加强家长和学校间联系的重要性。该报告提出,要以"共同教育"的视角,重新认识家长在学校中的合法地位,并采取如下措施落实这一"共同教育者"的地位:在各级各类学校建立入学前家长联系制度;鼓励家长加入学校管理委员会,为他们表达诉求和真正参与学校管理创造条件;设立法律规章,为家长代表授权;在教师培养中设立相关课程,从原理和实践上了解如何与家长共事[1]。

1. "家长协会"的建立和作用

法国家长参与中小学管理的重要组织基础是"家长协会"。学校与家长在作为学生的共同教育者的过程中,所有分歧和纠纷,都可以通过家长协会的介入进

〔1〕 2013 年《重建共和国的学校》——法国"重建学校"讨论指导委员会总结报告,法国教育部网站. http://www.refondonslecole.gouv.fr/la-demarche/rapport-de-la-concertation/.

行解决。家长协会的权利受到法国相关法律的确认。与此同时,相关法律还详细规定了家长协会当中“家长代表”的产生程序。

法国的家长协会按照不同地域范围、不同学段等,有不同的规模和类型。从家长协会的演进历史上来看,“公立学校家长联合会”是法国最早的家长协会,成立于 1905 年,并于 1926 年得到官方认可。联合会成立之初,主要为中等教育服务,在 1964 年重组后覆盖了幼儿园至大学各阶段公立学校的学生家长。该联合会也有自己的出版物《家长的声音》。

从规模上来看,“学生家长协会联盟”是法国最重要的学生家长协会之一,成立于 1947 年,与国家教师工会和教育联盟合作负责小学阶段教育,从 20 世纪 60 年代开始,也参与到中学阶段教育。联盟还有自己的出版物,双月刊《家长》和半月刊《家庭和学校》[1]。

2. “家校协调人”的角色

早在 1982 年法国出台的有关教育优先区的政策中,即已提出发挥“家校协调人”这一角色,在建立和谐家长及学校关系中的重要作用的策略。“家校协调人”最早是被聘请同移民家庭,以及宗教家庭建立联系的。这些家庭大多来自非洲,而协调人的职责是做翻译,并由此逐渐引导家长,尤其是社会底层的家长,参与学校管理,指导他们如何帮助孩子克服苦难,完成学业方面发挥作用。

作为“家校协调人”的主要工作内容有:解决家长和学校之间的冲突问题;帮助家长作出择校决定,例如是否合适把孩子送到职业学校进行职业教育;告知家长孩子的逃课、暴力、攻击等不良行为的成因;尽量帮助弥补家庭和学校之间缺乏交流的不足,对那些从没有到过学校的家长进行访问;帮助孩子解决学习中的困难;在特殊情况下,比如在家长和学校双方处于一种僵持的情形下,或者是在学生被学校开除时,向对学校怀有不满情绪的家长进行解释。

3. “家长代表”的产生

在法国,前文所提及的“校务委员会”“家长协会”甚至更为高层的“最高教育委员会”等国家层面的教育管理组织中,都保留有必要的家长席位,即“家长代

---

〔1〕 刘敏,张自然.法国家长积极参与学校教育[N].中国妇女报,2015-03-05.

表”。家长代表是法国学校教育中的重要参与者,代表所有家长行使权利。所以,家长代表也由家长们选举产生。

在法国,家长代表有四种类型。第一类是校务委员会中的家长代表,通过选举产生。选举之前,所有符合要求的家长都被列入候选人名单,随后有意参选的家长将竞选宣言递送竞选办公室或校长。一切就绪后,校长会将选举材料寄送给每位学生的家长,请家长们通过匿名通信投票。在参与学校的教育和管理事务中,家长代表拥有表决权。在初级教育阶段,校务委员会主要表决学校内部规章及学校发展规划;就学校运作及各类校园生活问题发表意见和建议。中学的校务委员会则表决学校办学计划、预算和内部规章制度;批准体育协会计划、与家长的对话途径;审议与卫生健康和安全相关的问题;就选择教材教辅的原则、选修课及专业的开设发表意见。第二类为班级委员会的家长代表,这类代表由校长在第一类竞选人中指定。第三类家长代表由省级、大区级家长协会指定,作为省教育委员会和学区教育委员会成员参与决策。第四类家长代表则是由政府指定,在最高教育委员会、高等教育与研究国家委员会和教育经济高级委员会中拥有席位〔1〕。

三、学校分区与学生入学政策

法国政府自1963年开始编制学校分区图(La carte scolaire),以限定公共教育服务的区域,同时满足家庭的教育需求。学校分区图根据学校的不同层次和接收学生的能力,确定招生的地理区域。据此规划图,每个5 000～10 000人口的居民点应当设1所初中,其服务半径为10～15千米,全国约有4 000个这样规模的居民点。在人口密度大的城市,还要划分单一学校和多个学校的不同区域。每年,各地教育行政部门都要根据学校居民区适龄儿童的数量和学校的招生能力确定学校分区,每所学校分区的范围有的具体到每个门牌号的住所。

学校分区(Sectorisation scolaire)的基本原则是就近入学。在学校招生之前,家长会得到学校分区及规定学校的有关信息。当家长准备儿童入学时,先在市

〔1〕 刘敏,张自然.法国家长积极参与学校教育[N].中国妇女报,2015-03-05.

镇政府注册,并须出示以下证件:户籍证(Livret de famille)、身份证或出生证,居住证明,儿童疫苗记录。家长在到市镇政府规定的学校注册时,家长还须提供以下证明:市镇政府签发的学校注册许可证,户籍证、身份证或出生证,儿童疫苗记录。[1]

注册初中基本上可以自动完成。在小学毕业之前,每个学生会收到有关初中注册的申请资料,家长和学生可以在教师的咨询与帮助下,选择学生的就读模式(住宿、午餐、走读)和第一外语的语种。当被告知接收其子女的学校时,家长便可以到该校为其子女正式注册了。在巴黎等大城市,有一些艺术、体育等特长学校,其录取时要进行测试,然后由学区委员会根据成绩和学校招生名额决定录取名单。法国基础教育学生的入学政策见表 7-1。

表 7-1 法国基础教育学生的入学政策[2]

入学层次	学校的角色	地方政府的角色
幼儿班(非义务就学)	学校校长根据情况决定注册	市长根据户口簿(年龄条件 2—6 岁)、家庭住址(学校按区划片)和学校接待条件颁发注册证书
小学(义务就学)	学校校长根据情况决定注册	市长根据户口簿(年龄条件 6 岁)、家庭住址(同一座城市的学校按区划片)颁发注册证书。 国民教育督学决定入学年龄条件,家长还可以向学区督学提出放宽年龄限制,在征求学区长指定的一个专门委员会的意见后,学区督学作出最后裁决
进入六年级	如初级班教师无反对意见,CM2 学生自动进入六年级,属于小学升入初中	国民教育督学组织小学与初中的协商会议。如家长不同意学生留级,可向学区督学主持的省级委员会提出申述。由相关学区督学决定是否同意学生能够跨区分配入学。分配入学的程序目前进一步灵活化

〔1〕 http://www.education.gouv.fr/cid37/inscription.html.

〔2〕 [法]雅基·西蒙,热拉尔·勒萨热.法国国民教育的组织与管理[M].安延,译.北京:教育科学出版社,2007:232.

续表

进入高级班(高中与初中)	学校校长根据班级委员会的建议决定。家长可以提出申述	
进入中等教育第二阶段	班级委员会根据家长的选择对学生的发展方向提出意见。家长可以申述	学区督学在征求分配委员会的意见后根据学校的接待能力做出分配决定
非合同私立学校的学生入学公立学校	学校校长组织考试	学区督学决定考试内容并宣布分配意见
合同私立学校的学生入学公立学校		合同私立学校作出的有关学生升级的决定同样适用于公立学校
职业高中入学	根据班级委员会并得到家长同意后由第一志愿学校预审档案(根据学校与职业指导部门的意见)	如第一志愿学校拒绝录取,由技术教育督学在入学委员会上进行分配
进入高级班(大学预科班)	学生档案上标明志愿入学的三所高中,投向第一志愿学校,如必要,投向第二、第三志愿学校,校长决定是否录取	如三所志愿高中均拒绝录取申请人,档案由跨学区委员会审核,由学生原所在学区的学区长传送
高级技师班的入学	根据接待学校教师的建议	

高中学校的注册稍微复杂一些,因为高中教育已不属于义务教育,学生需要在普通教育、技术教育和职业教育的不同方向上分流。这便是所谓的“定向”。

一般的定向程序如下:第一,在初中四年级的第二学期,学生和家庭须表示关于定向的要求;第二,班级委员会首先审查学生和家庭的定向要求,并提出意见;第三,如果这一意见与学生和家庭的要求不一致,校长须在作出决定之前与家长展开对话;第四,如果异议继续存在,家长可以在 3 天之内要求由学校校长、教师、学生家长、教育与定向人员组成一个委员会,并由学区督学主持上诉委员会复议;第五,如果最终未能达成一致,家长可以选择让子女留级。

学生的申请志愿根据程序送达相关高中，高中校长负责审查学生的资料。之后，学区督学将根据学生志愿和学校容量，决定所辖各学校录取学生的名单。如果家长希望到分区以外的学校注册，需有适当的理由和相应的证明材料，如学习小语种外语，需提供申请信；如父母在某校工作，需该校校长的证明等。如果此项申请被拒绝，学生仍可在规定分区的学校入学。

学校分区图实施40余年来，在教育均衡发展上发挥了重大作用，但也暴露了严重问题。即使是政府在学校经费和师资方面采取严格的均衡政策，但因生源而形成的学校之间的差异则十分明显。

通常是城市中心和文化区域内的学校，因生源质量较好而声誉显著，而只有经济条件优越的家庭才有可能在这些房价较高的区域居住，因此造成享受教育资源的不平等。从2002年起，法国政府对学校分区图政策开始松动，法国教育部长吉尔·德罗比(Gilles de Ro-bien)主张放宽学校分区控制，允许教育优先区内所有获得优秀成绩的初中毕业生可以例外地选择学校。继任教育部长达尔科(Xavier Darcos)相信，家长的自由择校有利于消解社会分离。因此，他于2007年6月进一步放宽政策，允许学生去本区之外的学校就读，只要不超出学校的接收能力。

法国学校分区图也许最终将被取消，但是法国公共教育的原则不会变。所谓教育的公共性，就是平等地对待所有学校和学生，保持教育资源供给的平等性。法国政府已经郑重承诺，就近入学仍是普遍的规则。即使平民的子女无法选择优质的学校，但还可以在家庭附近的合乎规范的学校就读。[1]

---

〔1〕 王晓辉.学校分区图——法国教育均衡的政策工具[J].比较教育研究，2010.12.

第二节 法国政府对私立学校的管理

一、私立中小学的“签约式管理”

法国政府对私立学校的态度一直是大力支持但严格监管。私立学校为法国社会提供了良好的公益服务,成为国家教育系统的有机组成部分[1]。法国政府通过与私立中小学“签约”,并进行不同程度的投入的方式来管理私立学校,客观上形成一种政府购买学校教育服务的格局。

截至 2013 年,法国共有小学 32 091 所,其中私立小学 5 147 所,占 16%;各类中学有 12 183 所,其中私立的 4 094 所,占 34%左右[2]。从表 7-2、表 7-3 可以看出,5 147 所私立小学中有 4 850 所与政府进行了签约,占 92%左右;1 786所私立初中有 1 668 所与政府进行了签约,占 93%;在不包括“大学校预备班”的 1 661 所各类私立高中当中,有 76%左右与政府进行了签约,如果包括“大学校预备班”,则签约比例在 73%左右[3]。

对于公立学校,法国政府的投入是全方位的,包括中央政府给与教师的公务员待遇及全额薪酬拨付,以及学校日常的运行经费和其他投资经费(如校舍建设等)。与此相应的,公立学校严格按照政府制定的教学大纲实施教学活动。为了针对私立学校进行有效管理,法国形成了“签约制度”。

---

〔1〕 刘芳.法国私立学校对公立学校构成有力竞争[N].中国改革报,2005-08-04(006).

〔2〕 DEPP(Direction de l'évaluation, de la prospective et de la performance, MENESR), Repères et références statistiques. 2014:37.

〔3〕 DEPP(Direction de l'évaluation, de la prospective et de la performance, MENESR), Repères et références statistiques. 2014:52.

表 7-2 2013 年 9 月法国私立小学和幼儿园与政府签约情况

Contrat de l'école 私立小学签约情况	Nombre d'écoles 学校数量	Nombre de classes 班级数量	Effectifs d'élèves 学生数量
Privé sous contrat 签约私立小学	4 850	35 435	872 999
dont classes hors contrat 其中未签约的班级		*213*	*3 839*
Privé hors contrat 未签约私立小学	424	1 683	24 424
Total 合计	**5 274**	**37 118**	**897 423**

表 7-3 2013 年 9 月法国私立中学与政府签约情况

Type d'établissement 学校类型	Contrat de l'établissement 签约情况	不包括"大学校预备班"			包括"大学校预备班"		
		学校数量	班级数量	学生数量	学校数量	班级数量	学生数量
Collèges 初中	Sous contrat 签约学校	1 668	25 817	678 718	1 668	25 817	678 718
	dont avec classes HC 其中未签约班级	*10*	*18*	*253*	*10*	*18*	*253*
	Hors contrat (HC) 未签约学校	118	490	5 704	118	490	5 704
	Total 合计	**1 786**	**26 307**	**684 422**	**1 786**	**26 307**	**684 422**
LP 职业高中	Sous contrat 签约学校	393	4 827	90 869	393	4 906	92 649
	dont avec classes HC 其中未签约班级	*7*	*37*	*417*	*11*	*47*	*607*
	Hors contrat (HC) 未签约学校	246	1 065	11 638	266	1 539	16 685
	Total 合计	**639**	**5 892**	**102 507**	**659**	**6 445**	**109 334**
LEGT (y c. LPO) 普通与技术高中（包括综合性高中）	Sous contrat 签约学校	862	14 161	361 946	869	16 554	422 335
	dont avec classes HC 其中未签约班级	*13*	*29*	*435*	*28*	*61*	*928*
	Hors contrat (HC) 未签约学校	160	1 044	12 430	184	1 340	15 920
	Total 合计	**1 022**	**15 205**	**374 376**	**1 053**	**17 894**	**438 255**
Erea 地方特殊教育机构	**Sous contrat** 签约学校	**1**	**10**	**160**	**1**	**10**	**160**
Tous types 所有学校类型	Sous contrat 签约学校	2 924	44 815	1 131 693	2 931	47 287	1 193 862
	dont avec classes HC 其中未签约班级	*30*	*84*	*1 105*	*49*	*126*	*1 788*
	Hors contrat (HC) 未签约学校	524	2 599	29 772	568	3 369	38 309
	Ensemble 总计	**3 448**	**47 414**	**1 161 465**	**3 499**	**50 656**	**1 232 171**

签约私立学校是指那些与政府签署协作合同(Contrat d'Association)的私立学校(中学或小学),或简单合同(Contrat Simple)的私立学校(仅限于小学)。与政府签署协作合同的私立学校的教师工资和运行经费均由政府拨款支付,其他投资(如校舍建设、维护等)通常由学校自行负责。而与政府签署简单合同的私立学校,政府仅支付其教师工资。私立学校中98%的学生在签约私立学校就读。这些学校的部分教师属于国家公务员,其余则是仅与学校签约的合同教师。签约私立学校按照政府制定的教学大纲实施教学活动。但是,与政府签署简单合同的私立学校则拥有较大的自主权,可自行安排教学内容。非签约私立学校是指那些没有与政府签约的私立学校(只占极少部分)。政府不对这类学校进行经费投入,学校自行解决全部费用,教师聘用及教学计划也由学校自行决定[1]。

---

〔1〕 张为宇.政府购买私立学校教育服务解析[J].世界教育信息,2013(21).

二、政府对私立中小学管理的具体机制

1. 私立学校的开办主体

私立学校的法律属性可以是协会(Association Loi 1901,通称为符合1901年法律的协会),也可以是企业(如有限责任公司、个人有限责任公司或股份有限公司等)。确定学校的法律属性对办学很重要,因为它关系到收费、纳税、人员聘用制度等诸多事宜。作为非营利机构注册的学校,除附属性商业行为外,学校是不缴纳包括增值税、企业税、企业应向国家缴纳的教育税等商业性税收的。

在筹备开办小学包括幼儿园时,当事人需持出生证明、学历证明、司法档案复件、最后10年的职业以及住所证、校址示意图、所在协会章程(如果学校以协会的名义创办)等文件向所在市镇的市长或镇长、省长、学区督学以及共和国检察官备案。

市长或镇长应把办学计划张贴公示一个月。当事人若在领取回执后一个月内没有受到来自上述方面的异议,即可开课。市长等人的异议将由国民教育学区委员会(Conseil académique de l'education nationale)采用对审方式裁决。当事人如果不服裁决,可以向国民教育高级委员会以及行政法院上诉。

以上当事人需年满21周岁,最低学历为高中毕业。开办中学的条件与程序与开办小学基本相同,但年龄需满25周岁,并向学区长备案,另外需有5年在法国、在欧盟成员国或者欧洲经济区协议国担任中学教师或者学监的经验。另外无论开办哪一级学校,校长及教师必需有相应的执教资格[1]。

2. 对私立学校办学者的经济约束

法国的私立学校必须遵守以下经济分配原则和财务基本制度。经济分配原则包括:学校学费等收入不能用作个人分配(分配对象指学校的拥有者,被雇人员的工资除外)而是投入学校的再运行;学校拥有者具有义务性质,具体来讲,学校拥有者或学校所属社团负责人的个人报酬,不得超过法国政府规定的最低工资限额的四分之三;学校不求助于商业手段,比如商业广告进行运作。

财务制度方面的基本规定有:学校须向当地工商会下属的企业规范中心备

---

〔1〕 王文新.法国政府对私立学校的管理[J].教育发展研究,2003(11).

案;学校的每笔收支均须记录在账,收付须开具发票或可以代替发票的证明;按年度就全部账目向税务部门申报,缴纳应缴税款,出现问题接受后者的调查。

法国教育界人士已取得这样的共识,教育不是商品,也不是一般性的服务,它所满足的是人自身成长与发展所带来的特殊需求,对青少年而言更是如此。让教育投资者得到回报是正常的,但应该有限度,产业化及过度追求利润的做法将可能使教育悖离原旨,使私立学校走上歧路。[1]

3. 私立学校绩效管理和有关法律法规

学校与政府签约后,须严格按照合同要求办学,如遵循政府制定的教学大纲和规章制度,执行与公立学校类似的课时安排和作息时间,不使用政府禁止的教材等。简单合同至少为期 3 年,无上限;协作合同的期限没有硬性的规定。两种合同期满后,只要符合相关条件就可以续签。达到要求的与政府签署简单合同的私立学校,可以申请转为协作合同私立学校或申请并入公立学校。与政府签约的私立学校办学受政府督导,如果出现违反法律法规办学或严重不遵循合同的现象,经专门委员会审核确认后,由省长宣布解除合同。

法国早年出台的四部教育法律中,有关私立学校的条文为私立学校办学提供了法律保障,这些法律分别是:1850 年的《法鲁法》(*Loi Falloux*)、1886 年的《戈布莱法》(*Loi Goblet*)、1919 年的《阿斯提埃法》(*Loi Astier*)和 1959 年的《德伯雷法》(*Loi Debre*)。现在,法国历年结集而成的《教育法典》(*Code de l'Education*)汇集了有关私立学校创办和管理的详细规定,主要包括:私立初等教育学校的创办、私立中等教育学校的创办、国家对私立学校的监督管理、私立学校与国家签署协作协议、私立学校与国家签署简单协议[2]。

由于历史原因,法国的私立中小学有相当一部分是天主教会学校。法国大革命之后,原本主导全国教育领域的教会开始将权力转移给政府,而部分教会学校则转变私立学校。教会性质的私立学校在归属上为教会团体所有,但根据法律规定在招生的时候,不得考虑学生的宗教背景,在组织教学和课外活动的时候

---

〔1〕 王文新.法国政府对私立学校的管理[J].教育发展研究,2003(11).

〔2〕 张为宇.政府购买私立学校教育服务解析[J].世界教育信息,2013(21).

不能有传教行为。法国家长将孩子送进私立学校时,多半看重的是私立学校的严谨管理和“高学费”带来的身份象征。总体来看,私立基础教育在法国家长心目中有一定的地位,对公立学校系统在构成有益补充的同时也构成了有力竞争。

法国政府对学校管理的介入比较深入,教育领域的分权和集权在法国是一个长盛不衰的话题。法国的公办中小学教职工属于国家公务员,实行国家统一调控的聘任和薪酬支付。从中央到地方的各级督学,也对中小学的具体运转有不同影响。法国基础教育领域强调家长参与学校管理,家长协会、家校协调人和家长代表这些组织基础和人员基础,比较有效地保障家长对子女教育的知情权和参与权,形成了学校教育向家长群体有效借力的渠道。作为有着民主政治传统的法国,也借助家校间的联系,有效调动社会底层家庭对于子女教育的重视。在具有中央集权性质的公立教育系统面前,法国的商业和民办的私立教育机构,比较难以形成太大影响力。在法国政府的管理和引导之下,法国的公立学校和私立学校形成了一种有力主导与有益补充的良好局面。

第八章

法国公民道德与传统文化教育

第一节 公民道德教育:“法兰西精神”的塑造者

一、公民教育和公民道德教育

1. 公民

“公民”这一概念最早产生于15世纪前后的古希腊时期。十七八世纪的启蒙运动,使得古代“公民”的范围得以扩大,它强调一个国家的所有成员均为公民,国家属于公民的全体,他们在法律上是平等的。法国大革命时期,这一概念受到推崇。不必区分阶层,每个人均可被称为公民,昭示了平等的理念。而法国从真正意义上把“公民”写入法律的,当属1789年的法国《人权和公民权宣言》,此后的《1791年宪法》等法律文献中都有了对“公民”和“公民身份”(la citoyenneté,又译公民资格)的确认。“公民”成了国民的基本法律身份。[1] 这一身份可以保证人们“普遍意志的表达”,也反映出人们对社会和政治团体的关切和愿景。[2]

法国是由来自南、北、东方的多民族融合而形成的国家,是一个具有接纳外来民族传统的伟大国家。[3] 法国艺术评论家埃力·福尔(Élie Faure)称法国为“种族无政府”国家。[4] 在18世纪中后期,尽管当时由于法国在经济发展过程中对劳动力的需求大增,更易接纳外来移民,但这种传统也造就了多民族的法

---

〔1〕 刘大明.民族再生的期望——法国大革命时期的公民教育[M].北京:中国社会科学出版社,2005:3.

〔2〕 Ressourcespour Le lycée général et technologique Le citoyen et la loi [EB/OL]. http://cache.media.eduscol.education.fr/file/lycee/75/1/LyceeGT_Ressources_ECJS_2_03_Citoyen_Loi_182751.pdf.

〔3〕 陈元.法国基础教育[J].广州:广东教育出版社,2004:153.

〔4〕 É. Faure,1995, Découverte de l'archipel, Le Seuil, Paris, (1reédition,1932): 104.

兰西。[1] 自法兰西第一共和国建立以来,法国一直致力于民族的融合,现在依然如此。在法国人看来,“在公共场合被大家视为拥有同等权利和义务的公民”,是法兰西精神的真正表现。

公民身份象征着一个国家对公民权利和义务的尊重,每个公民可以按照法律规定和其所融入的这一社会的道德规约来行使其公民身份。在法国,人们常用“民族性”来指代其他国家所说的“公民性”。不过,法国并未因其多民族的融入而被称为像我国一样的“多民族国家”,它只是“单一民族的共和国”。[2] 因此,当今的法国人既不说他属于哪一个“种族”,也不说他属于某一个社会阶层,而说他是一个热爱自己国家,并为维护自己所崇尚的价值观(世俗、民主和社会的共和主义平等观)而战斗的十全十美的公民。具体来看,法国共和主义的公民性包括两方面:在公共场合人人享有同等的义务和权利;在不公开的场合里人人有信仰、人人有从事自己所热爱的文化活动和从事与自己个人身份有关的活动的自由。[3]

2. 公民教育

可以说,自“公民”诞生后,就出现了“公民教育”。古希腊时期的主要城邦雅典和斯巴达,都非常重视对城邦公民的教育问题。同时城邦的体制和公共生活培养了希腊人自由、平等和民主的精神,造就了他们独立自主、积极进取的公民公共意识和公共精神,这就是最基础的公民教育。公民教育是每个出生在这个国家里的人都有权接受的教育。[4] 由于人们在公民教育概念的理解和使用上有一定范围上的差异,公民教育被划分为广义的公民教育和狭义的公民教育。

广义的公民教育,除学校教育外,也包括一切有助于培养公民知识、情感、态度以及能力的活动,培养健全自律、具有公民意识和公民美德的活动,是指在现代社会里,培育人们有效地参与国家和社会公共生活的各种教育活动和手段的

---

〔1〕 Philippe Daveau. Avant-propos. Retraiteetsociété. [2014-06-11]. http://www.cairn.info/revue-retraite-et-societe-2005-1-page-4.htm.

〔2〕 Citoyennete. [2014-06-11]. http://fr.wikipedia.org/wiki/Citoyennet%C3%A9#R.C3.A9volution_fran.C3.A7aise.

〔3〕 陈元.法国基础教育[M].广州:广东教育出版社,2004:154.

〔4〕 郑琼.启蒙运动时期法国公民教育研究[D].兰州:西北师范大学,2012.

综合体。其教学范围包括与全体社会成员社会生活相关的教育内容和各种教育手段。

狭义的公民教育，是指专门培养公民的课程和教学活动，强调公民的知识教育，以培养青少年的爱国意识、民主观念和法制精神，养成参与社会生活的能力以及具备做未来良好公民的潜质。这种公民教育旨在使参与国家或社会公共生活的社会成员掌握必要的公民知识、形成公民意识、养成公民行为及培养公民能力的过程。[1]

在18世纪的法国启蒙运动和大革命时期，启蒙思想家和资产阶级革命家主张建立新的国民教育制度，培养资产阶级共和国的合格公民。启蒙运动的杰出代表孔多塞(Condorcet)在1792年的立法议会上提交了一份教育改革报告。他指出，国家应担负教育其公民的重任，建立起包括初级小学、中等学校、高级中学以及专门学校(大学)的学校体系。其中，四年制的初级小学实施普及的公民教育，进行较为广泛的普通文化知识的教育，还应设置农业、手工业和国内生产概述等课程；中等教育和高等教育的目标是培养担任政府职务和从事研究工作的人才。

在教育内容上，他主张废除传统的宗教教育，要求从初等教育阶段起就要培养学生了解公民的权利与义务。因此，应该讲解宪法和《人权宣言》。雷佩尔提在其1793年的《雷佩尔提法案》中也主张给儿童广泛的知识教育，组织儿童参加农业和专设的实习工厂的劳动，学习《人权宣言》和法国革命的历史故事等多方面的教育内容，目的是把儿童培养成为爱国的公民。[2] 尽管资产阶级执政党都十分重视公民教育问题，并积极地将各自公民教育方案投入实践当中，这一定程度上促进了公民教育的发展。不过，这一时期有关公民教育更多的是散见于一些思想家的研究中，真正的教育实践并未如火如荼地展开，只停留在起步阶段。

此后，法国公民教育被纳入学校教育范畴，法国学校成为开展公民教育的最

---

〔1〕 法学词典编辑委员会. 法学词典[M]. 上海：上海辞书出版社，1984：125.
〔2〕 王天一. 外国教育史[M]. 北京：北京师范大学出版社，1993：123.

重要场所,也成为培养民主思想和民族精神的中心。

3. 公民道德教育

1883 年,法兰西第三共和国的教育部长于勒·费里(Jules Ferry)主张把公民教育和道德教育结合起来,确定了“公民道德教育”(instructionmoraleetcivique)大纲,并一直沿用到 1960 年。

该大纲所讲的公民教育一方面包括道德教育,一方面包涵历史和地理教育。这两个基本点构成了法国公民身份教育的重中之重。法国的公民道德教育在二战中的维希政府时期被“道德行动”(actionmorale)所代替。第五共和国成立后,政府提倡重建共和国价值,决定在小学和高中继续公民道德教育。可见,国家的需要和民族的利益,乃是当时法国进行公民教育的出发点和归宿。然而,批评也接踵而来,如 1968 年的革命对公民教育的谴责之声尤为强烈。此后,法国教育改革中,公民教育更强调权利与义务相结合。而且由于法国的政治和宗教中存在着严重的派别对立,因而在学校公民教育中特别强调保持“中立性”。课程名称确定为“公民道德教育”。[1] 20 世纪 80 年代以后,法国公民道德教育强调以“人权”为核心。其教育原则是从周围具体环境出发,逐步扩大视野;从具体和简单的事物出发,引出抽象和复杂的概念:既涉及政治生活,又涉及经济和社会生活。[2] 正式的教育强调用积极的方法开展教学,小学的具体课程交由每班的教师负责,中学的公民道德课主要由历史-地理教师讲授。[3]

目前,在法国的学校,公民教育旨在培养每个学生的人格,对当代世界的理解和生活的自理能力。在法国的基础教育中,公民教育是优先开展的教学科目之一。它不仅是一门学科,还是一种价值观、原则、知识和实践的教育。这些价值观、原则、知识和实践是青年在未来更好地适应民主生活,保证其享受公民权利和承担公民义务所不可或缺的。如今,欧洲国家的青年在不同程度上缺乏民

---

〔1〕 高峰.法国学校公民教育浅析[A].郑州大学公民教育研究中心.公民教育理论与实践——第一届国际学术研讨会论文集[C].郑州大学公民教育研究中心,2004:16.

〔2〕 邢克超.法国学校的“中立性”与公民道德教育[J].中学政治课教学,1986,03:25-26.

〔3〕 ALAIN BERGOUGNIOUX, inspecteur général de l'Éducation nationale. L'École et l'éducation civique. [2014-06-11]. http://media.education.gouv.fr/file/37/6/3376.pdf.

主参与度,公民教育成为了被关注的主题。[1] 在一个以“自由、民主、博爱”为立国之本的国家里,法国学校很少进行政治思想教育,更多的是向学生介绍公民的权利,如选举权等。在道德教育层面,学校希望通过相关课程把社会生活的普遍规则内化于学生心中。[2]公民道德教育不是空洞的理论,它不仅体现在学校的其他课程中,也其与各种课程融为一体。[3] 公民道德教育既帮助学生对深刻认知民主、人权和公民性的内涵,还有利于学校统一实施教学计划并促进其他教学活动的顺利推进。

二、公民道德教育的目标与特色

1. 公民道德教育的目标

“学校应当培养公民”是法国教育政策的重要目标,因为“现代法兰西共和国同我们前辈所处的共和国一样,不能没有热爱共和国的原则和法律的公民。这就是公民教育的首要任务”。[4]

进入新世纪以来,法国的公民道德教育更为具体和丰富。除早前的中小学的“公民教育课”外,2005 年法国议会通过的《学校未来的导向与纲要法》明确指出,“共同基础”由知识与能力两方面构成,掌握共同基础对学生成功、继续培训、塑造个人和未来职业,以及创造成功的社会生活都是必不可少的。

2006 年,又推出了界定学生共同基础知识和能力的法令(以下简称“共同基础法令”),共包括七方面,其中第六项是“培养学生具有较强的社会交往能力和公民意识”。总体来看,学生应在价值观、知识、实践和行为方面学习如何做公民,从而更有效地参与社会和职业生活,并在尊重他人权利的前提下实现自己的自由。同时还要培育学生在尊重个人选择及多样性的基础上,对法国及欧盟的归属感。

---

〔1〕〔2〕 ALAIN BERGOUGNIOUX, inspecteur général de l'Éducation nationale. L'École et l'éducation civique. [2014-06-11]. http://media.education.gouv.fr/file/37/6/3376.pdf.

〔3〕 陈元.法国基础教育[M].广州:广东教育出版社,2004:154.

〔4〕 瞿葆奎.教育学文集(法国教育改革卷)[C].北京:人民教育出版社,1994.667-668.转引自法国中小学公民素质教育现状及问题.

学生首先应该学习如何与他人相处。在知识层面上他们需要了解集体生活规则和人类社会行为准则,知道什么行为是被允许的,什么行为是被禁止的;理解职业、公共和私人空间之间的区别;接受基本的性、健康和安全教育,学习基本的自救知识。

在能力上要求学生遵守规则,特别是学校内部的规则;能够在团队中进行沟通交流和合作,知道如何倾听、阐述、谈判、取得共识、完成任务;能够衡量自己行为的后果,表达和控制自己的情绪,以建设性的方式表现自我;能够在危险的情况下自救。在态度上学生应该懂得社会生活是建立在一系列原则对法国义务教育应达到的目标进行了清晰的界定。〔1〕

"共同基础"中要求中小学学生应作为个体和公民,掌握社会、学校生活的基本规则,具体包括以下三方面:公民的权利和义务;责任与自由的概念及其相互关系;各组织、国家和欧盟的功能性质。〔2〕

其中,小学生要熟记社会生活领域的基本准则,讲文明懂礼貌,能辨认全国性和地方性机构,初步了解人权和国际关系的性质。

初中的"共同基础"要求学生了解作为共和国基本的社会准则,国家宪法和机构的职责,本国历史及其发展中的里程碑;知道有关公用事业、世俗学校、国防和税收制度以及政治力量和社会力量方面的知识。

高中生公民道德教育是"各学科教学都应关注的事情",要使学生"了解、遵守和运用作为共和国基础的人权和公民义务、经济权利与社会义务以及现代民主的成果";通过对当代政治现象的认识,使青年的公民意识得到发展,能充分理解和行使公民的权利和义务。〔3〕

此外,国家教学大纲委员会也对法国各阶段学校公民道德教育的目标做出要求。小学的课程大纲要求公民道德教育使每个学生能更好地融入课堂和学校,同时凸显自身的个性和独立。引导学生反省学校生活中遇到的具体问题,更

〔1〕 安延. 法国基础教育改革指导性文件——共同基础法令出台[J]. 世界教育信息,2006,11:9-11,63.

〔2〕 Le socle commun de connaissances et de compétences [EB/OL]. [2014-06-12]. http://www.education.gouv.fr/cid2770/le-socle-commun-de-connaissances-et-de-competences.html.

〔3〕 李兴业. 法国中小学公民素质教育现状及问题[J]. 比较教育研究,2001,06:1-5.

清晰地意识到公民道德的根本。[1]

初中的课程大纲要求,把"学生能对自己的行为负责,获得基本知识从而了解并践行公民性"作为公民道德教育的目标。同时,学生应了解社会、政治生活的复杂性,通过具体的情境(如班级学生代表选举等),熟知有关公民身份的重要概念或词汇。其中包括集体生活及有关初中生、儿童和居民等概念;国家的基本原则,如世俗性;多样化、平等、安全、自由、权利、公正的价值;法兰西共和国及其民主构成等。[2]

高中阶段,公民道德教育称为"公民、法律和社会教育"(les cours d'Education Civique, Juridique et Sociale, ECJS),课程大纲主要让学生通过具体的学习,领悟组成社会生活和建立国家的集体规则。[3]

2. 公民道德教育的特色

"从社会出发,为社会服务"是法国公民道德教育的特点。从上述教育目标中不难看出,法国十分注重培养学生的自主精神,通过循序渐进的学校教育,让学生学会保护自己的公民权利,并领会作为法国公民应具备的社会责任和民族精神。法国学校也十分重视对公民道德知识的讲授,并把其作为德育教育的重要手段。

法国还存在一种特殊的公民教育形式,即每年11月11日(第一次世界大战法国和德国停战协定签订日)的"国防与公民日"(Journée défense et citoyenneté,原名为国防准备召唤日 ex-JAPD)。在这一天,所有16—18岁的青年,必须参加以准备履行国防义务为主要内容的国防教育活动,并参加与法语相关知识的评估测试。测试内容主要有介绍国防知识和不同形式的参与活动,如志愿公民服务,志愿服兵役等。在一天的活动之后,每位参与者都将获得一份证明,只有获得该证明的学生才可以参加国家性竞考或测试(如职业技能合格证书、职业教育文凭、高中会考、驾驶证等),有效期到25岁。该活动日由法国国防部组织,取代

[1] Présentation des programmes et des horaires *à* l'école élémentaire [EB/OL]. [2014-06-12]. http://www.education.gouv.fr/cid38/presentation-des-programmes-et-des-horaires-a-l-ecole-elementaire.html.

[2] Les programmes du collège [EB/OL]. [2014-06-12]. http://www.education.gouv.fr/cid81/les-programmes.html# Histoire-géographie-éducation_civique.

[3] Les enseignements de la classe de seconde [EB/OL]. [2014-06-12]. http://www.education.gouv.fr/cid52692/les-enseignements-de-la-classe-de-seconde.html.

了法国的兵役。[1]

值得一提的是,法国的公民道德教育并非只在专门的课堂中讲授,学校越来越重视在各类课程,不仅是历史-地理课,还包括环境保护、社会-经济等课程中融入公民道德教育。公民道德教育除知识和能力的引导外,校内活动也发挥了积极的作用。法国的学校生活有利于学生了解有关规则条例,且尽量为学生创造积极参与集体活动的机会,培养他们的责任心以及和暴力现象作斗争的意识。[2]

为了更好地让学生了解"公民身份",依照社会普遍遵循的道德行为规范来引导学生,法国学校还推出学生代表制度。即每个班重点培养一些积极分子,让这些学生能在学生中起到表率作用。学校成立学生代表会议或高中生之家,让部分学生学习高中生的权利和义务等相关文件。学习内容包括公民的言论、结社、集会权,以及表决、劳动等权利。从而让这些学生对公民的本质有更为具体和深入的认识。

学生中最为有名的工会便是全国高中学生联盟(Union nationale lycéenne)。该机构作为学生的代言人,不论其价值观念、政治倾向或宗教信仰如何,旨在团结所有高中生,捍卫其共同利益,以使学生能真正参与到公正和民主的社会生活中。该联盟对学校的公民、法律和社会教育课程的实施起到了积极的推动作用,同时还参与到政府的某些教育决策过程,以及其他与教育相关的事物中。[3]

法国还十分重视学校与家庭在公民道德教育中的合作。早在 20 世纪 70 年代,法国中小学建立了"家校共同体"(école-famille-communauté)。《教育方针法》指出,"学生家长是学校的经常性合作者","是教育共同体不折不扣的成员",为使今天的学生——明天的公民,在未来职业生活和公民品德方面成为一个"负有责任者",学校与家庭应密切配合,共同完成这件至关重要的大事。[4]

---

[1] L'éducation *à* la défense: le parcours de citoyenneté [EB/OL]. [2014-06-12]. http://www.education.gouv.fr/cid4507/l-education-a-la-defense.html# Un parcours citoyen construit en partenariat avec le ministère de la défense.

[2] 陈元.法国基础教育[M].广州:广东教育出版社,2004:156.

[3] Présentation de l'UNL. [2014-06-12]. http://unl-fr.org/articles-d-accueil-principaux/presentation-de-l-unl.

[4] 李兴业.法国中小学公民素质教育现状及问题[J].比较教育研究,2001,06:1-5.

三、公民道德教育体系及内容

在中央集权的教育体制下，法国学校中的公民道德教育由国民教育部统一安排，包括制定统一的标准，设置课程年限、大纲，规定教材和参考资料，甚至包括每个年级的该门课的时长也有规定，任何人不得更改。教育部还规定各地教育行政部门设专门机构或专人负责学校德育事务〔1〕。各省根据法国政府关于公民教育的统一教育指导大纲，结合本地情况开展具体的公民道德教育。〔2〕尽管法国在20世纪80年代开始下放地方教育权，但在公民教育方面，由国家统一规划的格局没有改变。也正是由于法国政府对其公民教育的这种集中统一管理，显示出较高的组织化程度，因此，有研究显示，与其他西欧国家相比，法国青少年学生的政治参与意识和政治参与能力都是最强的。〔3〕

目前，法国从幼儿园起，经小学、初中到高中均对学生开展公民道德教育。小学的公民道德教育往往与基本技能的学习相关，在历史-地理课上也有涉及，主要围绕自尊和个人责任这两个核心价值观展开。

初中阶段公民教育的时长为每周1小时，教学主题是连贯渐进的。初一年级学习人的权利和义务，特别强调初中阶段学生的受教育权和学生应尽的义务，了解公民原则，以及对环境和各种遗产的责任。初二年级主要学习平等、团结和安全等概念，让学生形成法律面前人人平等的意识；拒绝歧视，强调人的尊严，亲属间的友爱，社会团结和各种安全和危险问题。初三年级强调法国的自由、权利和公正，以及欧洲公民的权利。初四年级涉及公民身份和民主等问题，法国权力组织，公民身份的不同方面，几项民主大讨论（如性别、信息和传媒等热点问题）和国防与和平的现实状况等。

初中公民道德教育有以下几个特点：关注人与公民之间的区别，以使教学不会变得抽象难懂；注重案例教学以便把知识从一般过渡到普遍；《人权宣言》奠基者的相关课文知识和所有引据详实的研究问题。从2000年起，中学第一阶段毕

---

〔1〕 赖新元.法国中小学教育特色与借鉴[M].北京：中国戏剧出版社，2009：118.

〔2〕 侯丹娟.比较视阈下的当代英、法公民教育[J].理论月刊，2013，10：181-183.

〔3〕 高峰.法国学校公民教育浅析[A].郑州大学公民教育研究中心.公民教育理论与实践——第一届国际学术研讨会论文集[C].郑州大学公民教育研究中心，2004：16.

业考试中加入了一项特殊的考察内容，即让学生对材料进行分析论证。2006年，这一考试的成绩被计入初中毕业生的“社会生活”成绩中。

高中进行“公民、法律和社会教育”，其中高二年级学生须反思公民身份；高一年级认识公民身份的相关制度和实践；毕业班从当代世界的角度学习公民身份。总体来看，高中公民教育更像是一种政治教育，每两周的课时长为2小时，需要提前准备。每周课时由各学科教师志愿者保证，但实际上主要由历史、地理或经济社会科学教师负责。[1] 在教学中，教师们会尽量避免简单的制度介绍，也不会对学生进行反复灌输，并试图让学生参与口头表述。

法国公民道德教育实施途径主要有三种：

一是显性课程——直接开设公民道德课。只要不违反公民道德教育目标，具体的教学工作可由各阶段负责老师灵活展开。教学方法并非简单地灌输，而是根据不同年龄段学生的身心发展特点，教学方法各有侧重。如在小学低年级主要采取讲故事法、谈话法，而在高年级则以讨论、实践指导等方法为主。[2]

二是隐形课程——借助其他课程进行公民道德教育。在法语、历史-地理、经济社会和哲学等课程中，教师们也注重对学生公民道德的培养和启迪。

三是以横向专题或课外活动形式开展的公民道德教育。法国学校为学生安排各种学习合作小组、俱乐部，开展课后参观、体育活动，创建学生之家等，极大程度上培养了学生的公民性与道德实践能力。[3]

1. 小学的公民道德教育

法国小学五年制，其“公民与道德教育(Instruction civique et morale)”对象为6—11岁学生。小学的公民道德课具体分几个阶段展开。

预备阶段(Cours préparatoire，一年级)和基础阶段第一年(Cours élémentaire

---

〔1〕 dernier cycle de l'école. ALAIN BERGOUGNIOUX, inspecteur général de l'Éducation nationale. L'École et l'éducation civique. [2014-06-12]. http: //media. education. gouv. fr/file/37/6/3376. pdf.

〔2〕 法国中小学教育特色与借鉴赖新元123。

〔3〕 dernier cycle de l'école. ALAIN BERGOUGNIOUX, inspecteur général de l'Éducation nationale. L'École et l'éducation civique. [2014-06-12]. http: //media. education. gouv. fr/file/37/6/3376. pdf.

première année,二年级)的公民道德教育主要包括认识道德原则、深入集体生活准则、健康教育、安全教育、承认和尊重共和国的标志和象征。详细内容见表 8-1。[1]

表 8-1 法国小学一、二年级公民与道德教育的主要内容

公民道德教育的主要方面	预备阶段教育的基本内容	基础阶段第一年教育的基本内容
认识道德原则	• 了解基本道德的首要准则; • 认识权力和义务的基本概念	• 制定、了解和实践班级规定,遵守学校规则:明确班级中的权利和义务;尊重校内外公共准则
深入集体生活准则	• 学习简单社会礼仪; • 尊重他人; • 配合班级活动等	• 会运用各种社交礼仪;尊重同伴和成人;有责任和自制能力;爱护学校财物和公共设备等
健康教育	• 讲究个人卫生,形成健康的生活习惯;学会分辨食物等	• 懂得生活中的各种健康卫生知识;注重平衡膳食,节约水资源等
安全教育	• 学会判断危险事物; • 有道路安全意识,结伴而行	• 能分辨危险事物并知道保护措施; • 尊重道路交通安全规则,并能自我保护
承认和尊重共和国的标志和象征	• 认识法国三色国旗,并明白其内涵	• 认识共和国象征:《马赛曲》、三色旗、玛丽亚娜、"平等、自由、博爱"三原则;知道法国历史中的重要纪念日

基础阶段第二年(Cours élémentaire deuxième année,三年级)、中级阶段第一年(Cours moyen première année,四年级)、中级阶段第二年(Cours moyen deuxième année,五年级)的公民道德教育主要从懂得自尊和尊重他人、社会关系组织中法律规制的重要性、公共和民主生活的基本组织规则、法兰西民族的构成特征,以及欧盟和说法语国家的基本知识和能力等几方面展开。详细内容见表 8-2。[2]

[1][2] Progressions pour le cours élémentaire deuxième année et le cours moyen. [EB/OL]. [2014-06-12]. http://cache.media.eduscol.education.fr/file/Progressions_pedagogiques/75/7/Progression-pedagogique_Cycle3_Education_physique_et_sportive_203757.pdf.

表 8-2 法国小学三、四、五年级公民与道德教育的主要内容

公民道德教育的主要方面	基础阶段第二年教育的基本内容	中级阶段第一年教育的基本内容	中级阶段第二年教育的基本内容
自尊和尊重他人	• 懂得什么是尊严；尊重他人人身和思想；遵守礼节；学会接待和尊重病人、残疾人； • 了解真实、诚实和勇敢的意义；了解正义的含义； • 努力和有条理、理性地做好一项工作；遵守校内外生活规则；学会与他人合作		
社会关系组织中法律规制的重要性	• 了解民主国家法国尊重人的权利，因此人要遵守法律等	• 懂得公民责任感，了解公民权利和义务；知道法国所有法律均服从于《1978 年公民与人权宣言》；认识并能解释认识和解释一些格言，如"任何人不能蔑视法律""人不可能既是裁决者又是当事人"等	• 认识欧盟的象征标识并了解其含义；理解《人权宣言》中"每个人都有义务与群体保持一致，并能够获得自由和和充分发展其个性"的内涵；认识并能解释认识和解释一些格言，如"任何没有被禁止的事并非就是理所当然的"等
公共和民主生活的基本组织规则	• 认识共和国及其象征和格言，共和国总统及其普选制度；议会、法律的制定和作用；司法制度；地方民意代表，尤其是市镇长等；公共机构运作实例； • 认识对人的保护及其安全(警察、宪兵、消防员)；社会保障和友助；交通安全；家庭安全等；言论和信息自由； • 懂得何谓"歧视"并能指出歧视的不良做法等		
法兰西民族的构成特征	• 掌握法语；了解法兰西共和国的形成史；通过地图、象征性标志、体育竞赛等了解法兰西特点	• 法语的发展历史，了解方言；了解世界中的法国	• 认识法兰西学院及其作用；熟知法国的重要历史和法兰西民族性的形成
对欧盟和说法语国家的认识	• 了解欧洲的形成；掌握法语并会一门外语；知道说法语的国家	• 认识欧盟的不同国家、欧盟发展的重要阶段及其形成原则； • 懂得"讲法语国家共同体"这一概念	• 理解"欧洲公民"概念及其主要原则；了解法国本土外的法语演变等

2. 初中的公民道德教育

初中的公民课内容是小学基础上的扩大，课程时长也有相应的增加。对象

为12—15岁青少年。自1999年起，初中毕业考试(brevet)中包含了一两个有关公民教育的问题。这更提高了教师和学生对公民道德教育的关注度。初中教学大纲里所规定的公民教育内容非常全面和丰富，且每个阶段有不同侧重。大致内容见表8-3。[1]

表8-3 法国初中公民与道德教育的主要内容

公民道德教育的主要方面	初中六年级(初一)适应阶段	初中五年级和四年级(初二、初三)中心阶段		初中三年级(初四)指导阶段
公民道德教育的主要方面	• 人的权利与义务	• 平等、互助、安全	• 自由、权利、司法	• 公民性、民主防卫与和平
具体内容(部分)	• 学校的含义； • 学生是一个有权利和义务的人； • 对生活环境、周围环境以及对国家遗产的责任	• 法律面前人人平等、拒绝不公平待遇、人的公民性、团结精神； • 在学校以及日常生活中的安全问题	• 个人与集体自由； • 本质相异的权利； • 法国的司法、人权与欧洲(共同价值观、欧洲公民身份等)	• 公民性、国籍； • 第五共和国的政府机构、国防、法国公民与世界、民主社会的概念(对民主的讨论)； • 欧盟组织机构； • 社会政治生活中妇女的地位等(选学)

除表所列内容外，初中生还会接触与自身环境相关的公民道德知识。如初一年级要了解所在市镇的地理、历史、行政管理(市议会、正副市长、市政部门)以及不同市镇之比较与国家的关系；初中二年级要了解所在省的地理、历史、行政管理等情况；初中三年级要了解社会职能及服务项目，市镇、省、地区各级经济与社会组织，城市水电、食品供应以及邮电、交通、医院、银行等公共机构职能，学生要走向社会，进行调查参观；初中四年级要认识国家政治机构及其原理、法国经济成就和文化成就，与地理、历史课相配合。[2]

3. 高中的公民道德教育

高中的“公民、法律和社会教育”课涵盖高中三个年级，每周为0.5课时。从20世纪90年代后期，法国关于高中改革的一系列重要文件——国家教学大纲

[1] 陈元. 法国基础教育[M]. 广州：广东教育出版社，2004：154.
[2] 赖新元. 法国中小学教育特色与借鉴[M]. 北京：中国戏剧出版社，2009：125，126.

委员会发布的有关教学大纲改革报告、“为了 21 世纪的高中”和“在高中教授什么”的调查报告中，我们可以清晰看到，法国政府希望在追求教育结果平等的美好愿望下，能够让学生掌握一种共同文化（la culture commune）。[1] 教育的主旨是“教授公民身份”（enseigner la citoyenneté）。由于从小学到初中，学生在多年的公民道德教育中获得了相关知识。因此在高中阶段的公民道德教育主要围绕各类概念或主题，由教师根据大纲选取现实素材并组织引导学生进行讨论。每个年级的教育内容有不同侧重。详见表 8-4。

表 8-4 法国初中高中公民与道德教育的主要内容 [2]

公民道德教育的主要方面	高二年级	高一年级	毕业班
公民道德教育维度与各自主题	• 从社会中生活到公民身份： 公民身份和平民性（civilité）； 公民身份和整合（如出生率问题）； 公民身份与劳动； 公民身份和家庭关系的演变	• 公民身份的制度与实践： 公民身份的行使与代表制和政治权力的合法性； 公民身份的行使与政治参与和集体行动的形式； 公民身份的行使与共和国和地方主义； 公民身份的行使与公民的义务	• 当今世界变革考验下的公民身份： 公民身份与科学技术的变革； 公民身份与公正、平等的新诉求； 公民身份与欧盟的构建； 公民身份与世界化的新形式
教育的核心问题	• 让学生发现公民资格构成的维度，认识公民资格的原则和现实实施之间存在的张力	• 如何通过现存制度行使其“公民身份”，寻找制度的理论运作和现实运作之间的距离，分析其中的原因	• 培养学生能提供充分论据基础上的辩论（ledébat argumenté）的能力
选材内容	• 欧洲选举和欧洲范围内的公民身份； • 世界人权宣言 50 周年和其现实意义； • 政治腐败，现实与过去的实例比较； • 食品污染与消费者保护	• 何为公民身份？ • 分析代表制和政治权力的合法性； • 当代民主社会中直接民主的掌握者与代表制民主掌握者之间的对立	• 是否应根据一些原则对科技进步进行限定？ • 如何理解民主国家中法官的角色？ • 欧盟对传统公民身份的影响； • 地理人口的变化对公民身份的影响

---

[1] 汪凌．法国普通高中的课程研究[J]．全球教育展望，2002，03：22-26.

[2] Éducation civique，juridique et sociale classes de seconde，première et terminale [EB/OL]. [2014-06-12]. http://www2.cndp.fr/archivage/valid/41098/41098-6083-18145.pdf.

此外,法国教育部网站上向高中教师和学生提供了一系列公民道德课程资源,相关人员可借用这些素材展开丰富的讨论。[1] 高中的公民道德教育更加灵活,即让学生自主讨论取代了教师单一的灌输方法。让学生共同选择主题,着手准备材料,小组分工合作整理论据,并展开辩论或呈现报告(学生主要发表对公民社会中各种现象的认识)的教育形式,让学生更能深刻认识到自己的公民权利、义务和责任。也告知学生作为社会一份子,如何有效地参与社会和职业生活,并在尊重他人权利的前提下实现自己的自由,从而更好地融入到公民生活中。

从法国各阶段学生接受的公民道德教育的主要内容不难发现,政府更多地关注对未成年学生公民性以及爱国主义思想的培养,也注重培养学生在法律框架下的权利和义务等意识的培养。同时为学生更好地进入社会生活做出积极的准备。在理解与公民道德相关的重要概念的基础上,学校侧重通过具体的公共社会实例来潜移默化学生的公民道德意识,并使其内化于学生的言行中。

第二节 公民道德教育的挑战与发展动向

一、公民教育难掩重重校园问题

法国公民道德教育尽管历史长久、发展迅速,但仍存在一定的问题。

1. 学校层面

从学校层面出发,首先,有许多教师表示,自己在公民道德课上的准备工

[1] Ressources pour la classe de seconde du lycée général et technologique [EB/OL]. [2014-06-12]. http://cache.media.eduscol.education.fr/file/lycee/78/5/LyceeGT_Ressources_HGEC_2_148785.zip.

作不足。在招聘中学教师时，公民道德教育教师也和其他教师一样需参加专门的考试。但教师培训学院目前并未对公民道德教育"模块"予以足够的重视。

其次，与普通高中相比，职业高中的公民道德课严重缩水，在高三技术毕业班甚至未开设该门课程。这一现象也受到很多人的诟病。

再次，公民道德课堂中有效的教学方法与校外的公民教育活动之间的衔接也不够紧密。尽管教师在公民道德教育中起主要作用，但与各种公共权力的代表间的合作也十分必要。其中特别包括了解学生事务、处理学生家庭和个人问题的行政官员，研究社会、医学心理和健康等人士，以及负责校园信息和预防的警察等。纵然学校道德教育同这些人士的合作并非是有规律、不间断的，但它在学生的公民教育问题上越发具有影响力。因为公民教育有赖于这些利用其知识、公正心、医学和心理研究本领域的各界人士。

此外，尽管一些学生家长成立各种协会，参与到学校或班级的委员会中，同时也介入到学生的课外活动中，但当涉及提高学生言行的各种探讨和活动时，家长往往又显得犹豫不决，不愿参与。这与学校缺乏整体性的政策有关。因此，如果学校希望家长能发挥更大的作用并与其形成常规合作，则需要在学校和家长协会间建立更明确细致的合作备忘录，这样也有助于更好地评估公民教育的成效。[1]

在学生表现方面，学校也面临两大难题。一是学生学习积极性不高、兴趣不浓，厌学、辍学现象严重；二是学生的公民道德素质令人担忧，校园暴力、吸毒等问题十分突出。

2. 学生层面

多项国际组织和法国教育部自行开展的学测都表明，法国教育正处在瓶颈阶段，学生的学业成绩严峻地拷问着法国的教育现状。如经济合作与发展组织(OCDE)针对法国 15 岁学生(即基本完成义务教育的学生)的国际学生评估项

〔1〕 ALAIN BERGOUGNIOUX, inspecteur général de l'Éducation nationale. L'École et l'éducation civique. [2014-06-12]. http://media.education.gouv.fr/file/37/6/3376.pdf.

目(PISA)结果显示,法国小学生在阅读、书写和计算方面的能力近年来不断下降。

2007年,初一年级中面临学业困难的学生占15%,25%的学生知识掌握不牢固。在教育优先区这一数据为30%~35%。1987至2007年间,小学五年级毕业班(CM2)学生的成绩有明显下滑。面对一份同样内容的听写材料,学生的拼写错误从平均的10.7个增长到了14.7个。拼写错误超过15个的学生比例1987年为26%,而20年后这一比例高达46%。其中语法错误由7个上升为10个;同一个单词1987年的拼写正确率为87%而2007年只为63%。在阅读方面,1997年至2007年间,初一年级学有困难的学生比例分别由14.9%增长到19%,优先教育区的比例增长尤为显著。2000年至2009年法国学生的各项能力均有所降低。且学生成绩的两极分化现象加剧:阅读测试成绩较差的学生比例由15%上升到20%;数学测试成绩由2003年的16.6%上升到22.5%。

在2011年国际阅读素养研究调查中,法国仅排在45个国家中的第29位,且未完成试卷的人数是在所有测试国家中最高的。[1] 法国统计局(INSEE)发布的一项调查报告显示,法国人的受教育水平低于欧洲的平均线。目前,法国从小学至大学均存在严重的学业失败现象。[2] 2012年,法国18—24岁青年中有11.6%未获得毕业证书便辍学,或只获得中学第一阶段毕业证书(brevet),且此后再未接受其他教育。此外,在25—48岁的法国人中,有14.8%的人未获得毕业证书,或只拿到小学毕业证书(certificat d'études primaires, CEP)。

在法国,如果学生在一个月内4次未请假并不到校上课,就视为逃学行为。而学习成绩低下,多成为学生厌学逃学的主因。一些青少年未接受扎实的文化

---

〔1〕 Forte progression des lacunes à l'école, selon plusieurs enquêtes. [2014-06-12]. https://fr.news.yahoo.com/forte-progression-lacunes-%C3%A0-l%C3%A9cole-selon-plusieurs-enqu%C3%AAtes-111753196.html.

〔2〕 Éducation: les Français, moins instruits que la moyenne des Européens. [2014-06-12]. http://www.lepoint.fr/societe/education-les-francais-moins-instruits-que-la-moyenne-des-europeens-21-02-2014-1794569_23.php.

熏陶，又缺少公民应接受的道德行为教育，很有可能成为社会的不安定份子，这种情况着实令人担忧。

3. 校园暴力

校园暴力近年来一直困扰着法国的教育参与者。语言暴力、身体暴力、性暴力、敲诈勒索、偷盗、损坏公物、吸毒贩毒、携带武器或危险物品等各种事件在法国校园泛滥。据统计，有十分之一的中小学学生表示曾受到骚扰，这些骚扰小到偷食、嘲笑侮辱、戏弄欺负，大到威胁、殴打、勒索，甚至是性暴力。且随着新通讯技术的使用（如手机、数码社交网络），学生间的欺凌现象不断恶化，并延伸到了校园外。

网络欺凌除采用一般的辱骂、戏弄等形式外，还包括散布谣言和发布受害人照片或其视频等。最常用的欺凌手段包括短信，恶意或羞辱类电话，身份窃取等。

暴力对青少年的身心健康影响最严重，有可能导致孩子缺乏自信、产生心理障碍、抑郁症甚至自杀倾向，从而出现辍学现象。同时教师也常常受到辱骂和人身伤害，甚至受到致死的威胁……这些不是影视作品中的镜头，而是法国学校暴力的真实表现。

国民教育部的调查显示，2012 学年至 2013 学年法国初高中校园总计发生 5.4 万起严重的暴力事件。有 10%的学校暴力现象严重，且暴力事件发生率高达 40%。70%的暴力事件发生在初中校园，16%发生在职业高中校园，还有 14%发生在普通高中、技术高中学校或综合高中。

据统计，1 000 名中学生中平均有 14.4 人曾经历过严重的暴力事件。就事件发生的种类来看，40.7%的暴力事件属于语言暴力，主要表现为学生面对教师时的不尊重行为，32.8%为有肢体接触的暴力事件，这一类型主要发生在学生之间。此外，暴力事件中还包括 2%的性暴力、敲诈勒索及侵犯他人隐私等类型的行为。侵犯财产的暴力行为（包括偷盗、损坏设备设施等行为）或危害个人健康的暴力行为（如非法使用毒品、违禁药品等）占整体的 10%。

引发社会提高警惕的是，初高中学生在毒品、麻醉剂方面的使用比例有了明显的上升。所有暴力事件类型中有 2.7%属于非法使用毒品范畴，而这一比例在2007/08学年的调查中仅为1.9%。[1]

教育部长樊尚·佩永(Vincent Peillon)曾公开表示,目前法国每4个初中生中就有3个学生为大麻使用者。因此,法国初中生已成为大麻消费中的"纪录保持着",这和法国中学生饮酒情况一样严峻。法国毒品和毒瘾监测中心(l'Observatoire français des drogues et des toxicomanies, OFDT)也公布了"欧洲学校关于烟酒消费的调查"(ESPAD)结果。在吸烟问题上,有74%的高中生承认有过吸烟史。经常吸烟的比例也从初中的16%升至高一的近30%,而到高三年级则增至三分之一。吸食大麻的学生比例在高中也有较大增幅。49%的高中生承认吸食过大麻,初四年级吸食大麻的人数比例是初三年级的一倍多(占24%),到了高一年级,这一比例更激增到41%。而且有8%的高中生经常吸食大麻(每月超过10次),尤其是高二学生的吸食率最高(11%)。在饮酒方面,二成高中生表示经常喝酒,六成高中生表示曾至少有过一次醉酒的经历。[2]

上述问题并非只由于学校教育的失利而造成,家庭教育在学生的公民道德培养上也起着举足轻重的作用。法国政府曾提出推行"家长责任制",希望通过与家庭合作来解决长期存在的逃学和校园暴力等教育顽疾。但照目前来看,这些不良现象依然没有得到很好的缓解。

最后有一点值得说明的是,目前欧盟的扩展和发展也已经体现在法国的公民教育课程之中,这要求法国儿童在学会成为法国公民的同时,又要成为欧洲公民。即使欧盟已经成为国家联盟的典范,各民族国家的利益终究不能等同于欧盟的整体利益。如何处理法国公民与欧洲公民的关系,也是法国公民道德教育所面临的挑战。

---

〔1〕 Violence concentrée dans une minorité de collèges-lycées. [2014-06-12]. http://www.lefigaro.fr/flash-actu/2013/12/17/97001-20131217FILWWW00554-violence-concentree-dans-une-minorite-de-colleges-et-lycees.php.

〔2〕 Drogue et alcool: Peillon veut protéger les collégiens. [2014-06-12]. http://www.lepoint.fr/societe/drogue-et-alcool-peillon-veut-proteger-les-collegiens-16-06-2013-1681509_23.php.

二、公民道德教育发展的新契机

如何能使公民道德教育发挥最大的作用，还法国校园一片宁静和谐的育人氛围，成为近年来国民教育部的工作重点之一。如2003年吕克·费里(Luc Ferry)部长发表公开信，强调要重视教师权威。他认为，置于教育系统核心的，不应只是学生或知识，还有学生与知识间的关系。也就是说一方面要强调教师的传递作用，另一方面要明确学生学习的必要性。部长级代表挨格扎维埃·达科(Xavier Darcos)也指出，尊重权威先要尊重教师，不能混淆教育者与被教育者的地位；其次是尊重校规，学校是特殊的教育场所，因此校规是履行教育使命的必要保证。[1]

关于道德问题，前总统萨科奇也特别强调"尊重"的内涵，认为"尊重应当成为全部教育的基础……教育产生尊重"。他认为，奖励优秀，惩罚错误，让青少年分辨清真、善、美、伟大与深刻的事物与假、恶、丑、渺小与平庸的事物，是教育者为儿童所承担的工作，也便是对儿童的尊重。为此，他希望重建"一种尊重的教育，一个尊重的学校"，希望儿童"学会礼貌、思想开放、宽容等尊重的形式……让每个学生学会相互尊重，尊重不是自己的观点，尊重自己并不赞同的信念，尊重与自己格格不入的信仰。使其懂得差异、矛盾、批评远未成为其自由的障碍，相反却是丰富个人的源泉"。[2]

从各类教育问题中我们不难发现，学生的公民道德教育并非是孤立的，还与学生的学习态度，家庭对学生的影响，校园的学习环境以及社会大背景息息相关。

最近十年来，法国教育部推出一系列政策，痛下决心对抗逃学辍学、校园暴力等问题。如在初高中设立中转班(classes-relais)[3]，把一些学业有困难、厌学或经常逃学，常违反校规的学生聚集在一起，提供专门的帮助和指导。一方面为这些学生重树信心，打破其内心与学校的隔阂，另一方面还在校生一个平静、

---

〔1〕 Luc Ferry. Lettre tous ceux qui aimentl. cole, CNDP, PARIS, 2003. [2007-09-12]. http://www.education. gouv. fr/.

〔2〕 王晓辉. 法国公民教育的理论与当前改革[J]. 教育科学，2009:85-91.

〔3〕 Des dispositifs relais pour "reprendre goût *à* l'école" [EB/OL]. http://www. vousnousils. fr/2014/03/10/des-dispositifs-relais-pour-reprendre-gout-a-lecole-552734.

安宁的学校环境。

教育部长樊尚·佩永在上台初期就提出增设部长级代表岗位，该职位专门负责预防和对抗校园暴力。同时在校园设立了一个新职位——安全及防御助理（APS）。即教育部向校园暴力事件多发的学校委派了500位安全及防御助理负责实行预防学校暴力事件的政策，协助学校处理危及人身和财产安全的严重性事件，并同其他工作人员一起参与学校的教育事务。

另外，教育部推出的国民教育计划也再次提出公民道德课是教导青少年道德观的重要途径。此外，樊尚·佩永还建议问题学生可寻求公民服务（Service Civique）的帮助。

公民服务是一个法国政府鼓励公民参与、支持公共事务的机构。该机构可以帮助辍学学生在协会组织中获得一段相关经历。2013年，3 500名辍学者接受了公民服务的帮助，其中176人选择了组合模式（formule combinée），这种模式可以让辍学者进行公民服务的同时，在教育机构重新学习并参与培训专业的相关活动。学校也要为辍学生提供第二次就读机会，如增建继续学校和微型高中（microlycée），专门对需要重新夯实基础和重拾"学生技巧"（métier d'élève）的青年敞开大门。[1]

在控制未成年学生吸烟或吸食大麻的问题上，教育部最近也出了新招：首先，在中小学建立互帮互助组织。即让青少年接收一些来自同龄伙伴或学长学姐的中肯建议。跨部级打击毒品和吸毒任务处（MILDT）[2]声称，叛逆期的青少年总是对长辈的话充耳不闻，但却对伙伴们的建议少有不耐烦。因此借助同伴的帮助和影响力不失为一个好方法。同时，对与青少年最常接触的专业人群展开早期干预培训。这部分专业人士包括教师、医务人员、动画制作者、婴幼儿护工等与青少年生活息息相关的人士。负责协调该战略计划的跨部级打击毒品和吸毒任务处表示，这些教育参与者将接受系统培训，为及早对青少

[1] Les 5 solutions de Peillon pour lutter contre le décrochage scolaire [EB/OL]. [2014-06-12]. http://www.20minutes.fr/societe/1271451-20140108-5-solutions-peillon-lutter-contre-decrochage-scolaire.

[2] 跨部级打击毒品和吸毒任务处成立于1998年，是法国打击吸毒和毒品交易等现象的重要机构。可参见[2014-06-12]. http://fr.wikipedia.org/wiki/Mission_interminist%C3%A9rielle_de_lutte_contre_les_drogues_et_les_conduites_addictives.

年开展相关教育,从学生的学习、娱乐、生活各方面着手以为预防其误入歧途做好准备。

此外,国家还将为吸烟学生的父母专门设立电话专线。这一措施旨在加强公众对父母监督和教育孩子时的支持,让学校的公民教育成为社会的公民教育。[1]

可见,只有汇聚社会、学校、教师、家长和学生自己全方位的力量,公民道德教育才能真正实现其最终目标。当然,法国在公民与道德教育上出现的症疾,决不仅仅是教育问题。从更深层次和更大范围上看,有着深刻的社会、政治原因。社会问题不能妥善解决,单纯的教育方法就必然显得苍白无力。而法国的教育工作者显然已经注意到了这一现实状况。

第三节 情操的培养:法国的艺术教育

一、"艺术与文化教育"的概念形成与发展现状

1. 何谓"艺术与文化教育"?

当今世界,文化的重要性日渐增强,中小学文化教育也逐渐成为提高国民素质、提升国家软实力的重要手段。法国作为传统的文化艺术大国,同样重视对青少年文化和艺术的熏陶与培养。法国中小学艺术与文化教育概念的形成过程和历届法国政府的文化政策密不可分。

从 20 世纪 70 年代开始,曾经各自为政的国民教育部同文化与传媒交流部

[1] Plan de lutte contre les drogues: les premières mesures dévoilées. [2014-06-12]. http://etudiant.lefigaro.fr/les-news/actu/detail/article/plan-de-lutte-contre-les-drogues-les-premieres-mesures-devoilees-4140/.

开始联合推进文化艺术教育。1981 年,时任文化部长后又担任教育部长的雅克·郎首次提出"艺术教学"(l'enseignement artistique)的概念,其特点是"包含但超越那些单科的艺术课程"。1988 年,法国议会两院通过了《艺术教学法》,反映出法国上下对艺术教育的重视。[1] 2000 年和 2005 年,法国国民教育部和文化部连续推出两个五年计划,"艺术教学"的概念先后扩展为"艺术教育"(l'enseignement artistique)和"艺术与文化教育"(l'éducation artistique et culturelle)。

2012 年奥朗德政府上台后,提出了多项改革措施。其重点之一便是强化中小学艺术与文化教育。在新出台的《重建共和国学校导向和纲要法》中,"艺术教学"正式被"艺术和文化教育"取代。在 30 年的发展中,法国官方逐渐对艺术与文化教育形成了如下认识:"艺术和文化教育致力于发展个人才能,平等的接受文化;它促进对艺术和文化遗产的认识,繁荣现代创作,有利于人民参与到创作和应用的发展过程之中;艺术和文化教育主要以艺术教学为基础,同时贯穿于由教育部和文化部确定的所有学生学校教育的整体过程中。"[2] 在这一过程中,学生可以掌握艺术和文化知识,进行艺术实践,深入了解艺术作品、艺术创作人员以及有艺术和文化特色的事件和场所。要实现这个过程,必须依靠地方政府和各种在艺术与文化领域的创作者共同推动。非常明显,艺术教育的基础建立在艺术史和艺术科学的原理与实践基础之上,尤其是器乐和声乐、视觉艺术、戏剧艺术、空间艺术和应用艺术等。[3]

由此可见,法国中小学"艺术和文化教育"是一个不断发展的概念。历经多次调整,其关注点已经从简单的课堂扩展到了学生的全面发展和社会公平;与之相应,其教育理念也从单一的学科逻辑扩展到了教育学逻辑和社会学逻辑。

---

〔1〕 Loi n°88-20 du 6 janvier 1988 relative aux enseignements artistiques [EB/OL]. [2014-06-12]. http://legifrance. gouv. fr/affichTexte. do? cidTexte=JORFTEXT000000684067.

〔2〕 Code de l'education, article L121-6 [EB/OL]. [2014-06-12]. http://dcalin. fr/textoff/code_education. html#3122.

〔3〕 Un enseignement obligatoire *à* l'école, au collège et au lycée [EB/OL]. [2013-11-08]. http://eduscol. education. fr/cid45674/presentation-generale. html.

2. 法国中小学的艺术与文化教育现状

目前,国民教育主管义务教育阶段(小学 5 年、初中 4 年、高中 3 年)文化和艺术课程的编排,并制定教学大纲,规定基本课时;文化部则负责开发、资助各项"艺术计划"和"艺术与文化项目的班级活动",协调社会力量进入中小学校园。

进入新世纪以来,法国中小学的文化与艺术教育十分注重多样化的发展。自 2002 年起,小学和初中可以选择开设一种"时间调配班级",以加强艺术和文化教育。开设这种班级时,小学要得到学区督导和地方教育事务主管的批准,初中则由地方学区长批准。国民教育部为这类班级制定专门的教学大纲,其艺术教学水平相对较高,学生应掌握的艺术知识和技能也相对严格。普通的艺术和文化课程教育强调培养学生的基本艺术素养,这种班级的教学则明确提出了一定的"技能"性要求。文化部下设的音乐、舞蹈、戏剧和表演司负责对其进行专业指导[1]。在总教学课时不变的前提下,这种班级的学生可以集中接受一种艺术教育。2002 年首先开设了音乐班,2007 和 2009 年分别增设了舞蹈班和戏剧班。

这种教学既是学校整体教学计划的一部分,通常又和一支来自校外文化机构的、积极主动的志愿者队伍保持密切联系[2]。比如,小学文化课可以借用滑雪课模式,带领孩子走出学校,利用一周时间在一所文化机构(博物馆、历史古迹或剧院)实地展开教学。初中生在一年中,通过每周 3 个小时的艺术实践课,与老师和艺术家合作完成一件艺术作品。

2007 年以来,法国中小学"艺术史"教育的地位被提升至"所有文化教育的基础,关系国民身份认同"的高度。时任总统萨科齐在致国民教育部和文化部部长的任务书中,要求将"艺术史"作为毕业会考内容,列入所有小学至高中的必修课程,且渗透到相关科目。某种程度上,"传统文化教育"强调的是文化的历史传承,而"艺术和文化教育"强调的是文化的现实发展,只有两者紧密结合,才能在

---

〔1〕 Programme d'enseignement des classes *à* horaire sa ménagé musicales [EB/OL]. [2014-06-12]. http: //www. education. gouv. fr/bo/2006/30/MENE0601591A. htm.

〔2〕 Enseignements artistiques: classes *à* horaires aménagés [EB/OL]. [2014-06-12]. http: //eduscol. education. fr/cid46781/textes-reference. html.

继承历史的基础上繁荣现代文化。因此,加强"艺术史"的教学,反映了法国"艺术和文化教育"对传统文化的重视。

作为第一个横向贯穿多个教学科目的必修课程,艺术史被分为空间艺术、语言艺术、生活艺术、听觉艺术、表演艺术和视觉艺术六个领域。其内容已经超越纯艺术的范畴,语言、文字、哲学、经济、社会甚至科技都有涉及,且大多相互关联,难以割裂。从 2009 年 9 月开始,艺术史成为所有中小学生的必修内容,特别是在初中课程中的比例相当高,占历史课内容的四分之一,音乐、美术课内容的二分之一。文化部对现有数字资源进行重新整理,与教育部再度合作推出"艺术史"专门网站[1]。使用者可根据小学、初中、高中的不同教学需求,按时代、领域等关键词搜索目标历史事件,从而找到相关文字、图片资料,以及有效信息链接。网站资源主题、内容还在不断适时更新和丰富,例如,借纪念法国国王亨利四世遇刺身亡 400 周年之际,即推出亨利四世主题网页,内容涉及亨利四世在位前后法国整体政治、经济、军事、文化状况,以及周边欧洲国家该时期重要历史事件[2]。

师资力量的水平是艺术教育效果的决定性因素之一,既涉及教师本身的艺术素养,也取决于教学资源的数量与质量。法国共有 17 000 名教师负责初中的艺术课教学,他们都毕业与雕塑艺术或音乐教育专业。公立文化机构、音乐、美术、舞蹈、建筑、艺术设计院校承担起教师的培训任务。以三大博物馆为例,卢浮宫每年培训教师 1 500 人、奥塞博物馆 1 000 人、蓬皮杜现代艺术中心 300 人。从 2008 年起,每个教师都可以免费参观文化部下属 34 家国立博物馆和 100 处历史古迹。对于教学资源的提供与使用,则主要依靠网络和数字技术。一个针对学校教学,囊括几乎所有公立文化机构数字化资源和信息的指导性部际艺术教育门户网站 www. education. arts. culture. fr 已经投入使用。与此相配合,文化部、教育部与国家博物馆联合会合作建立的网站 www. photo. rmn. fr 则为师生提供了 30 万幅法国各大博物馆馆藏的图片。此外,法国国家文献中心(INA)和

---

〔1〕 Histoire des arts. [2014-06-12]. http: //www. histoiredesarts. culture. fr.

〔2〕 朱晓云,驻法国使馆文化处,法国中小学艺术教育中的部际合作. [2014-06-12]. http: //www. culturalink. gov. cn /portal /pubinfo /001001 /20120618 /7ba880f04cbc46d59c372de68c1bf 656. html.

国家图书中心中的大部分与艺术相关的资料都可供教师免费借阅。

二、法国中小学艺术与文化教育一瞥

1. 小学：以“视觉艺术”和“音乐教育”为主的文艺熏陶

法国小学设有艺术实践课程，包括视觉艺术和音乐教育两种[1]。小学一、二年级的学生(包括幼儿园大班的孩子)每学年接受81小时课程的教育，三、四、五年级的学生则为78小时。平均到每周，艺术课的时间为2～3小时。与8小时的法语课以及5小时的数学课相比，艺术课时并不算多，但却是培养孩子们基本文艺观念和素养的重要手段。上课时教师会把音乐、绘画、舞蹈甚至戏剧等多种艺术形式相互融合，并以游戏的方式进行表现，深受孩子们的喜爱。

视觉艺术和音乐课程都有专门的教学大纲，对教学内容和目的做了明确要求。其中，视觉艺术课程主要包括素描、模型制作、影像观察和绘画欣赏等。素描学习掌握画笔，认识不同的颜料和色彩。制作模型学习拼贴绘画，使用简单卡纸或石膏剪或做出人像、动物或房舍等模型。影像观察学习临摹画册、学习观察自然风景和生活场景。绘画欣赏通过参观博物馆、美术馆和艺术工作室，学习欣赏画作，认识各时代的绘画流派和著名画家。音乐课程则包括声乐、听力和表演训练等。声乐训练通过教唱歌曲学习乐谱和发声原理。在训练发音的同时还要学习歌词的涵义，借以了解各国文化风情。听力训练要聆听乐曲认识各国、各时代著名作曲家和歌唱家的风格；要辨识管乐、弦乐和打击乐的音色。表演训练分为课堂表演和期末表演两种。课堂表演注重肢体训练，学期表演即为考试。参与表演既训练了学生的肢体表达能力，也培养了他们的集体意识。

2. 初中：关注学生创作的“造型艺术”

进入初中后，小学艺术课中的视觉艺术改为造型艺术，音乐教育继续保留。法国初学生每年的艺术实践课时间为72小时，属于必修科目。虽然时间较小学减少，但授课广度和深度都有所增加。初中的造型艺术包括雕塑、素描、建筑、摄

---

〔1〕 Une offre riche et diversifiée [EB/OL]. [2014-06-12]. http://eduscol.education.fr/cid49896/panorama.html.

影、影像创作、认识创作材质等。同样注意培养学生的想象力，鼓励他们主动创作艺术作品，加强艺术创作和实际生活的联系。学生们在创作中加深了对法国自然和社会环境的认识，进一步了解国家的文化资产，强化了国民性和国家认同。

此外，学生整个学习阶段还要接受20小时的舞蹈教学熏陶，这项教学放在体育和身体素质课中进行。初中的音乐学习包括声乐、器乐和创作表演。学生们要学习独唱及合唱的原理技巧，加强发声练习和咬字训练。要学习评价歌曲及曲风，学习乐器演奏，配合舞蹈戏剧训练肢体动作等。这时的艺术与文化学习会与其他课程知识相融合，如欣赏中世纪宗教音乐时，教师会扩展介绍当时的历史和宗教情况。初中的表演增强了创作型要求，如即兴音乐表演、就某一特定歌曲或乐曲进行歌唱或演奏等。

3. 高中：关注学生的“设计和实用艺术”

法国高中的艺术与文化教育包含造型艺术、电影与视听、舞蹈、艺术史、音乐、戏剧等六大类内容。具体来说，其目标分为三个层次：一是结合多种学科，在四个大的领域(声音艺术、造型艺术、视觉艺术、文化遗产)，对高二年级学生进行“探索性的艺术创造和艺术行为”教学。二是所有高中学生都可自愿接受所有系列的艺术课程。三是对高一年级和毕业班学生进行文学艺术教学。

法国的高中分为普通、技术和职业三类。除上述基本艺术课程外，普通和技术高中还开设三种比较特殊的艺术课程：杂技艺术、工艺美术以及音乐和舞蹈技术。对于高二年级学生来说，杂技艺术教学的目的是探究性的，从高一年级开始，学生可以接受较专业的杂技训练。同样，高二年级学生的“工艺美术”课程也是探究性的，其目的是发展学生的“创造和文化设计”。从高一年级开始，这种教学的目的变为“设计和实用艺术”。在高中毕业考试中，这类课程属于技术类的“设计科学、技术与工艺美术”方向。至于“音乐和舞蹈技术”，则为学生提供器乐和舞蹈两类专业培训。职业高中课程的实用性和专业性更强，但这并不代表他们忽视艺术和文化教育。实际上，这类高中设有“实用艺术和文化艺术”，所有专业学生都可自由选择。

第四节 以语言为载体的传统文化教育

一、法国中小学法语教育与经典阅读

法国小学实行全科教学,教师的教学主要围绕1985年法国教育部颁布的《小学教学大纲》。这份官方性指导文件指出,小学阶段的语言学习要求初学者掌握核心基础,以便日后随着知识和趣味的扩展而不断扩大。与阅读相关的是提供各种经典著的文本,以供课上阅读和评论。大纲提出每周大概4.5~5.5小时用于阅读经典文学文本,每月至少2小时用于一般阅读和写作。同时,在小学,"文本的乐趣不在于解释,而是在于潜移默化"。[1]

初中的教材深受2002年法国"国家教学大纲委员会"起草的一本《在初中学什么》的小册子的引导。法国前教育部长雅克·朗再为本书写序言的时候就提出:"在初中教什么?首先,作为绝对的原则,我的回答是:'法语'"。学生应该掌握语言才能实现表达上的自如,每个学科都要分享民族语言的掌握。在法国义务教育阶段,法语一直被放在优先重要的地位。《在初中学什么》中还提出了"人文文化"的学习,但是这一学习已经从古典主义时期确立的对于拉丁语和希腊语的学习转为对法语和文学的学习。大纲委员会指出,所有人都知道民族语言的学习在各种活动中都扮演者基本的角色,法语在初中仍是核心课程。初中法语课程有两个密不可分的目标,一是语言的掌握要求学生能够做到清晰地口头和书面表达;二是了解文化和美学领域的里程碑式的标志,这些东西对于文化分享具有重要意义。进一步讲,法国教育要让学生接触与其水平和年龄相符合

[1] Projet soumis *à* consultation , les nouveaux programmes de l'ecole. [2013-12-26]. http: //sien. unsa-education. org /dossiers /systeduc /premierdegre /Presentation_Programmes. pdf.

的民族文学和世界文学的主要作品，让他们了解到不同时期的代表性作品，通过这种教育给他们一个文学创造的总体形象，帮助他们形成自己的旨趣。小说、戏剧和诗歌在法国的传统文化教育中占据特殊的地位。朗读文本，特别是戏剧文本，能够通过个人化的方式来解读，学会认识历史、理解前人、建立文化认同感。

初中的阅读大纲与历史教学大纲有密切联系。初中一年级(法国的六年级)阅读的是古代文学，如《圣经》《奥德修斯》《变形记》等，中期阅读阶段则是从中世纪到19世纪的文本；最后是三年级阅读的19—20世纪的文本。大纲要求教师选择最适合学生阅读的文本，在不讲授严格意义上的文学史的前提下，为学生提供基本脉络，从而让学生能够感受到法国传统文化的根基和发展脉络。

2001年，法国教育部针对高中一二年级的法语教学确立了新的教学大纲，取代2000年公布的大纲。大纲将法语教学加入到高中教育总的教学目标中，要求学生获得知识、建构文化个人修养和公民教养。要求学生阅读经典，通过学习文学史和文化史发现并占有其所在生活的文化遗产，从而领会法兰西民族精神的、意识形态的和趣味的历史，并在历史的启发下理解现在。高中的经典阅读涉及三大类型：戏剧、小说和诗歌。以小说为例，高中的小说学习首先是通过经典著作，如《巴黎圣母院》《欧也妮·葛朗台》等作品过渡到小说的流行类型。

二、法国语言传播——走向世界的传统文化

法国是西方国家中为数不多设立文化部的国家，文化部与教育部共同推动了法国传统文化在国内的传承和面向国际的宣传。自1982年起，两部联合建立了第一个部际合作机构——法国文化发展局，负责推动校内外文化资源的整合利用。次年两部签订协议书，是为两部合作推动艺术教育的实质性开端。1988年，文化发展局改组为发展和培训司，文化与教育两部合作更趋紧密。2005年，由两部部长任主席成立了艺术与文化教育高等委员会，委员会汇集大量文化、艺术、教育、媒体和地方政府人员，具有广泛代表性，旨在协助两部规划艺术教育的未来，参与相关政策制定，并对已有政策的实施效果进行评估。2010年机构改革后的文化部，在总秘书处内特设“教育与文化艺术发展处”以协调与教育部的关系，统筹艺术教育事宜，另在每个业务总司内(艺术创作、遗产、图书与法国语

言、电影)又确定专人或设立机构,负责落实各领域的艺术教育政策与项目。

法语作为曾经雄霸欧洲的语言,是法兰西民族的荣誉和骄傲,“代表法兰西个性,是整个法兰西民族的财富”。法国政府不仅重视法语的国内教学,而且也确立了一套法语学习和输出的机制。法国在 138 个国家建有 209 个文化中心及研究所,在世界不同国家及地区建有 161 个文化活动合作处、48 个不同名称的法国语言学院或科技处、1 075 个受国家资助的法语联盟培训中心。上述机构虽然名称不同,但其宗旨都是推广法国语言、宣传法国传统和现代文化、输出法兰西民族的价值观念。

其中特别值得关注的是法国文化中心和法语联盟。法语联盟创建于 1883 年的法国,是一个以推广法语和法国文化的非营利性机构,法国总统为其名誉主席。在每个国外的法国文化中心都设有一个法语联盟学习组织。除了语言的推广,法国文化中心更是致力于法国传统和现代文化的传播,促进国际交流。设立在北京的法国文化中心包含法语多媒体图书馆、法语书店、电影厅、学术讲座厅、法语联盟以及法国高等教育署的北京办事处。

第五节　文化与艺术教育的重要使命:保护遗产与传承文化

一、吸引社会各界参与传统文化教育

法国的艺术与文化教育通常以“年度计划”或“四年计划”的形式吸引地方政府和社会文化机构参与。在教育在发展和培训司的协调下,文化部、教育部与地方政府(通常是市政府)三方共同签署“地方艺术教育计划”,旨在调动地方积极性,促进青少年利用当地文化设施和艺术资源,亲近文化。与此同时,学校与地方文化机构(博物馆、剧院等)的一对一合作项目也非常广泛,地区文化资源对艺

术教育的贡献随之日渐突出。

从1989年开始,文化部下属国家电影中心与各省合作推出著名的“影院里的初中”项目,教师可与影院协商放映特定影片,将课堂搬进影院。在同样理念的指导下,“小学与影院”“影院里的高中”,以及与地方舞蹈学校、地方公立剧院合作举办的“舞蹈走进学校”“怎样做观众”等舞蹈和戏剧启蒙课程也相继进入人们的视野。之后又通过“快门与课堂”“学校中的建筑学”“认领遗产”“认领花园”“孩子们的科学城”等项目,将艺术教育的触角延伸到摄影、建筑、文化遗产,甚至科技领域。

2008年法国文化部和国民教育部共同发表了“促进艺术教育政府计划”,继续大力吸引地方当局和社会力量参与学校艺术和文化教育。2009年,所有受国家资助的公立文化机构都必须把“艺术教育”作为其正是任务之一,而所有享受国家资助进行创作的艺术家则必须将三分之一的工作时间用于参与学校艺术教育。目前法国已有超过450家博物馆、50处古迹、107个文化部命名的历史艺术名城/地区将艺术启蒙纳入日常工作。在所有参观公立博物馆的900万人次的15岁以下儿童中,超过400万人次是在教学范围内的参观。公立剧院、国立或地方专业艺术学校除定期或不定期开展后台参观、观摩排练、戏剧舞蹈培训等启蒙活动之外,还与艺术家和对口学校一起,针对某一个项目,组织艺术实践课程。目前来说,法国已基本形成以学校、公立文化机构、艺术家为主体,文化、教育两部共同主导,地方政府积极参与的艺术教育框架基本形成。

二、遗产保护与传统文化教育

传统文化的教育离不开国家对于历史遗产的保护。众多同教堂、园林建筑相关的专题项目可以说明法国仍然重视对传统遗产的保护。1980年以来每年列入历史标志性建筑物清单的遗产项目多达数百个,现在已经有40 100座建筑物被登记入册。古建筑修复是文化部建筑遗产司的工作中心,得到法国和国外实验室的技术支持。

最近几十年,遗产的概念已潜移默化地扩大了范围,涵盖了以往被人们忽略的一系列内容:民间艺术和传统、19世纪末和20世纪的城市建筑、工业建筑以及种种值得纪念的人类活动场所,包括现有的一些省里具有象征意义的乡村自然景观。这类遗产保护是由一些人类学家发起并推动的,致力于保护传统乡村的生活习俗。其中一位人类学家乔治-亨利·里维埃(Georges-Henri Rivière)在克洛德·莱维-斯特劳斯(Claude Lévi-Strauss)的帮助下,在巴黎驯兽园的旧址上首先建立了民俗传统和艺术博物馆。乡村遗产被看做是地方发展的一种手段。此先例被法国其他所有地方效仿,为保存地方的传统民俗,先后建立了卡马格博物馆(位于普罗旺斯和朗格多克之间)和阿尔卑斯地区的多菲内博物馆。

近年来,法国大部分地区都建立了生态民俗博物馆。人类学遗产委员会的使命是将延续了百年的传统保存下来。或许是对遗产保护的不懈努力使今天的法国人更亲近历史,无论是国家的还是地区的历史,甚至是随着族谱研究发展的家族史。法国历史学校因而人鼎兴旺,拥有一批享有国际声誉的史学家,如费尔南德·布鲁岱尔(Fernand Braudel)、乔治·杜比(Georges Duby)、雅克·乐高夫(Jacques Le Goff,)以及弗朗索瓦·弗莱(François Furet)。

法国面向大众的传统文化遗产教育的途径多元,包括法国的遗产摄影展、电影等。法国的博物馆免费向 26 岁以下青年、包含海外学生开放。同时法国每年 9 月的第三个周末为“遗产日”,由文化与通信部主办。遗产日当天所有博物馆免费开放,而且公众可以进入到总统府参观。据统计,2009 年共有 1 200 万人次参与了遗产日活动。而这次遗产日的主题是“探访隐藏的遗产”,旨在借机邀请人们探索那些法国历史中鲜为人知的片段、细节以及古建筑中的秘密。

法国文化与艺术的内涵丰富多样,并形成了以学校、文化机构、艺术家为主体,文化、教育两部共同主导,地方政府积极参与的教育框架。政府的政策推动和社会文化机构、文化专业人士的积极参与相辅相成,它们就像两只有力的臂膀,共同扶持法国艺术与文化教育的顺利前行。

综合来看,法国的公民道德教育可以追溯到 18 世纪的启蒙运动和法国大革命时期,培养“共和国合格的公民”思想成为公民教育的起点。此后的第三共和国时期,在前教育部长于勒·费里的推动下,法国把公民教育和道德教育结合起来。法国的公民教育主要内容既包括道德教育,也涵盖历史和地理教育。随着第五共和国的建立,重建“共和国的价值”和保持公民教育中的“中立性”成为公民教育的两大基调。

如今的法国学校，把公民教育作为培养学生人格、对当代世界的理解和生活的自理能力一门科学和培养价值观、原则、知识和教育的实践，从而帮助青年树立良好的公民意识，从而适应未来的民主生活。

从法国教育的目的来看，培养热爱共和国和法律的公民，是学校公民道德课的主要任务。2005 年通过的《学校未来的导向与纲要法》及此后新修订的法令更把“培养学生具有较强的社会交往能力和公民意识”作为知识与能力的“共同基础”。

而国家的教学大纲委员会对各阶段法国学校的公民道德教育也做了详尽的规划。从培养学生的社会性和独立性，到了解社会的和政治生活的复杂性和多样、平等、自由、权力和公正等的国家基本原则，再到领悟组成社会生活和建立国家的集体规则，构成法国公民道德教育“小学-初中-高中”的完整体系。在法国最富有特色的便是“国防与公民日”。这一天国家为学生青年组织国防教育活动，并进行知识评估测试，从而取代了法国的兵役制度，这也成为学生参加国家性考试的一种前提性教育活动。

法国的公民道德教育不仅在学校里，更在社会和家庭中，且注重以学生为中心。因此，法国教育对学生公民品格的养成可以说做到了全方位的兼顾。然而，公民道德教育也面临不少挑战。首先便是法国的校园问题。常见于媒体报道的学校“表现”使法国的公民道德教育陷入尴尬境地。辍学、校园暴力、吸毒、性侵、破坏公物……使得法国的学校形象接受着全社会的拷问。当然，这些问题并非完全与公民道德教育相关。但不可否认的是，这的确为法国公民道德教育的开展设下了更多困难和需要解决的难题。目前，法国十分重视团结社会、学校、教师、家长和学生的力量，认为只有如此公民道德教育才能真正实现其最终目标。的确，在法国逐步融入欧洲、走向世界的今天，什么样的公民道德教育、如何进行公民教育才能真正起到育人塑人的作用，是法国下一步公民道德教育值得关切的课题。

在文化与艺术教育方面，法国的文艺教育内涵丰富多样，同时形成了以学校，文化机构，艺术家为主体，文化、教育两部共同主导，地方政府积极参与的教育框架。政府的政策推动和社会文化机构、文化专业人士的积极参与相辅相成，它们就像两只有力的臂膀，共同扶持法国艺术与文化教育的顺利前行。

第九章

多样的教育形式与丰富的社会资源

第一节 带有中央集权特色的"在家上学"

随着社会经济、政治、文化的发展，人们的教育观念不断提升，受教育者对教育的需求越来越多元，而学校教育本身又存在同质化、机械化、追求升学率、课业负担重等弊病，有时无法满足受教育者丰富多样的个性需求。

在法国，相关法律规定，父母有权选择让子女在义务教育阶段仅在家中接受教育，直到从中等教育阶段毕业，再融入主流高等教育系统；或如有客观原因，家长可以将义务教育阶段内的孩子随时拉回家中，自己担纲进行教育。为保证所有儿童的受教育权，法国家庭从申请在家上学到实施在家上学均需获得政府的批准和管控。

在中央集权制的法国，"在家上学"这种特殊的教育形式在法律制度的明确约束下开展。同时，法国十分重视"家长选择其子女教育方式的自由权"[1]。这使法国的"在家上学"既得到了政府的支持和保障，也使在家上学群体渴望"摆脱"政府过多的教育管控，实现真正的"教育自由"。

根据法国远程教育中心的数据统计显示，2010—2011 年共有 18 818 学生选择在家上学，其中 13 755 在国家远程教育中心注册，并按教学计划有规律地进行学习；5 063 名儿童未在该中心注册有规律的进行学习，其中 1 766 名儿童在某个远程教育机构注册，自由安排学习，剩余 3 297 名儿童未任何远程教育机构注册学习，只接受父母的单独教育。[2] 而 2010—2011 学年初等教育和中等教育阶段的学生总数约为 747.4 万余人，因此，在家上学者占学生总数的 0.25%。

[1] Déclaration universelle des droits de l'homme [EB/OL]. [2014-06-01]. http://www.un.org/fr/documents/udhr/.

[2] L'IEF EN CHIFFRES. [2014-06-01]. http://leportaildelief.com/documentation-ief/lief-en-chiffres/.

一、什么是在家上学

法语中关于"在家上学"概念主要有几种表述。在"Instruction à domicile"[1]这一表述中,"instruction"为"教育","domicile"为"住处、住宅","à domicile"为"在家里"。"Instructionà domicile"可译为"在家教育";在"Instruction en famille / dans la famille(法语中有专门简称IEF)"中,"Famille"强调由父母和孩子组成的"家庭","en famille"是"和家人一起","instruction en famille"更强调教育与家庭的关系,以及教育是在家庭中展开的;"dans la famille"表示"在家庭中"之意,"Instructiondans la famille"则强调在家中接受教育,与在学校接受教育相对。这种表述被《教育法典》采用,国民教育部网站中的相关内容,也选用这种表述。其含义专指享有自由选择儿童受教育方式权利的家长让其儿童在家接受教育,而不是去与国家签订合同的公私立学校就读的一种教育儿童的方式,即"在家上学"。

此外,在法国网页搜索中使用频率较高的一种表述为"école à la maison","école"为"学校、小学","maison"为"住宅(楼)、家","à la maison"表示"在家里"。但在此处"école à la maison"并不表示随着在家上学规模的扩大,所形成的由家庭开办、带有私立学校性质的另一种教育场所——"家庭学校",而是表示"在家上学"的教育方式这一含义。这一表述在法国官方行政网"公共服务"网[2]出现,作为法国官方主要用于表示"在家上学"含义的另一个法语词组。

尽管"在家上学"概念的法语表述形式多样,除"在家"一词的使用各有侧重外,其含义大体相似。我们可从对这些词组的解释中得到"在家上学"的定义:义务教育阶段,在家庭自由选择或不得以的情况下,家长向所在市市长和学区督学提出申请并被批准,允许儿童不去学校而只能在家接受教育,即为在家上学。

二、"在家上学"制度的法律体系

法国的法律对"在家上学"做出了明确的规定。1882年《费里法案》不仅提出了"义务、免费、世俗"的基础教育三大原则,同时也指出:国家应保证学生的教育自

[1] Instruction à domicile. [2014-06-01]. http://fr.wikipedia.org/wiki/Instruction_à_domicile.
[2] École à la maison [EB/OL]. [2014-06-01]. http://vosdroits.service-public.fr/particuliers/F23429.xhtml.

由,让家长有权选择孩子的学习方式。因此,《费里法案》成为在家上学群体溯源法律保护的起点。此后,为加强政府对在家上学者的学业监督,1998 年 12 月法律建立了在家上学监督机制。《教育法典》第 L. 131-10 条规定,在家上学的儿童每年须接受教学监控,以保证其学习的正常进行。[1] 第 L. 131-1-1 条规定了在家上学儿童需与其他同龄人一样应掌握的共同基础知识。[2] 2011 年教育部发布的第 n°2011-238 号通函明确了对在家上学者教学监控的目的,即确保儿童在家接受教育并保证孩童的学业进步。其中也明确了地方督学开展教育监控的各项步骤。[3]

迄今为止,法国已形成较为完善的在家上学立法和监管制度,其总体框架如下。[4]

1. 在家上学群体须符合的要求

(1) 可选择在家上学的群体:因个人原因,家长自愿选择让儿童在家接受教育;因客观原因,儿童不能赴校接受教育,只能在家接受教育。

(2) 在家上学儿童的年龄范围:6—16 岁须接受义务教育的儿童。

---

〔1〕 Article L131-10, Code de l'éducation [EB/OL]. [2014-06-01]. http://www.legifrance.gouv.fr/affichCodeArticle.do? cidTexte = LEGITEXT000006071191&idArticle = LEGIARTI000025165381&dateTexte=20140512.

〔2〕 Article L131-1-1, Code de l'éducation [EB/OL]. [2014-06-01]. http://www.legifrance.gouv.fr/affichCodeArticle.do; jsessionid = B82A45D9C12852C916A9591DCC943B33.tpdjo05v_1? cidTexte = LEGITEXT0000060 71191&idArticle = LEGIARTI000006524423&dateTexte = 20140512&categorieLien = cid#LEGIARTI 000006524423.

法律法规:2005 年 4 月 23 日《学校未来的方向与计划法》第 2005-380 号规定把提高学生的教育水平放在优先发展的位置:让所有学生都成功,扭转语言教学现状,更好地保证机会的公平,促进年轻人更好地融入职业和促进就业。该法提出了能力和知识的共同基础。如初中毕业前应获得七项基本能力。以七项主要能力为基础,每项基础由必备知识,运用这些知识的能力和人一生中都不可或缺的态度,如开朗、有好奇心、创造力、有自尊,尊重他人。从 2009 年起,初中大纲把这些基本能力整合在一起,在 2008 年推出的小学能力要求中做出进一步说明:

→掌握好法语;掌握一门现代外语

→具备基本数学能力和科学技术素养

→掌握一般信息和通信技术

→具有人文关怀 culture humaniste

→具有公民素养

→具有创新精神和自主性

2009 年 3 月 5 日第 2009-259 条法令对在家上学儿童需掌握的知识做出规定。因此家长在享有使用最适合的方式教育子女的合法权利的同时,需确保子女在家学习结束前能掌握以上能力。

〔3〕〔4〕 L'instruction dans la famille, Obligation scolaire. circulaire n° 2011-238 du 26-12-2011 [EB/OL]. [2014-06-01]. http://www.education.gouv.fr/pid25535/bulletin_officiel.html? cid_bo = 58902.

(3) 在家上学儿童的居住地:所有在法国境内居住的,不论其国籍及居住方式(有固定居所和没有固定居所),均有权选择接受在家上学教育。

(4) 在同一住所里开展在家上学的家庭数:在同一所住宅里,“在家上学”只能针对一个家庭的孩子进行教育。[1] 即实行“自己家的孩子自己教育”。

2. 在家上学教育形式的开展(表 9-1)

表 9-1 在家上学的表现形式

	在家上学群体		备注
在家上学群体	家庭自愿选择在家上学。(主观原因)	儿童不能赴校接受教育,而选择在家上学。(客观原因)	客观原因包括:因病在家接受治疗的学生、在社会医疗机构中待入学的残疾学生、专业参加文体艺术活动的学生、父母居所不固定的学生、家距离学校太远的学生
政府的批准①	开学前,首先需向所在市市长和学区督学提出申报。经批准后,家长方可实施在家上学,且须保证儿童的受教育权利	首先需向所在市市长和学区督学提出申报。经批准后,学生须在国家远程教育中心(CNED)注册,接受正规的课程教育	
教学方式	父母可自行安排组织儿童的学习。具体的教学的实施可不依照教育部的教学大纲执行,以实现家长的自由教学。但家长应保证儿童在 16 岁前掌握国民教育部提出的 7 项“共同基础知识”。 家长也可选择为儿童注册在线课堂。或在国家远程教育中心自由注册(即不按照远程中心的正规学习计划进行),或选择在私人远程教育机构学习	儿童必须在国家远程教育中心注册学习,接受按时、正规的国家远程教育。 此外,家长可自由自主安排儿童的其他学习活动	

[1] Article L. 131-10 du code de l'éducation modifié par la loi du 5 mars 2007 réformant la protection de l'enfance. [EB/OL].

续表

政府的监控[2]	由国民教育省级学区主管确保儿童在家接受正常的教育。在家上学的监控每年至少开展一次。监控将对学生前一段时间以来的所学知识进行考核。最终结果会通知到儿童的教学负责人。如考核不通过，可进行再次考核；如第二次仍未通过，省级学区主管将要求家长把学生重新送回学校就读(在通知结果下达2周后执行)	远程教育中心记录和追踪注册学生的在线学习情况并对其进行评估，可随时或定期向国民教育省级学区主管汇报儿童的学习状况和日常的学业检测结果	监控的开展步骤： 1. 省级学区主管准备教学监控文件； 2. 与儿童的进行面谈或观察； 3. 展开个人联系(发布监控结果等)。 监控的组织方式： 1. 通知在家上学的家庭； 2. 对其开展调查访问等； 3. 与市长进行调查汇报交流； 4. 让负责展开在家上学的人员向地方督学进行教学汇报[3]
与正规教育的衔接	自愿选择在家上学的儿童，将不会获得任何学业文凭。选择在国家远程教育中心学习儿童，可获得相应的学习成绩单。 在相应的中等教育毕业阶段，在家上学者可参加国家组织的高中会考，合格者亦可申请进入法国的高等教育。 如家长愿意，儿童可随时回到学校接受统一正规的教育	远教中心可为学生开具学习证明，并颁发相应的阶段性文凭证书。 如条件允许，学生可回到学校接受统一正规的教育	

注：①② École *à* la maison [EB/OL]. [2014-06-01]. http://vosdroits. service-public. fr/particuliers/F23429. xhtml.

③ L'instruction dans la famille, Obligation scolaire. circulaire n° 2011-238 du 26-12-2011 [EB/OL]. [2014-06-01]. http://www. education. gouv. fr/pid25535/bulletin_officiel. html? cid_bo=58902.

3. 保障与惩罚机制

(1) 对在家上学者的经费资助

获得国民教育省级学区主管“在家上学证明”的家庭，需告知家庭补助管理署(CAF)，以根据管理署的资助标准获得家庭补助金(Allocations familiales)补贴。

如果学生不能在学校接受教育，并通过法国国家远程教育中心(CNED)的课程学习，在符合条件的情况下，学生的家庭可获得经费资助。包括开学补贴(ARS)[1]、初中奖学金(Bourse des collèges)和高中奖学金(bourse de lycée)。

如果是家庭自愿选择让孩子在家上学，家庭将不会享受开学补贴、初中奖学金和高中奖学金等补贴。

(2) 对违反法律规定的处罚

① 未进行教育申报。如家庭未向所在城市的市长和国民教育省级学区主管[2]在每次开学时进行“在家上学申报”，将可能被要求缴纳最高为 1 500 欧元的罚金。

② 家长反对国家进行监控。家长不能反对教学监控，如违反规定，国民教育省级学区主管将向共和国检察官(procureur de la République)通报。

③ 延迟就读。家长在第二次违反教学监控后，依然拖延孩童赴校就读，且故意拒绝让儿童读书，将受到 6 个月的监禁和 7 500 欧元的罚款。

三、法国在家上学的发展现状

1. 选择在家上学的原因

选择在家上学的动因是多样的。

首先，法国家长选择在家上学主要出于哲学或教育学的原因，认为教育应发

---

〔1〕 法国开学补助将于 2010 年 8 月底发放，享受对象是 6—18 岁的在校学生，补助金额根据年龄及相关收入状况确定，介于 280.76 至 306.51 欧元之间。法国于 1986 年设立发放开学补助制度。如今，300 多万个清贫家庭享受此项补助，用以贴补孩子上学开销。

〔2〕 “国民教育省级学区主管”(Directeur académique des services départementaux de l'Éducation nationale, DASEN)，主要和学区区长一起负责促进和实施教育部向各省下达的教育政策。

展儿童的天性，因此，灵活、带有针对性的教学方式有利于儿童天性的发展。也有家长出于双语教育、旅行或孩子身体残疾等原因，希望由自己担当孩子的教育者。这也是自主选择生活方式的一种体现。

其次，不应忽视的一个现实状况是，许多家长对现行的法国学校教育存在不满。近年来，法国学校的学业失败问题严重，使得部分家长对教育体系失望连连。他们认为，由于儿童学习节奏的不一致，学校开展统一化教学不能顾及学生的个体需求，从而影响了学生的知识获得。

同时，法国各级中学内的暴力事件层出不穷，校园暴力情况日益严重。这令家长和学生时常惶恐不安，从而也影响了部分学生的正常学习。还有一些家庭的儿童因在现行的教育体制中遇到学业困难等问题，因此选择在家接受教育。

此外，一些天主教家庭出于宗教原因不愿意让子女接受学校教育。但与美国等国家情况不同，从宗教原因出发拒绝接受共和国教育的法国家庭确为少数。[1] 而且对于中央政府来说，保证国家教育的权威，让国民均能接受共和国的教育才是国家的主流教育思想。

2. 在家上学的教学组织模式

依照不同的教育目的，在家上学的教学实践形式也多种多样。家长则扮演着在家教育的主角。他们根据其信仰、孩子的年龄和需要，既可以按照国民教育部提出的教学大纲和内容正式、灵活地开展教学，也可以参照各类教学方法，依照儿童的诉求进行教学，亦或不进行正式教育，而是充分让孩子自主学习。父母作为儿童的陪伴者，通过鼓励其好奇心、洞察力、自主性的发展来关注他们的兴趣，并满足其需求。

值得一提的是，为促进法国人才信息化的培养，法国国民教育部和高等教育与研究部共同设立国家远程教育中心(CNED)。作为法国甚至欧洲最大的远程教育机构，该中心也成为在家上学者与外界联系的纽带。

借助远程教育中心精心编排的课程，儿童可获得更为专业的教育，且教育部

〔1〕 Aurélie Sobocinski , L'école à la maison, pour les déçus du système . [2014-06-01]. http://nonscoen-france. free. fr/presse/monde_education_0105. pdf.

规定,16 岁以下儿童可免费通过该网站学习。同时,国家远程教育中心的教学并未脱离法国的教育体系,这一点不仅体现在个人可通过该中心的网络注册国家文凭课程学习,合格毕业后可获得相应的国家文凭。这对于最终渴望其教育能融入国家正轨的在家上学家庭来说,也是一粒“定心丸”。

近日,教育部决定建立一个数字教学和远程教学的公共服务体系,从而促进教学,加强学校与学生家庭的交流沟通,并向教师提供教学资源或让残疾学生享受远程教育的便利等。这一做法更有助于实现远程教育中心“为社会提供大众化教育与培训”的核心理念,也为在家上学者提供了更为广阔的交流平台。

3. 国家对在家上学的监控

由于在家上学群体“游离于”学校教育体制之外,法国政府和教育部无法直接对其实施监管。但为了维护义务教育阶段孩子的教育权益并确保他们在家上学也能够“成才”,国家对在家上学的家庭进行教学监控似乎也成顺理成章。

教育管理部门每年派专门的省级教育行政主管到学生家里探视孩子的学习环境并检验学习成果,如果达不到教育部门制订的标准,家长则必须将孩子送到学校里上学。根据参议院 2012 年公布的数据显示,总体上经教学监督考核后,有 9.5%的在家上学儿童未达到国家的标准要求,而在第二次考核后有 66%的儿童合格。[1]

4. 家庭教育协会:在家上学者的后盾

法国于 1988 年成立了“孩子优先”(LED'A)组织,以帮助在家上学家庭。尽管该机构得到了教育部的认可,并与其合作为在家上学的家庭提供更多资讯和帮助。但该组织宣称自己并非任何政治、宗教行动的代言人。此后“选择教育孩子”(CISE)和“另一种学习与教育自由”(LALA)等在家上学全国协会纷纷成立。它们通过建立网站、组织交流活动和创办期刊杂志等方式,为相关人士提供在家

〔1〕 L'IEF EN CHIFFRES[EB/OL]. [2014-06-01]. http://leportaildelief.com/documentation-ief/lief-en-chiffres/.

上学的最新资讯,从行政、法律和教学等方面陪伴在家上学者,并促进与在家上学相关者之间的交流等。[1]

5. 在家上学存在的争论

虽然在家上学得到了国家法律的保障,但这种教育形式依然处于被边缘化的境地。法国国内也有许多对在家上学家长的批评之声:有人认为他们过度保护孩子;有人指责他们阻碍了孩子的社会化和全面发展;也有心理学家认为,在家上学使儿童缺乏适应性,因此不应鼓励这种学习模式。

2013 年底,法国 7 名议员联名提议出台法律,缩小在家上学儿童的范围,把在家上学的可能性仅限于生病或残疾学生群体。这引起了在家上学群体的强烈反对。不过因种种情况,该议案最终被其倡议者撤回。[2]

在家上学的支持者则认为,家庭教育对儿童具有重要意义。经过多年的实践,在家上学儿童并非如人们所担心的那样,难以融入同龄人或其他年龄段的群体中。支持者强调,在家上学更是一种自觉性的、非暴力的、把教育融于日常实际生活中的教育形式。儿童可有更多机会外出活动,也不会被社会所孤立。他们可以在与成人和其他儿童的日常活动和对话中无意识地学习知识和进行交流,从而实现文化多样性的理念。[3] 而现代化的科技手段也为在家上学提供了便利。[4] 因此,这是一种扎根社会生活的教育方式。据学者施尔(Larry Shyers)的研究发现,在家上学的孩童更易融于群体中且比其他孩童面临更少的言行问题。[5] 此外,组织儿童在家学习,使家长对子女知识的掌握情况比教师更为敏感,相应地能更容易及时做出反应。

---

[1] Libres d'Apprendre et d'Instruire Autrement Association *à* but non lucratif (loi 1901) pour l'instruction en famille, Association reconnue d'intérêt général. [2014-06-01]. http://laia.asso.free.fr/.

[2] Proposition de loi visant *à* limiter la possibilité d'instruction obligatoire donnée par la famille *à* domicile aux seuls cas d'incapacité [EB/OL]. [2014-06-11]. http://www.senat.fr/dossier-legislatif/ppl13-245.html.

[3] Delphine Gazzabin. L'instruction *à* domicile: la famille meilleure que l'école? Les Cahiers Pédagogiques-29 août 2008 [EB/OL]. [2014-06-11]. http://nonscoenfrance.free.fr/presse/cahiers_pedagogiques_290808.pdf.

[4] Colloque international sur l'instruction *à* domicile [EB/OL].

[5] Larry Shyers. Comparison of Social Adjustment Between Home and Traditionally Schooled Students [EB/OL]. [2014-12-20]. http://myplace.frontier.com/~thomas.smedley/smedleys.htm.

通过对法国在家上学状况的描绘，不难发现，虽然法国的在家上学规模有限，但这种教育形式已有完善的制度约束，并得到国家的认可和保障。在国民教育部的集中领导下，在满足在家上学家长的教育自由选择权和教育自由权的基础上，在家上学儿童始终需受到国家的保护。政府也对其学业成绩实时关注，毫不懈怠。当然，政府的这种做法也引起了部分家长的不满，他们认为国家介入太多，从而使"在家上学"失去了其教育的初衷。有人甚至表示要考虑离开法国，摆脱国家的教育"庇护"。[1]

总之，在家上学这一特殊的教育方式在法国已实行了一个多世纪，其人数也在逐年增多。[2]越来越多的法国家长选择让子女在家求学至高中会考阶段(也就是高中毕业)或大学阶段才正式接受学校教育。不论政府和教育官员对在家上学提出何种要求，也不论家长如何在教育子女的道路上追求"灵活与自由"，大家的最终目标始终一致。那便是，保障下一代的教育权，让他们接受更高质量的教育，从而成为合格的社会公民。

第二节　成熟的安全教育体系

培养和提高未成年人的安全意识与能力，是各国教育所面临的共同课题。在法国，安全教育是一种公民教育，从幼儿园一直延续到高中课堂。政府将未成年人安全素质的拓展作为国家安全的一项基础性工作，因此，安全教育从法律规定到具体的实施构成了比较完善的体系，这对我国加强未成年人安全教育具有一定的借鉴意义。

---

〔1〕〔2〕 Delphine Gazzabin. L'instruction *à* domicile: la famille meilleure que l'école? Les Cahiers Pédagogiques-29 août 2008. [2014-06-03]. http://nonscoenfrance.free.fr/presse/cahiers_pedagogiques_290808.pdf.

一、法国的安全教育及其目标

法国的相关法律对“安全”做出了确切说明。2004 年 8 月 11 日法令指出，任何人均通过其言行促进公民的安全。针对所面临的情况和可能的程度，个人应有能力发出求助服务，并能够采取必要的初步措施。[1] “安全教育”主要是在义务教育阶段，通过教育使学生（也包括幼儿园阶段的儿童）具备风险防范和求助服务的意识，并学习基本的急救措施。这种培训只能由被授权或认可机构、协会来实现。[2]

目前，确保中小学校工作人员和学生的安全已成为国民教育部的主要任务之一。与此同时，国民教育部也为学生提供了安全教育。2006 年 1 月 11 日第 2006-41 条法令规定，与国家签订合同的公私立学校有义务保证：对危险具备预防的敏感性；具备有关求助服务工作的信息；具备初步救助信息；向学生讲授安全的一般规则。[3] 2005 年法国议会通过的《学校未来的导向与纲要法》明确指出，“共同基础”由知识与能力两方面构成，掌握共同基础对于学生成功、继续培训、塑造个人和未来职业以及创造成功的社会生活都是必不可少的。2006 年，又推出了界定学生共同基础知识和能力的法令，法令共包括七方面，第六项是“培养学生具有较强的社会交往能力和公民意识”，其中就包括让学生接受基本的性、健康和安全教育，学习基本的自救知识等。[4]

以上法律规定和共同基础的提出，既保证了法国中小学的安全教育，也明确了安全教育的目标。

---

〔1〕〔2〕 Article 4, Loi n°2004-811 du 13 août 2004 de modernisation de la sécurité civile extraits[EB/OL]. [2014-06-23]. http://www.legifrance.gouv.fr/affichTexteArticle.do; jsessionid=91C3B9C9283E3B875A8B0FFE27BC1FB7.tpdjo15v_1? idArticle=LEGIARTI000006529422&cidTexte=LEGITEXT000005824310&dateTexte=20140625.

〔3〕 Décret n° 2006-41 du 11 janvier 2006 relatif *à* la sensibilisation *à* la prévention des risques, aux missions des services de secours, *à* la formation aux premiers secours et *à* l'enseignement des règles générales de sécurité[EB/OL]. [2014-06-23]. http://www.legifrance.gouv.fr/affichTexte.do? cidTexte=JORFTEXT000000264679&dateTexte=&categorieLien=id.

〔4〕 Le socle commun de connaissances et de compétences[EB/OL]. [2014-06-24]. http://www.education.gouv.fr/cid2770/le-socle-commun-de-connaissances-et-de-competences.html.

二、“安全教育”的内容

在法国的教育体系中,安全教育是一种必要的强制性学习。[1] 安全教育课程的开设除出于对学生的安全考虑外,从危险管理、学生的公民性和学生自我形象的价值角度出发,安全教育也对学生的言行有着积极的影响。[2]其内容从横向和跨学科角度出发,具体根据学校的课程安排和大纲组织进行,包括上述提到的知识与技能这两方面共同核心课程,既培养社会和公民能力,又使学生获得有助于构建其自主性和首创性的知识。[3]

1. 安全教育的四个阶段

2010 年,国民教育部和体育、青年事务部等几个政府部分联合颁布《培养应对危险的责任感》的中、小学指导手册,其中对不同年龄阶段的法国青少年应接受的安全教育进行了划分。详见表 9-2。

表 9-2 对学生进行安全教育的四个知识掌握阶段[4]

级别	年龄段	安全教育的方式或所要达到的能力
“初学”级	2—7 岁	主要由成年人对儿童的言行进行管束并做出相应的解释
“前进”级	8—12 岁	随着儿童自主和概念化能力的增强,学生能够主动反思自己和他人的言行
“警示”级	13—15 岁	学生能对所面临的情况做出相应的反应,逐步对自己的违规行为形成后果意识
“确认”级	16 岁及以上	要迈入成人生活,遵守社会规范,能够对危险情况(甚至是某些职业可能出现的风险)做出预防或采取急救措施

由于考虑到青少年不同的身心发育阶段,有效的安全教育应当是一种动态的学习过程,围绕“预测-行动-学习(Anticiper-Agir-Apprendre)”三 A 步骤

〔1〕〔2〕 premiers secours[EB/OL]. [2014-06-26]. http://eduscol. education. fr/cid47505/formation-aux-premiers-secours. html.

〔3〕 Une approche transversale et interdisciplinaire[EB/OL]. [2014-06-23]. http://eduscol. education. fr/cid47599/une-approche-globale. html.

〔4〕 Éduquer à la responsabilité face aux risques. Une mission de l'École: former des citoyens responsables [EB/OL]. [2014-06-27]. http://cache. media. eduscol. education. fr/file/Securite/79/8/Education-responsabilite-face-aux-risques_167798. pdf.

展开。从孩童阶段到青年阶段,学生的认知、观察、分析和概念化能力逐步成熟,因此,上述四个层次的知识推进层级并非与学校教育的小、初、高三个阶段相对应。〔1〕

但为了便于教学,国民教育部从小学到高中安全教育的主要内容做出了清晰的说明,以帮助学校顺利推进安全教育。

2. 小学安全教育的主要内容

小学的安全教育主要从三个方面展开:家庭安全、道路安全和主要危险。〔2〕按照国民教育部颁发的课程大纲,小学预备阶段(Cours préparatoire,一年级)和基础阶段第一年(Cours élémentaire première année,二年级)的安全教育主要包括:学会判断危险事物,具有道路安全意识,结伴而行和能分辨危险事物并了解相关的保护措施,尊重道路交通安全规则并能够自我保护等。〔3〕 基础阶段第二年(Cours élémentaire deuxième année,三年级)、中级阶段第一年(Cours moyen première année,四年级)和中级阶段第二年(Cours moyen deuxième année,五年级)则需具备对人的保护及其安全(警察、宪兵、消防员)的认识,社会保障和救助,交通安全等的相关知识。〔4〕

日常生活安全方面,认识家中各种设备及其安全使用原则,了解火灾来源,能正确使用家庭生活用具,预见不当行为可能产生的后果(创伤、出血等)。

在道路安全知识方面,具体包括认识各种道路交通标识,使用交通工具(如骑自行车、穿溜冰鞋等)时能够做好各种防护措施,在复杂的环境下能够做好出行准备等。〔5〕

---

〔1〕 Éduquer *à* la responsabilité face aux risques. Une mission de l'École: former des citoyens responsables [EB/OL]. [2014-06-26]. http://cache.media.eduscol.education.fr/file/Securite/79/8/Education-responsabilite-face-aux-risques_167798.pdf.

〔2〕 Education *à* la santé et *à* la sécurité[EB/OL]. [2014-06-27]. http://ww2.ac-poitiers.fr/ecoles/spip.php? rubrique16.

〔3〕〔4〕 ce2 Progressions pour le cours élémentaire deuxième année et le cours moyen[EB/OL]. [2014-06-27]. http://cache.media.eduscol.education.fr/file/Progressions_pedagogiques/75/7/Progression-pedagogique_Cycle3_Education_physique_et_sportive_203757.pdf.

〔5〕 Éduquer *à* la responsabilité face aux risques. Une mission de l'École: former des citoyens responsables [EB/OL]. [2014-06-23]. http://cache.media.eduscol.education.fr/file/Securite/79/8/Education-responsabilite-face-aux-risques_167798.pdf.

在重大灾害方面,了解洪水、森林火灾、地震、风暴、飓风、火山爆发、山体滑坡、雪崩等自然灾害和危险品运输、溃坝、工业或核事故等技术灾害及其引发的严重后果。[1]

3. 中学安全教育的主要内容

法国中学的安全教育主要为急救培训,各初高中在几年前便向学生开设了初步的急救培训课程。通过统一学习获得的各种技将使每位学生成为公民安全的主角。其培训目标是让学生达到预防和公民急救第一级水平(Prévention et secours civiques de niveau 1, PSC1)。该等级是在遇到突发事故时,当事人应首要具备的能力,属于急救链条上的第一环。如果掌握并运用这些急救知识,那么便可说明学生具备了帮助他人实施初步急救管理的公民行为能力。

急救培训课程也按照学生的不同学习阶段逐步展开,小学阶段只掌握简单的急救知识,而初中和普通高中的安全教育,重在使学生掌握第一级水平的预防和公民急救知识。[2] 对职业和技术高中学生的安全培训则既包括与普通初、高中学生一样的初步急救措施,同时还包括与其职业技术相关的安全、健康培训。完成培训后,学生将会获得工作安全救助证书(certificat de sauveteur secouriste du travail)。值得一提的是,安全培训也被纳入备考一些资格证书的条件中,如法国的专业技能合格证书(CAP)和职业会考证书等。[3] 因此,学生们均很重视安全知识的学习。

具体的讲授内容见表 9-3。

---

〔1〕 Les risques, ma commune et moi. [2014-06-23]. http://ww2.ac-poitiers.fr/ecoles/spip.php?article326.

〔2〕 premiers secours[EB/OL]. [2014-06-27]. http://eduscol.education.fr/cid47505/formation-aux-premiers-secours.html.

〔3〕 Ressources nationals[EB/OL]. [2014-06-27]. http://eduscol.education.fr/cid48470/ressources-nationales.html.

表 9-3 初高中一般安全教育的主要内容〔1〕

安全教育类型	初中阶段	高中阶段
家庭安全	能够说清各种家庭生活的危险情况，了解与日常生活相关的创伤(中毒、烧伤、窒息、触电、火灾、出血、骨折等)并能采取紧急的救助或医药救助措施；能辨认家庭生活的各种安全标识；根据情况采取个人或集体的借助措施，正确评估自己行为的后果等	区分日常生活的危险与其他危险，了解不同危险的危害程度，遇到意外能采取紧急的救助或医药救助措施；知道如何应对火灾；能辨认家庭生活的各种安全标识并自觉地注意；应对危险前能预见自己的行为所带来的危险性最小；能够运用起因树状图分析所面临的情况，会灵活变换救助措施等
交通安全	熟记各种道路交通安全标示及交通规则；按情况，出行时做好准备工作；设计出行线路并根据情况做好危险预防措施等	明确道路风险和出行方式，了解对驾驶司机可能造成的影响；了解饮酒、吸毒等对驾驶的危害；自行驾驶时，全面了解驾驶环境和驾驶工具的使用状况；需要时能正确求救或施救；了解交通事故的产生原因并有意识地避免交通事故的发生等
重大危险、灾害	熟悉各类重大自然、技术灾害；熟悉周边环境的危险因素；了解不同的救助服务；会运用安全标识(躲避、疏散等)，达到预防和公民急救的第一级水平；学会评估应对危险的行动的有效性	辨别灾害及其危害的等级，能够借助身边工具查阅并了解相关危险、灾害及其管理和救助设备；根据情况调整自己的行为，使用安全或救助设备(帮助残疾人员、受伤人员撤离现场)。根据实际或模拟情况，能做好预防工作等

从表 9-3 不难看出，中学生的安全教育从逐步培养学生的认知能力，到使学生学会应对危险问题，再到根据实际情况分析安全环境，让学生能够理性地行动，降低危险或危害的程度等几个步骤渐进展开，最终形成完整的安全知识和运用网络。

三、安全教育的实施

学校中，教师或教育人员注册学校计划(projet d'école)，并根据大纲具体开

〔1〕 Éduquer à la responsabilité face aux risques. Une mission de l'École: former des citoyens responsables [EB/OL]. [2014-06-23]. http://cache.media.eduscol.education.fr/file/Securite/79/8/Education-responsabilite-face-aux-risques_167798.pdf.

展安全教育课程。教师可利用学区与省之间相配套的“安全”网络，该网络是为推动地方有效实施安全教育而设立的。同时，政府委派医生和护士组成技术顾问，辅助校长和教育督学安全教育工作的展开。此外，学区督学负责定期监督，要求学校更新教学工具和材料等的教育资源。[1]

在安全教育的师资方面，小学由每班的任课教师负责安全课程的教授；初中班级由普通教师教授课程，此外，教育高级顾问（conseiller principal d'éducation, CPE）给予相关建议，警察或宪兵、道路安全领域的相关协会组织、地方媒体记者等参与课外活动等。高中班级由历史-地理或物理-化学教师负责讲授，学校的健康、生活人员参与管理，消防员、公民安全代表、工业企业的代表人、相关协会组织人员或医护人员等参与课外活动等。[2]

法国社会力量对青少年安全教育的贡献也不可小觑。以安全教育为例，近年来，法国每年都会举办不同主题的道路安全周活动。期间，在城市主要街道张贴安全标语，在学生校外活动场所设立道路交通安全知识教学展板，电视台专门播放宣传片，请酒后驾车的司机讲述违规驾驶给家庭带来的不幸，以增强人们对交通安全的观念，等等。同时，设立交通安全顾问，向学生介绍学校周边的交通状况。家长也积极参与到对青少年的安全教育活动中。如一些志愿家长可陪同学生集体上街宣传、讲解交通法规，让安全知识更深入学生心中。[3]

维护公共安全是社会公民的基本责任。对于最终将踏入社会的未成年人来说，学习安全知识不仅是成为合格公民的必须环节，也是培养学生尊重和爱护生命的最好途径之一。法国的安全教育不仅受到了政府的重视，有一系列法律法规的支持，并在教育教学中得以充分体现，在实际的教育内容和操作层面也有细致的规划与分工。这离不开政府、学校、教师和家长的共同努力。

---

〔1〕 Décret n° 2006-41 du 11 janvier 2006 relatif *à* la sensibilisation *à* la prévention des risques, aux missions des services de secours, *à* la formation aux premiers secours et *à* l'enseignement des règles générales de sécurité[EB/OL]. [2014-06-23]. http://www.legifrance.gouv.fr/affichTexte.do?cidTexte=JORFTEXT000000264679&dateTexte=&categorieLien=id.

〔2〕 Éduquer *à* la responsabilité face aux risques. Une mission de l'École: former des citoyens responsables [EB/OL]. [2014-06-23]. http://cache.media.eduscol.education.fr/file/Securite/79/8/Education-responsabilite-face-aux-risques_167798.pdf.

〔3〕 姜辉. 国外交通安全宣传教育方式及经验[J]. 汽车与安全, 2013, 11: 33-43.

第三节 社会教育资源的开发与利用

一、校外活动的开展

校外活动有利于打破各学科间的界限。学生可以围绕某个主题开展活动，也可以运用不同的知识来解决某一活动，还可以选择用合适的方式应对新面临的环境。[1] 法国学校的课外活动组织明确、内容需与教学计划的要求相符，同时活动也成为学校和班级的固定教学计划之一。

具体来看，学生的课外活动可分为三种：第一种是教学计划所规定的定期活动，活动时间和目的十分明确；第二种为根据不同的教学需求，临时安排学生外出参观等的临时性课外活动；第三种是学生集体出游、冒险、考察、文化体验，甚至出国交流的外宿性活动，在不同于学校的新环境中对学生实施教学。

按照规定，学生必须参加学校在上课时间段组织的活动，而外出活动可依本人情况自愿参加。课外活动的重点是课堂学习的横向发展，即培养学生的独立性、创造性、责任感。教导其学会尊重他人及其劳动成果，保护环境、珍视遗产。探索新的或更好的学习方法，锻炼自己的口语表达和交流能力。鼓励其在日常生活、学习中多提问，多表达自己的观点，同时学会倾听他人。

法国中小学通常组织的课外活动，包括参观博物馆、环保班、大自然班、发现班、艺术启蒙班、文化体验班等。政府专门聘任活动负责人带领学生外出活动。奥朗德政府在 2012 年上台之初便发布了“重建学校计划”，其中“小学新课时改革”成为该计划的第一步。新课改建议小学每周共上四天半的课，其中周三下午学生没有课程，而是参加由学校组织的课外活动。

---

〔1〕 陈元.法国基础教育[M].广州：广东教育出版社，2004：127.

为了更好地帮助学校及教师开展学生的课外活动，法国体育、青年、大众教育与社团生活部推出了《高质量课外活动使用指南》，详细说明了学生户外社会教育的主要方式和管理办法。课外活动一般由地方团体和协会组织，特别是青年大众体育等教育协会[1]，也可以与商业协会、企业委员会合作。不论怎样，组织者应采取必要措施保证未成年人的身心健康和安全。

依据该“指南”要求，课外娱乐活动的开展必须遵守相关规定：一是开展活动前须向各省的社会融合（DDCS）和社会保护部（DDPP）申请；二是遵守卫生和安全标准；三是开展质量监督；四是尊重师生的比例；五是落实课外教育计划。[2]

值得一提的是，巴黎市政府为促进25岁青少年在暑假积极投入各项文娱活动，专门推出“青年通票”（passe jeune，或译青年万能钥匙）活动，向在欧盟国家就读、符合年龄要求的学生青年（只要期间在巴黎旅行、居住等）免费或优惠提供巴黎各著名旅游景点、青年体育活动中心、文化艺术展览的参与门票。巴黎政府指定市内多个青少年发展咨询处作为发放地，青少年学生只要在网上注册便可就近获得内容丰富的“青年通票册”。活动合作商包括博物馆、电影院、巴黎市文化机构、合唱团、游泳馆等。这些多姿多彩的活动不仅惠及巴黎的青少年，更让世界各地的青少年领略到巴黎热情与包容的文化气息。

试想，一个不在法国读书的青少年也能在暑假廉价、轻松地享受各项文体活动，那么法国本土的学生青年更能轻易地融入课外社会互动中。法国的社会教育由此也可见一斑。

二、数字校园

数字远程教育已成为教育现代化和国际化的重要载体。[3] 法国自然也十分重视现代高科技信息技术在教育领域的应用，政府将“网盲”定义为未来社会的新文盲。通过“大力发展网络”“数字化校园”等远程教育计划，投入大量经费

---

〔1〕 URSSAF, L'association de jeunesse ou d'éducation populaire. [2014-06-23]. http://www.ae14.org/download/ref_DEP23-AssoJeunes.pdf.

〔2〕 La réforme des rythmes scolaires. [2014-06-23]. http://www.ac-besancon.fr/spip.php?article4189.

〔3〕 朱华山. 传统与变革的抉择：细读法国教育[M]. 沈阳：辽宁人民出版社，2011：157.

以完善教学设备，发展丰富的教学资源和多样的教学形式。从而形成独特的数字信息教育体系。

1. 数字校园的发展历程

1995 年，法国国民教育部提出要在中小学开展“人人学习计算机计划”。1998 年，政府开始推行“以信息社会为目标的政府行动计划”，将信息和通讯应用于研究和教学是该计划优先发展的领域。教育部于 2000 年联合科技部建立“数字校园”，促进远程教育发展计划，并公布对媒体制作的支持政策，以满足教育的需求。支持范围包括研究、立项、制作到产品发行的全过程。具体包括支持产品发行；支持多媒体计划；支持研究与开发；健全企业与企业科技开发；促进教师、研究人员和企业的合作五个方面。[1]

2002 年，“知识数字空间”中小学信息网和数字虚拟空间“数字书包”建立。这些媒体社会网络资源向学生和教师免费提供与课程相关的基础知识或教学材料。此后，政府为进一步促进社会教育的信息化，提出“为了信息社会中的数字共和国”。由此，信息与通信成为共和国教育的重要方面，更意味着法国迈向了“人人参与、全民共享”的信息化、数字化社会。

数字化意味着面向一种非同寻常且充满未知的领域，这让法国教育向世界敞开了大门。为促进法国人才培养与开发的信息化，法国国民教育部和高等教育与研究部共同设立国家远程教育中心(CNED)。该机构是法国甚至欧洲最大的远程教育机构。2013 年，全欧洲共有 250 多万人受惠于远程教学，法国学生有 100 多万人，其中注册国家远程教育中心课程的有 22 万多人。该中心年度预算资金为 1.39 亿欧元，商业收入为 0.55 亿欧元，有 70%来自收取的培训费。中心目前教职人员有 2 300 人，共推出 500 门培训课程，3 000 个模块。

远程国家教育中心汇集了从幼儿园到成人各阶段各种教育资源。课程的开发，一般先由学校教师根据法国国家远程教育教育中心审定的教学内容编写教材，之后由教育中心组织相应的人员开发配套的多媒体教材，如录像、光盘、网上课程等。教师也可对课程项目的新建或修改提出方案，之后将申请的有关材料

---

〔1〕 王文新. 法国教育研究[M]. 上海：上海社会科学院出版社，2011：144，148.

提交到远程教育中心,以备参考之用。国家远程教育中心还同世界各国的远程教育机构合作,使其社会教育更具开放性和影响力。

2. 数字校园的新动向

从2008年起,法国瓦尔德瓦兹省(Val-d'Oise)古桑维尔(Goussainville)市的Georges-Charpak初中被设为第一个数字化试点学校。截至2013年底,法国共有23所试点学校。这些试点学校接受法国政府所提供的特殊资助。在试点学校,每个班级配备数字化布告栏,每位教师拥有一台笔记本电脑。目前这些初中也已安装人机识别互动墙,学生可以利用这一高科技进行分组学习、交流。[1]教师通过互动墙这一数字化教学设备,改善了对学生的评估方式。如教师教学中可以拍摄下学生的口语表现,或让学生及时发现自己的错误。学生们也对高科技反映良好,因为互动墙能让他们回顾老师课上所讲的内容,不懂得地方还可以反复回放。如此便提升了学生的学习效率,更激发了学生的学习欲望。

尽管法国目前已陆续开展新的教育规划,但学校在数字化教学设备的配置和使用上仍落后于其他发达国家。而法国之所以致力于提升数字化在教育领域的地位,也是受到国际组织针对其成员国所做的各项教育测评的影响。

根据经合组织(OCDE)公布的PISA报告,在使用数字化教学的27个国家中,法国仅排在第24位。而法国希望能在各方面尽快提升其基础教育的质量,向国际水准靠近。因此在2013年底,前国民教育部长樊尚·佩永公开了他的学校数字化战略计划——"发展数字化教学"。该战略强调要建立真正的"公共教育服务",弥补法国在数字化教学配备方面的不足,为学有困难学生提供个性化的帮助,以及在地方创设专为学生、家长和教师提供管理与教育资源的"数字化工作环境"等。

教育部长在计划中特别强调要加大农村地区的宽带连接,设备的配置与维修,以及对教师进行使用培训,从而丰富数字化的教学资源。该项计划提议建立一个数字教学和远程教学的公共服务体系,从而促进教学,加强学校与学生家庭

---

〔1〕 Numérique à l'école:《L'informatique, ça donne envie de travailler》[2014-06-23]. http://www.20minutes.fr/societe/1221627-20130911-numerique-a-lecole-linformatique-ca-donne-envie-travailler.

的交流沟通，向教师提供教学资源或让残疾学生享受远程教育的便利等。据悉，法国 2013 年在学校数字化建设中的预算拨款为 1 000 万欧元。[1]

值得一提的新亮点是，教育部计划从 2014 年开设“数学信息与科学”课程，将成为高中毕业班科学方向学生的选修课，所有科目方向（包括文学、科学、社会经济学三个方向）的会考毕业班学生均可选学该门课程。[2] 这一举措的推出，不仅提升了法国学生对“信息科学”的重视程度，更促使喜爱或具有信息科学使用特长的学生在会考中脱颖而出。

为提升教师的教学能力，高等教育与研究部下设的法国“大学数字化”（France Université Numérique, FUN）网络将在其平台推出以“利用数字化教学和培养”命名的大型开放式网络课程（MOOC，法语 CLOM，简译慕课）。该门课程由里昂高师和加尚高师共同研发，教授对象主要为教育工作者，特别包括小、中、大学在内的各层级教师。

该门课程的开设目的，是提供一个与教育和数字化教学相关且完善的问题“视野圈”（un tour d'horizon），并“通过高科技的运用帮助（各种）培训项目得以落实”。目前已有 3 000 多人报名参与该门课程。本课程由为期 7 周的主干课程组成，针对不同的学科（如数学、语言的等）分为不同的模块，也有为成人教育的培训教师专门设计的课程。

该课程负责人表示，大型开放式网络课程可以在网上重复收看，不仅能为学习者节约时间，而且能促进其合作和互助。学员可以自行安排学习时间，不受任何制约。为了更尊重学生的私人生活和保护知识产权，法国部分学校还引入数字化家庭作业。同时，政府也希望扩大“特殊教育”，建立交流和共享的“社交网络”平台，鼓励各种法语数字化教学出版物的发行。

另外，政府也大力鼓励学生家长积极参与数字校园行动。为此，政府设立了“在线试点学校”，通过信息化技术把学生在学校的出勤、课表安排、学校的公告，以

---

〔1〕 Ecole: la stratégie numérique “globale” de Peillon. [2014-06-23]. http://www.lexpress.fr/education/ecole-la-strategie-numerique-globale-de-peillon_1198701.html.

〔2〕 Ecole primaire: un enseignement de la science informatique bientôt mis en place?. [2014-03-03]. http://www.vousnousils.fr/2013/05/16/ecole-primaire-un-enseignement-de-linformatique-bientot-mis-en-place-547547.

及食堂情况等反映给家长，并与其保持远程交流和沟通。家长也能通过“在现实点学校”了解与网络相关的数字化信息，以使其在引导孩子正确使用网络学习和休闲娱乐的同时，了解网络的优点及未来发展趋势，从而更好地与学校教学相配合。这种“虚拟化办公室”即可以让学生请教学习问题，或找到相应的教学资源；也可以使家长们及时了解到孩子在学习方面的表现和成绩，与教师教学互动。由此，学生与学校、学生家长与学校便形成良好的“数字化交流环境”，这更有利于青少年学生的健康成长。

3. 数字校园面临的挑战

建立数字校园是一项国际性战略，需要逐步完成和完善。法国目前面临的主要难题是，现存的各种计划已有 15 余项，计划内容基本上都是围绕如何使用数字化教学而展开的。法国大区联盟(l'Association des régions de France，ARF)副主席弗朗索瓦·邦诺(François Bonneau)也曾公开表示，在法国年轻人的日常生活和实际教学、学习中，数字化的运用程度出现越来越大的差距。[1] 数字化教学的确存在一定阻力。

据调查，目前只有 15％的教师通过网络与学生家长进行联系，不到 50％的教师在课堂中使用电子教具，21％的教师表示每学期会用到一次信息和通信技术。可见数字化教学的发展空间依然很大。

数字化发展存在障碍还有部分原因来自于一些家长、教师和学校方面的担忧。教师工会-全国教育联合会的新技术专家斯蒂芬妮·德·凡塞(Stéphanie de Vanssay)表示，数字校园计划中没有指明应禁止中学生在学校内使用手机，也没有强调应对学生所接触的网络信息进行筛选。因此，为避免学生接触到网络色情淫秽内容，她希望政府采取一些审查措施，但对网络进行全面监控也并不现实。要想让学生正确使用网络，就更应注重对其的引导和教育。

一些教育专家认为，目前没有一项研究调查表明，运用数字化教学会取得更好的成绩。更有人指出，学校资源短缺，特别是数字化教学书籍远不能满足学生需

〔1〕 Ecole: la stratégie numérique “globale” de Peillon. [2014-06-23]. http://www.lexpress.fr/education/ecole-la-strategie-numerique-globale-de-peillon_1198701.html.

求,“实现数字校园依然遥远”。也有专家建议,要实现数字化教学,并不需要让全部学生都要配备齐全,因为成本太高,也难以实现。如果在一个30人的教室里配有一台电脑、一个讲桌、一台智能手机、一个上网本就已经很好了。

由此可见,虽然法国在远程社会教育方面具备一定优势,但社会各界仍希望政府继续大力且有效地发展该领域,与时俱进,以提升本国的教育质量。事实上,政府也已意识到这一问题。正如樊尚・佩永所言,强调数字化,既不应让学生和教师陷入专业技术的“迷局”里,也不是让他们对着电脑屏幕傻傻发呆、不知所措,而要确实推进数字化在教学中的高效使用。

在法国这个倡导“自由、平等、博爱”的国度里,随处可以体现其自由丰富的教育形式和人人可享受到的社会教育资源所营造的良好教育环境。

法律首先为父母拥有为其子女选择教育方式的自由权做出了明确规定。因此,学生的受教育权,家长参与子女教育的权利得以保障。当我们从传统的家庭教育走向学校教育时,法国为“在家上学”群体提出了相应的法律约束,从而确保儿童的受教育权及其知识的获得。同时,接受在家上学的儿童也能在国家教育部的指引下,融入主流教育系统。为保证所有儿童的受教育权,法国家庭从申请在家上学到实施在家上学均需获得政府的批准和管控。这一方面反映出法国中央集权的教育体制,另一方面也体现了法国政府在追求高质量教育之路上的不懈努力。

法国学校除教授儿童基本的文化知识外,也是培养其成为能够爱护、保护自己的社会人的重要场所。针对学生的安全教育便是最重要的教育实践之一。法国在这方面也建立了成熟的安全教育体系。通过安全教育使学生具备风险防范和求助服务的意识,并学习基本的急救措施。除国家具体的安全教育大纲外,法国政府还在学区和省之间建立“安全网络”,以推动地方层面有效实施安全教育。在学校中设立教育顾问,对学生的安全教育活动给予指导。

法国社会在丰富学生的教育内容与活动方面也起到了不可小觑的作用。特别是在配合学校教学方面更反映出全社会对青少年教育的重视。道路安全周活动、参观博物馆、环保班、大自然班、文化体验活动,以及针对青年外出活动的优惠政策为法国学生提供了时时处处接受教育的机会。近年来,随着数字化教育的推出,更为法国学生认识世界打开了一扇明亮的知识之窗。在如此的环境下,可以说法国学生所接受的教育更为多样与丰富。但不可否认,这在一定程度上也增加了政府的负担,且需要社会更多的投入和持续的行动。不论怎样,法国的教育实践和所取得的积极效果,也为我们在自身教育发展中注入新鲜血液提供了有益参考。

第十章

法国基础教育的未来发展

法国是一个擅长思辨的国度，曾有为数众多的哲学家、社会学家和政治家参与到对教育的讨论和实践中，使得法国对于未来教育发展的思考显得深刻而凝重。

在法国公众的价值共识中，学校不单单是一个学习知识和培养技能的场所，同时也是社会整合的重要推动力量，是实现共和国理念的有力工具，是把所有的人联系在一起从而保持社会统一和公民团结熔炉。学校应当是公平的承载之地，每一个青年都有权利在其中获得学识和教养，获得未来能够自由融入社会的机会。

然而，法国教育界也同时意识到，由于政党交替执政等政治体制形式所限，法国的教育发展在一定程度上感染了某些政治行为的“凌乱特性”，缺乏长远规划和协调一致，教育的未来愿景因此而时常变得黯淡不明。直至今日，很多法国民众还在期待更为有效和深层次的教育改革，“以坚决地面向未来，和那些重大的时代发展趋势保持一致”[1]。图 10-1 是法国总统奥朗德与其他官员视察学校时的情形。

© Présidence de la République/P.Segrette

图 10-1　2013 年 9 月 3 日，法国总统奥朗德与教育部长等官员视察学校[2]

---

〔1〕 2013 年《重建共和国的学校》——法国“重建学校”讨论指导委员会总结报告，法国教育部网站. http: //www. refondonslecole. gouv. fr /la-demarche /rapport-de-la-concertation /.

〔2〕 http: //www. education. gouv. fr /cid73573 /rentree-scolaire-deplacement-avec-le-president-de-la-republique. html&xtmc=hollande&xtnp=1&xtcr=2.

即使如此，法国对于教育改革也依然保持着审慎和辩证的态度，基本观点是教育不能为改革而改革，不能抛弃现有的一切，重建不是在一块白板上重铸，而是在旧有的价值基础上自省并获得新的认识。

基于上述思想基础，2013 年 6 月 25 日，法国参议院通过了《重建共和国基础教育规划法》，其相关举措旨在兑现奥朗德(François Hollande)在 2012 年 5 月竞选总统时对教改的承诺。

2013 年 9 月，法国新一轮教改正式启动，其口号即是“重建共和国的学校”。该教育规划法的出台，是构筑在一项参与广泛的全国范围内的大讨论之上的[1]。2012 年 7 月，时任教育部长樊尚·佩永召集协商会议，组建由法国教育委员会主席、评论家、前学区区长、教育政策专家等重量级人物组成的指导委员会，发起了这场讨论。进一步，除了法国中央政府的 20 多个部门以外，该讨论还尽可能汇集了与教育相关的各方力量，几乎所有的教师以及与教学有关的机构都受邀发表了意见。

在富于开放性和建设性的指导思路下，这场对话“生发自然、充沛丰盈”，非但没有造成不可逾越的观点鸿沟，反而在丰富多彩的观点中提炼出了众多共识。这场大规模的讨论最终形成一份名为《重建共和国的学校》总报告，不仅从法国自身的视角全面综述了其基础教育的发展程度，同时勾画了法国在奥朗德执政期间的教育改革目标，有评论认为这份报告甚至可以成为一份法国未来 20 年(2014—2024)教育发展规划的蓝图。

---

〔1〕 Le rapport d'activité 2012 du ministère de l'éducation narionale [EB/OL]. [2014-06-01]. http://www.men.public.lu/catalogue-publications/systeme-educatif/rapport-activites-ministere/2012/fr.pdf.

第一节 法国对基础教育发展的自评和改革愿景

奥朗德政府改革的背景，仍然是法国教育界和舆论界近十多年一直在探讨却难以实质性解决的问题，诸如法国中小学预算减少、师资力量匮乏、学生学业压力过大、学业失败现象严重等。在本书先前的各章节中，已经就法国基础教育的正反两面都做过相当程度的描述和评价。而 2013 年《重建共和国的学校》总报告，是从法国自身的视角，全面自评和诊断了奥朗德政府上台伊始法国教育界需要郑重应对的教育局势，以及践行实质性改革的下手处，堪为对法国教育领域在当时的最新和最权威的一份解读。

一、法国基础教育的亮点和症结

法国将 1968 年出台的《高等教育指导法》视为二战之后法国教育界最早的和最有影响力的改革。从此时起到奥朗德政府执政伊始，已经有 40 多年的历史。2013 年《重建共和国的学校》总报告认为，这 40 年间法国学校的面貌已经完全改变了。整个国家在提高高中会考通过率和大学录取率、推行地方分权政策等方面的成绩显著。在法国，学校虽然不能代表整个社会，但其确实处于诸多社会公共领域的中心，受到全社会的密切关注和关怀。此外，长期被学校和教育管理机构忽视的学生家长群体，也在相当程度上被纳入了教育决策的核心。

然而，法国教育界更加清醒地意识到随着时代发展，而日益显现甚至加剧的问题。由于多年来缺乏有力的政治策略，国家的教育改革一直未能有效地面对和解决这些问题。总结来看法国基础教育的主要症结有以下几点。

1. 学生受教育水平的提升出现停滞

20 世纪 80 年代时法国进入普通中学和技术中学的人数大大增加，但这之后的上升趋势就中断了,普通中学的入学率还曾一度出现下滑。法国1985年提出的"让50%的适龄学生拥有高中及以上文凭"的目标实际上远未实现,不能完成高中学业的人数始终未能减少。在法国这样一个注重文凭的社会,这种停滞引发各界的忧虑。

2. 教育不平等日益加深

2013年《重建共和国的学校》总报告中甚至认为:"十年来,我们的学校已经变成最不公正的社会场所"。法国教育所界定的不平等体现在很多方面。

首先是性别之间的差异,统计显示2012年法国高中毕业会考的通过率女生是71%,而男生只有61%,根据PISA2009年的报告,女生的书面表达能力也比男生高。然而女生虽然在求学阶段显示了较好的成绩,但在职业选择中却显现出明显劣势。

其次,法国来自移民家庭的孩子和法国本土的孩子之间在教育成就上的差距也非常明显, PASA2009年的报告显示这种差距甚至会一直持续到第二代。

再次,除了上述个体差异之外,学校之间和地区之间也存在着差异,不同学区提供的课程状态各异,地方当局对教育的投入也相差悬殊,导致各地各学校之间的学习环境参差不齐。

最后,教师群体之间也存在收益不平衡的问题,这种不平衡主要体现在代际之间的差距,刚入职的青年教师收入微薄,却又往往被安排到那些最困难的学校和机构工作,导致教师行业的吸引力下降。

3. 激烈的学业竞争

法国是一个非常注重文凭的社会,文凭在个人职业轨迹和社会发展方面的影响力与日俱增。以文凭论胜负的社会氛围给学校造成了一些严重的功能缺陷,使其无法为学生的多元和健全发展提供足够的空间和余地。激烈的学业竞争同时使得那些无法获得学位的年轻人处境艰难。

4. 蔓延的不信任感和不幸福感

对教育领域氛围的关注体现出法国这个国度的感性色彩。法国社会普遍认为学校总是有精英主义倾向的,不断在培植激烈竞争、充满焦虑、互不信任的人群。师生之间的信任度不够,教学机构和部门之间也充满怀疑和竞争。相关调查显示,教师在教学中同样有不幸福感,很多人甚至在整个职业生涯中都有痛苦体验,对其职业和社会地位感到失望,存在一定的职业信仰危机。

5. 短视的政治行为

政治行为给教育发展带来的影响是法国社会非常关注的议题。法国教育领域的中央集权色彩一直比较浓厚,相关地方分权和权利下放的行动实际上成效甚微。不少教育改革只是执政党的短期行为,很多组织机构的改革仅仅是创造了一个空壳,甚至在政策目标上产生相互矛盾。政策制定者和执行者往往不了解一线工作者的诉求,只是简单地落实行政命令,让本该和管理者一起积极参与改革的广大教师失去信心,甚至走向了其对立面。

6. 难以适应21世纪社会发展的新格局

在全球范围内变革加速的背景下,法国的社会环境也在悄然改变。利己主义、婚姻危机、社会碎化、信任危机等问题不断涌现。传统的社会组织和沟通方式坍塌的同时,新的社会和政治沟通与交流方式不断产生,如虚拟社交网络等。这些变化一方面加重了独创性和个人色彩,一方面又要求集体建构来稳定社会和民心,这使得学校所承受的压力也不断增加,并且尚未有足够的和有效的应对模式出现。

二、改革的主要愿景和目标

为奥朗德政府教育改革而发布的2013年《重建共和国的学校》总报告所提出的旗帜性口号是——为了重建共和国而重建学校。这是在价值传承的高度上提出未来学校发展愿景和目标,意在取得更大范围的共识和建构长远有效的成果。面向未来的法国教育改革的主要愿景和目标集中在以下四个方面。

1. 全面应对21世纪的挑战

正如前文总结法国教育症结的部分所指出的,法国教育界认为现行的学校运作惯性无法应对新世纪的挑战。所以面向未来的法国教育改革首先要做的是重新思考21世纪的挑战。2013年《重建共和国的学校》总报告认为,最新进入知识体系的前沿内容,也应该在学校中取得合法地位。此外,对比其他已经在课程体系中增加了与日常生活有关的实践要素的国家来讲(比如很多北欧和英语国家均已开设了类似“生活技能”的课程等),法国教育仍然在固守其自大但边缘的地位。

法国教育界还意识到了“基础教育国际化”的必要性,认为在开放的世界中,学校文化不应该停留在法国甚至西方文化语境内,跨文化的发展方向才是合理的。此外,法国学校更加注重从“人的意义”上来界定学校教育的定位,认为学校应该传递一种醇厚的、人道的、科学性和艺术性相融合的文化,成为知识的“解放者”,帮助学生成长、帮助学生选择适合自己的发展方向,学会自我管理并顺利进入社会和职业生涯。

2. 继续承载公民教育和道德教育

本书第八章已经详细谈及了法国对公民道德教育的重视。法国的新一轮的教育改革也同样秉承传统,围绕在学校中“加强学生和公民社会的联系”“引导学生学会共同生活”两个重点,继续加强公民教育和道德教育。法国教育界认为,历史上在学校成型之初,就是一个通过传递价值观和培养公民的形式,担负起巩固共和国使命的场所。当然,学校不是一个纯粹的政治领地,但其确实是一个“准公民”的成长园地,是青年一代为成为国家公民而做准备的场所。与此同时,成为公民一位着参与集体生活,学校要营造一种交流、互助、合作、尊重的氛围,让每一位学生和教师都以此为参照来进行自我定位,构建“多元理性”的融合趋势。

3. 重建共和国的教育公平

对精英政治和机会平等这一对概念的思辨,是法国教育界的一个常见议题。新的改革方向指出,首先要通过提供丰富的、长期的、高质量的课程,使所有的学生都有机会成为精英,从而阻止精英的“自我繁殖”;从公平的角度讲,反对学业失败不仅是社会公正的必须,也是社会效率的证明,是社会调动所有力量保障平稳发展的前提条件。

4. 重塑学校的良性氛围

这一改革愿景主要涉及以下几个方面:残障学生是否得到尊重,是学习和生活是否足够便利;少年儿童的成长规律是否得到尊重;是否能保障孩子不受暴力伤害;是否能营造和平温馨的校园氛围。此外,大部分学校目前的评价导向也有待革新,需要改革"冲突管理"思维和纪律惩戒体系,增加孩子的主动性和自信心。

第二节 未来改革的主要措施

法国参议院 2013 年 6 月通过的《重建共和国基础教育规划法》,虽然是《重建共和国的学校》总报告的落实,但两者并非完全一致。从具体的改革措施上来看,"重建学校"大讨论中所提出来的格局宏大的改革主张,在真正落实规划法中时是有一定程度的缩水的。

具体行动的焦点主要集中在以下三个方面:建立教师及教育高等学校(ESPE),为基础教育培养人才;优先发展小学教育,向贫困地区倾斜,缩小差距;大力发展数字化教育以应对新时代发展趋势。具体来讲,该法一共制定了 25 项改革举措,从大类上可以分为以下几个方面。

一、努力保障所有学生的学业成功

这个维度的改革涉及了基础教育的各个学段:一是保障初等教育的优先权,包括从幼儿园阶段培养自信、调整小学教学时间和革新小学教学方法等;二是调整初中教学,包括加强初中和小学的衔接、突出初中的特色化办学等;三是从国家层面推行新的共同基础[1],逐步降低留级率等;四是用灵活的教育对抗学生脱离教育体系的现象,如推行"微型高中"等可以再次学习的场所,赋予意外中断

〔1〕 知识和能力的共同基础(Le socle commun de connaissances et de compétences),简称共同基础(Le socle commun)。这是法国 2005 年以法律形式规定的义务教育考核指标,共 7 项。2008 年开始,此指标分阶段记录在学生的《个人能力手册》(Livret personnel de compétences)上。2011 年开始,成为获得初中毕业文凭(Le diplôme national du brevet, DNB)的必须条件。

学业者“回归权”，推动法国义务教育年龄扩展至18岁(目前是6—16岁)等；五是改进就业指导，帮助每个学生走上与自身情况适切的人生之路；六是推行深具文化性、艺术性和科学性的教育。

对应于萨科齐政府高中改革方案所引起的巨大争议，奥朗德政府对于高中改革也提出了一揽子计划。《重建共和国基础教育规划法》有关高中的改革内容主要围绕以下几点展开。

首先，继续加强普通和技术高中教育的发展。目前这类高中的改革目标在于减负和部分全球化(Aller vers un all gement et une globalisation partielle)，并要确保教师提供高质量教学。同时强化高中和高校间的联系，推广跨学科计划，培养学生的合作能力和自主能力。加强对学生的就业指导。

其次，为高中职业教育增值。职业教育并非把一些学习不好的学生简单地推向社会。教师应该向学生提供高质量的职业教学，向所有学生提供不同的、多样化的和有特色的人生道路，即提供另一种成功的机会。如学生可以选择两个职业系列课程；可以重回学术道路。同时要重新认识普通高中和职业高中间的补充机构，在职业高中里也可以发展普通高中课程。

此外，要推进学校和地方合作，增强服务地方经济能力。地方政府可以提供年度报告，预测本地职业变动情况。直属教育部的学校也可以和学区区长进行战略对话，推进合作等。[1]

二、以学生为中心调整教学安排

首先，是从物理层面上重建教学空间，包括从建筑学和人体工学的角度改善学校场地和建筑的环境、给学校升级图书资料室和教学器具的配置、建立家长接待室、向社会开放学校、发展寄宿制度等。

其次是采用尊重教学规律和儿童成长规律的教学节奏，小学从2013年9月已经开始按照新的作息时间上课并到2014年9月完成调整，改革后学生每天的上课时间从6小时改为5小时15分钟，周三增加半天课等。

---

〔1〕 http://www.refondonslecole.gouv.fr/la-demarche/rapport-de-la-concertation/.

第三是推行个人就学计划、教辅计划等进一步关心残疾学生的举措。

第四是在学生身体健康保障上加大投入。

第五是发展公民计划,加强学生的公民能力培养。

三、培育成熟卓越、广受认同的教师队伍

新教改将教师这种职业定义为一种需要不断学习的职业、一种强调自我实践的职业、一种经常被评估的职业。

为此《重建共和国基础教育规划法》规定了切实的措施来保障教师队伍的稳定和提升,简单来讲包括:每个学区都要设立一个“教师及教育高等学校”(Ecoles supérieures du professorat et de l'éducation,简称 ESPE),以取代 1989 年《教育指导法》之后运行了 25 年的了原来的“教师学院”(Instituts Universitaires de Formation des Matres,简称 IUFM),对各级各类学校的师资培训进行最大限度的整合。承诺 5 年内增加 6 万个教师岗位并尝试提高教师待遇。28 个学区(法国共 31 个学区)的“教师及教育高等学校”均于 2013 年 9 月开始招生,培养新一代的专职教师和教职人员,使他们接受系统的理论和实践培养。具体相关改革措施在本书“教师教育”章节中均有详尽介绍。图 10-2 是法国教育部教师招聘宣传画。

图 10-2 法国教育部教师招聘宣传[1]

[1] http://www.education.gouv.fr/pid31691/le-recrutement-a-l-education-nationale.html.

四、重塑更为有效、公平的教育系统

对基础教育系统的整体升级,未来改革主要是从以下几个方面着手的。

一是从“共同教育”的视角,加强家长和学校之间的联系。

二是大力推广数字化教学,《重建共和国基础教育规划法》判断数字化与公正、公平息息相关[1],提出要大力发展数字化技术,并在法规条件中增加了有关媒体和信息的规定,同时推广数字化教学,并在基础能力考核中增加数字能力方向。

三是对已有的“教育优先区”进行管理升级,推进到新阶段的发展。

四是支持一线教育工作者、地方教育当局和国家层面在教育管理上的创新。

五是从科学性和有效性出发,改进对学校的评估。

“重建共和国的学校”这一新教改口号所彰显出的,是重建共和国和重建学校互为基础的深远意义,而非仅仅局限于一届政府的任期。

2013 年《重建共和国的学校》强调,奥朗德政府此次面向未来的教育改革是一场多方参与的“真正的公共政治”——以此来保障教改的贯彻和落实。学校被法国人看作是国家公共部门,因此重建学校也是所有人的事——要建立的是一种真正的“联合教育”。在这种联合教育中,地方政府的角色尤其重要,继续扩大地方自主权并缩小地区之间的发展不平衡,是教改得以贯彻和落实的制度性保障。

进一步,此次教改郑重总结了先前历次教育改革成效微弱甚至适得其反的教训,认为一部分原因在于过多地依赖了行政指令而忽视了实际需求,另一部分原因在于后续保障措施不力。为此,总报告强调在政策上游要检验理解程度、推演各种可能的执行效果,在政策下游,要随时跟进和评估改革效果。总而言之,本次教育改革强调政策严密、合理有效,并计划建立一个独立机构以负责评估成效、保障质量和广泛推行。

---

〔1〕 Projet De Loi Pour La Refondation De L'École. http://www.education.gouv.fr/cid66812/projet-loi-pour-refondation-ecole-une-ecole-juste-pour-tous-exigeante-pour-chacun.html.

然而客观来讲，法国最新的教育改革进程至少面临着三个不容乐观的约束条件。其一是低迷的经济形势，进入21世纪的前十几年，法国经济持续不景气、赤字不断扩大、失业率不断攀高，这样的背景至少让奥朗德政府增加教师岗位、提高教师待遇的举措不易实现。其二，政治体制影响教改进程，多年来法国无论是左派在朝还是右派执政，都在不断地与学业失败等教育问题做斗争，然后由于轮流执政的体制，改革在一定程度上缺乏连续性，奥朗德政府面向长远未来的改革计划在一定程度上要经受"改弦更张"的考验。其三是日益严重的移民问题，根据联合国2010年的统计，法国接受各类移民的总量已经超过700万，占全国总人口一成左右，其中多数是来自北非和西非等经济落后地区。在学业失败的青年人群中，移民后代占了多数，这实际上有违法国"自由、平等、博爱"的价值共识，并且在短时间内难以实现转变。

附 录

一、学制图

法国基础教育阶段整体学制图见附图 1。

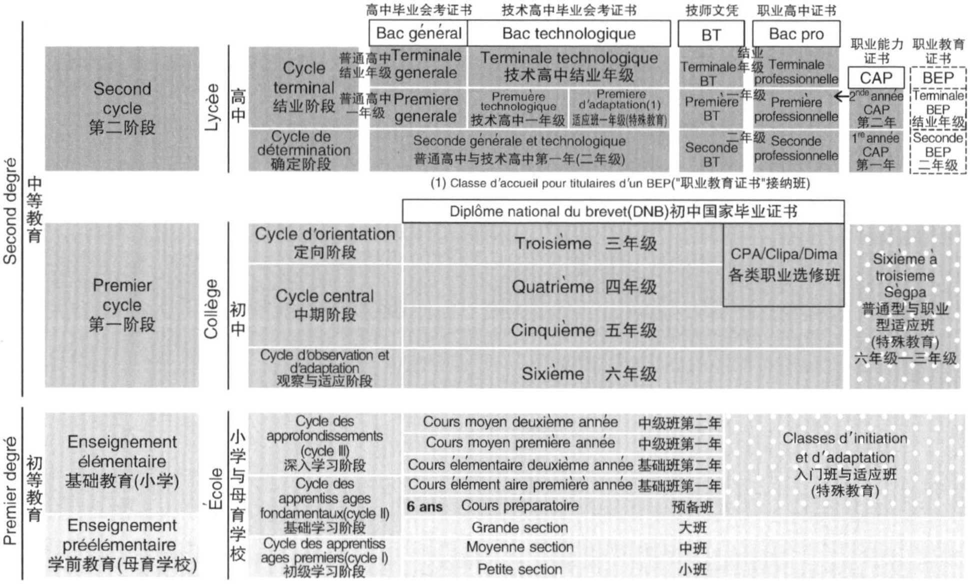

附图 1　法国基础教育阶段整体学制图(2014 年 9 月)[1]

[1] DEPP(Direction de l'évaluation, de la prospective et de la performance, MENESR), Repères et références statistiques2014:17(法国国民教育部评估与预测司《2014 年教育部数据统计与参考》)。

二、著名教育家简介

1. 蒙田(Montaigne，1533—1592)

蒙田是欧洲文艺复兴时期法国的人文主义者、著名的散文家。他于6岁时入塞恩中学，受过极严格的古典教育，从13岁起学法律，后曾游历欧洲许多地方，并当过波尔多市长。他的主要著作有《论文》三卷，其中论述教育、学校和教师的文章有《论学究气》和《论儿童的教育》等。

2. 卢梭(Rousseau，1712—1778)

卢梭，法国著名启蒙思想家。他的《爱弥儿》是构思20年和撰写3年于1762年出版的不朽之作。卢梭在《爱弥儿》一书中指出旧教育的失败，同时，积极地提出了建设新教育的系统的方案。《爱弥儿》一书分为五卷，其主线索是回归自然，发展天性。文体是夹叙夹议的小说。前四卷指出当时男子教育的荒谬，提出自然主义的改革方案；第五卷提出女子教育改革的设想。卢梭认为，儿童在幼年时期应该在乡村的自然中进行教育，应该读的唯一的书是《鲁滨逊飘流记》，应该学的工艺是木工；女子的教育应该以贤妻良母为宗旨；教育中，应该把儿童看作儿童，而不能看作成人，要尊重儿童的天性，要启发诱导，对儿童的错误应该用自然后果法进行教育等。

3. 朱利安(Julian，1775—1848)

朱利安被誉为"比较教育之父"。毫无疑问，第一次以相当完整的方式同时论及比较教育的学术性和实践性的人，当属朱利安。此外，他还为比较教育提出了一种无疑独立于其他学科的认识论。从1808年起，他的主要注意力转向了教育。这一年，他出版了一部名为《体育、德育和智育概论》的著作。这部著作文字过于繁琐，内容过于空泛。尽管如此，该书还是表现出不同寻常的特点，大胆地提出了许多革新建议。1810年，他考察了裴斯泰洛齐的伊弗东学院，并对裴斯泰洛齐及其独创的教学方法产生了很深的印象。两年后，他出版了名为《裴斯泰洛齐教育方法的精髓》。朱利安把他的两个7岁的儿子留在伊弗东，这也说明他对该学校十分赞赏。

4. 库森(Cousin，1792—1867)

比较教育创建时期杰出代表人物。曾任法兰西学院院士、法国高等师范学院和巴黎大学的校长、法国国民教育部部长。“我研究的是普鲁士、而我思考的是法兰西”。

5. 涂尔干(Durkheim，1858—1917)

涂尔干是法国犹太裔社会学家、人类学家、教育学家，与卡尔·马克思及马克斯·韦伯并列为社会学的三大奠基人，《社会学年鉴》创刊人，法国首位社会学教授。

作为现代社会学的开拓者，涂尔干一生出版了大量关于教育、宗教、自杀、法律和犯罪的论文和专著，为社会学的学门化和科学化奠定了坚实基础，对确立社会学为一门独立学科做出了巨大的贡献。

涂尔干对教育领域抱有浓厚的兴趣，这和他早年从事师范教育有关。当时的社会学还未具有公认的独立学科地位，为此他曾修改波尔多大学的教学计划，以便能尽可能多地传授社会学知识。在更广的层面上，涂尔干终身致力于改进教育体制，以便为法国公民提供一种共有的世俗价值观，进而防止社会混乱的发生。为此，他建议组织专业社团，为成年人提供价值观教育。

涂尔干主张教育形态会随社会的环境而变化，因为教育制度和社会制度有着密切关联。同时他也主张教育同时必须考虑到不同文化的差异性。最终理想的教育可以强化社会团结、保障社会秩序、维护社会分工。1902 年，涂尔干成为巴黎大学教育部主席。因为法国大学的主要目的是培养教师，涂尔干获得了可观的影响力。1912 年涂尔干被任命为巴黎大学教育部终身主席。

6. 顾拜旦(Coubertin，1863—1937)

顾拜旦是法国著名教育家、国际体育活动家、教育学家和历史学家、现代奥林匹克运动的发起人。在古希腊文化的熏陶和当时英国资产阶级教育的影响下，顾拜旦在青年时代即立志于改革法国教育制度和倡导体育运动的思想。大学毕业后，他毅然选择了从事教育和体育的道路，并陆续发表了《1870 年后的法国史》《教育制度的改革》《运动的指导原理》《运动心理之理想》《英国与希腊回忆记》《英国教育学》等一系列著作，提出了不少改革教育和发展体育的建议，引起法国人民的注意，并产生了巨大的国际影响。1896 年至 1925 年，他曾任国际奥林匹克委员会主席，并设计了奥运会会徽、奥运会会旗。由于他对奥林匹克不朽的功绩,被国际上誉为“奥林匹克之父”。

7. 阿兰(Alain, 1868—1951)

原名埃米尔-奥古斯特·沙尔捷(Emile Auguste Chartier),以阿兰的笔名闻名于世,法国哲学家、教育家、散文家。曾在巴黎高等师范学校攻读哲学,毕业后在卢昂等城镇教中学。在教育领域中他提倡文艺的作用,并主张提高人们的艺术修养与创造力。主要著作有:《论美学》《论幸福》《论教育》《论文学》《论政治》《论经济》《诸神》(1947)等。

8. 弗雷内(Freinet,又译佛勒内,1896—1966)

法国著名教育学家、教育改革家。他带领合作者开发了一系列的教学法技术,被称为“弗雷内教学法”。这些教学法技术是建立在孩子们的自由表达的基础上的:自由写作、自由绘画、校际通信、印刷和学报、询问讨论、合作性会议等。

他同时是政治和工会的活动家,在一个有着强有力的思想冲突的时代,他认为教育是一种进步的、解放政治和公民的手段。“弗雷内教学法”通过现代学校运动一直延续到了今天。一些弗雷内开发的技术已经进入到了各种教育机构,这些技术也激发了制度式教学法和一些更自由的、自主管理的研究。成为公立学校的旺斯弗雷内学校,于 1991 年成为联合国教科文组织的遗产。

9. 朗格朗(Lengrand, 1910—)

法国成人教育家朗格朗(1910—)是终身教育的积极倡导者和奠基者,终身教育思想的代表人物。主要著作有《终身教育引论》(1970)等。他曾就读于巴黎大学,毕业后在中小学从教多年,并长期活跃在法国成人教育战线上,担任过法国职工教育中心主任,倡导成立了法国民众教育运动团体民众与文化会。1948 年开始,他在联合国教科文组织中任职,20 世纪 60 年代下半期担任终身教育科科长。他亲身参加各级教育工作所积累的丰富经验,加上他对现实社会的深刻体验,促使他以批判的眼光对当时的教育状况进行了全面的反思,从而形成了改革旧教育、建立新教育的设想。

1965 年 12 月,在联合国教科文组织于巴黎召开的国际成人教育会议上,朗格朗以终身教育为题做了学术报告。朗格朗集中阐述其终身教育思想的代表作《终身教育引论》(1970)作为国际教育年的专著出版。这本书已被译成 18 种文字。其中的有关主张已成为许多国家阐述和实施终身教育的主要依据，影响极为广泛。朗格朗亦由此被誉为“终身教育的倡导者之一”。

10. 福柯(Foucault，1926—1984)

福柯，法国哲学家、社会思想家和“思想系统的历史学家”。他对文学评论及其理论、哲学(尤其在法语国家中)、批评理论、历史学、科学史(尤其医学史)、批评教育学和知识社会学有很大的影响。福柯主要从历史发展的维度，关注知识与权力的关系——权力怎样通过话语权表现出来，并配合各种规训的手段将权力渗透到社会的各个细节包括教育领域中去。

11. 布迪厄(Bourdieu，1930—2002)

布迪厄一生著述达340余种，涉及人类、社会学、教育、历史、政治、哲学、美学、文学、语言学等领域，其影响遍及世界，特别是欧美知识界。2000年，英国皇家人类学会授予他国际人类学最高荣誉赫胥黎奖章。

“文化资本”是布迪厄将马克思主义经济学中的资本概念进行扩展后提出的一个社会学概念，也是他解读教育的重要学术工具。布迪厄将资本具体划分成三大形态:经济资本、文化资本和社会(关系)资本。文化资本是一种表现行动者文化上有利或不利因素的资本形态。在某些特定条件下，它可以转换成经济资本，而且转换过程是以教育资质的形式制度化的。布迪厄认为，教育是一种再生产过程，它并不能消除社会的不平等，反而有助于维持和加强这种不平等。教育以其自身的相对独立性，不仅通过文化资本的再生产实现了社会的再生产，而且使之合法化。布迪厄的教育再生产理论改变了人们对教育的传统看法，同时为研究教育的功能提供了一个全新的视角。

三、相关法律法令简表

作为大陆法系国家，法国非常注重各领域法律法规的整合与汇编。在教育领域，法国近现代历史以来的各种重要的与教育相关的法律、法规、政令、通报等，都按照法学分类逻辑进行了详细整合，汇编在一部内容庞大的《教育法典》(*Code l'education*)之中，这是法国教育法律界的一大国别特色。这部《教育法典》所涵盖的历次教育改革重要法律文献包括以下内容(附表1)。

附表 1 法国《教育法典》所涵盖的历年教育改革与发展文献[1]

时间	法律文献名称(中文)	法律文献名称(法文)
1881 年 1882 年	《费里教育法》	*Lois Jules Ferry*
1947 年	《郎之万—瓦隆教育改革方案》	*Langevin-Wallon projet*
1968 年	《高等教育方向指导法》,又称《富尔法案》	*Faure act*
1975 年	《法国学校体制现代化建议》,又称《哈比改革》	*La réforme Haby*
1984 年	《萨瓦里法案》,是 1968 年《高等教育指导法》的发展	*La rénovation du colle ge unique*
1989 年	《教育指导法》	*La loi d'orientation sur l'éducation*
1993 年	《贝鲁法案》	*Bayrou act*
1998 年	《初中教育改革》	*Réforme des colle ges*
2001 年	《共和国的初中》	*Le collége républicain*
2005 年	《学校未来的导向与纲要法》	*Loi d'orientation et de programme pour l'avenir de l'ecole*
2013 年	《重建共和国基础教育规划法》	*La loi d'Orientation et de Programmation Pour la Refondation de l'Ecole de la République*

[1] 法国《教育法典》(最新版 2015 年 4 月 18 日). http://www.legifrance.gouv.fr/affichCode.do?cidTexte=LEGITEXT000006071191.

后记

法国是一个擅长思辨的国度，历史上曾有为数众多的教育家、社会学家、哲学家甚至政治家，参与到对教育的讨论和实践中，使得法国对于教育发展的思考显得深刻而凝重。在《法国基础教育》历时两年的写作过程中，笔者与倾情加盟本卷写作的北京师范大学博士张梦琦一起，共同深入体会了法国教育的上述特质，及其对基础教育在物质和情感两个维度上的大力投入。

本书的写作，要感谢法国教育研究院 Olivier Ray 教授及其同仁在资料查找和写作思路上的大力协助，感谢中国教育科学研究院、上海文帆教育科技发展有限公司对整套丛书的悉心组织。希望本书通过对同样有着鲜明中央集权色彩的法国教育体系的梳理，能够为我国在基础教育领域改革与发展上的探索略尽绵力。

王晓宁

2015 年 7 月